『합신채플 3』

Hapshin Chapel, Oct. 2016 / Vol. 3

Pubilshed by Hapdong Theological Seminary Press
50, Gwanggyojungang-ro,
Yeongtong-gu, Suwon, Korea

『합신채플』, 제3집

초판 1쇄 발행 | 2016년 10월 31일

편집인 | 정창균
발행인 | 조병수
펴낸곳 | 합신대학원출판부
주   소 | 16517 수원시 영통구 광교중앙로 50 (원천동)
전   화 | (031)217-0629
팩   스 | (031)212-6204
홈페이지 | www.hapdong.ac.kr
출판등록번호 | 제22-1-2호
인쇄처 | 예원프린팅(031)902-6550
총   판 | (주)기독교출판유통(031)906-9191

값 12,000원

ISBN 978-89-97244-33-1   93230
*잘못된 책은 교환해드립니다

「이 도서의 국립중앙도서관 출판시도서목록(CIP)은 e-CIP홈페이지(http://www.seoji.nl.go.kr/ecip)와
국가자료공동목록시스템(http://www.nl.go.kr/kolisnet)에서 이용하실 수 있습니다.
(CIP제어번호 : 2016025175)」

『합신채플 3』

합신대학원출판부

머리글 • • •

『합신채플』 제3집을 발간합니다. 지난 2014년 한 해 동안 합신 교수들이 경건회에서 행한 설교들을 중심으로 엮었습니다. 특별한 사정으로 부득이 누락된 두세 분의 설교를 제외하고는 합신의 모든 교수들의 설교를 수록하였습니다. 총장님의 설교는 두 편을 수록하여, 개강예배의 설교를 이 책의 첫 설교로, 종강예배의 설교를 마지막 설교로 수록하였습니다.

제2호를 발간하면서 이미 밝혔듯이, 우리는 몇 가지 목적을 가지고 『합신채플』을 발간합니다. 그 목적은 이곳에서 다시 반복해도 좋을 만큼 우리에게 중요한 의미를 갖습니다. 첫째는, 경건회에서 선포된 메시지들은 강의실에서 이루어지는 강의와는 다른 차원에서 모든 재학생의 경건훈련에 큰 역할을 한다는 점입니다. 재학생들은 육성으로 현장에서 설교를 듣고, 그 설교를 학교 홈페이지에서 영상으로 다시 듣고, 그리고 2년 후에 발간되는 『합신채플』을 통하여 읽는 설교로 다시 대하게 됩니다. 그러므로 학생들에게는 『합신채플』이 단순히 한 편의 설교를 읽는 것 이상의 의미를 갖게 됩니다. 둘째는, 합신을 졸업한 동문들을 향한 배려입니다. 그들에게는 모교의 경건회에서 행해진 교수들의 설교를 다시 접하는 것이 마치 고향집의 따뜻한 소식을 듣는 것 같은 남다른 의미를 갖고 있으며, 모교와 스승들을 따뜻한 추억으로 다시 떠올리게 하는 좋은 계기가 된다는 말을 전해 듣곤 합니다. 우리가 『합신채플』을 발간하는 것은 흩어져 있는 동문들에게 그들의 고향집을 떠올려주고 싶은 교수들의 애정의 표현이기도 합니다. 셋째는 『신학정론』과 함께 『합신채플』이 갖는 의미입니다.

개교 초창기부터 합신 교수들의 신학을 대변해온 『신학정론』과 함께 『합신채플』이 합신 설교의 진면목을 드러내는 중요한 축으로서 역할을 하기를 바라는 기대가 『합신채플』에 배어 있습니다. 넷째는, 합신 밖에서 합신 교수들의 설교를 궁금해 하며 듣고 싶어 하는 신자들을 위한 배려입니다. 그리고 한국교회의 더 많은 신자들이 합신의 경건회에서 행해진 교수들의 설교들을 접할 수 있기를 바라는 우리의 바램의 표현이기도 합니다.

　책으로서 최소한의 형식적 통일성을 확보할 뿐 아니라, 설교를 읽는 독자들의 편의를 위하여 편집자가 일률적으로 대지설교 형식으로 통일하여 편집하였습니다. 설교의 순서는 설교자가 속한 분과를 중심으로 구약학, 신약학, 조직신학, 교회사, 설교학, 기독교교육학, 선교학의 순서로 엮었습니다. 제3집이 발간될 수 있도록 이번에도 헌신적으로 협력해주신 설교센터 소장 이승진 교수님과 모든 진행 절차를 맡아서 수고해준 설교센터 연구원 전성식 목사님, 그리고 출판부의 신현학 실장님과 최문하 북디자이너에게 감사를 드립니다. 아무쪼록 이번에 발간하는 『합신채플』 제3집이 여러 곳에서 많은 이들에게 다양한 방식으로 유익을 끼치게 되기를 기대합니다.

2016. 10.
편집인 정창균
목회자연장교육원장

차례 · Contents

합동신학대학원대학교 교수 설교집 3

합신채플

거짓말하는 영

열왕기상 22:19-28

조병수 (신약학·총장)

오늘 우리가 읽은 본문 말씀은 아합 왕 시대에 관한 이야기입니다. 우리가 잘 아는 것처럼 아합의 왕비 이세벨은 시돈 여자였습니다. 그녀는 우상을 섬기고 또 이방 선지자들에게 잘 길들여졌던 여성이었습니다. 그래서 이세벨의 영향으로 이스라엘 땅에는 이방 종교가 판을 치게 됐고, 더 나아가서 그 후광으로 이방 선지자들이 득세를 해서 영적 환경을 장악하는 무서운 일이 벌어졌습니다.

이세벨은 심지어 하나님을 섬기는 여호와의 선지자들을 박멸하는 정책을 펼쳤고 마지막에는 엘리야까지 살해하려는 계획을 세웠습니다. 물론 이러한 영적 상황 가운데도 하나님을 섬기는 선지자들이나 백성이 전혀 없었던 것이 아님은 우리가 잘 알고 있습니다. 특히 오바댜 같은 신실한 궁내 대신은 선지자들을 50명씩 굴에 숨겨 놓고 그들에게 양식을 제공하여 보호하면서 이스라엘의 영적 분위기가 회복될 기회를 노리고 있었습니다. 엘리야가 호렙 산의 굴에 들어가서 하나님 앞에 자기만 남았다고 통탄하는 상황에서 하나님께서는 바알에게 무릎 꿇지 않은 7,000명을 남겨두었다고 말씀하심으로써 엘리야의 마음을 위로해주기도 했습니다.

어쨌든 이세벨과 아합의 정책을 후광으로 삼으면서 이방 종교가 판을 치고 또 이방 선지자들이 득세한 상황에서 엘리야가 결국은 바알 선지자들 및 아세라의 선지자들과 영적 결전을 치르고 다시 이스라엘 종교를 회복시켜 놓았습니다. 그러나 문제는 그 다음이었습니다. 그 다음이란 말은 이렇게 갈멜 산에서 바알 선지자들과 아세라 선지자들을 몰살시키는 영적 쾌거를 이루어 이스라엘이 어느 정도 여호와 종교의 평화를 맛보게 되었고 드디어 선지자들이 마음껏 활보할 수 있었을 때 그 다음 불행이 시작이 됐다는 뜻입니다.

그 다음 새로운 문제가 떠올랐습니다. 이렇게 영적 환경이 잘 조성이 되고 더 나아가서 하나님의 선지자들이 자유롭게 활동을 할 수 있게 되면 영적 쇄신이 이루어집니까? 그렇지 않습니다. 오늘 우리가 읽고 있는 이 말씀의 배경은 여전히 아합 왕의 시대입니다. 그리고 아합의 통치가 강성해져서 아람을 공격하려는 군사력을 충분하게 가지고 있던 때입니다. 이렇게 정치가 안정이 되고 경제가 충분하고 또 군사력이 확장되면 그런 환경에서 하나님의 선지자들은 제대로 활동합니까? 그렇지 않다는 것이 문제입니다.

오늘 우리가 읽고 있는 내용은 이스라엘의 선지자들이 이상하게도 어느 순간 타락을 해서 아합 왕과 결탁을 하고 거짓을 행하는 선지자들로 변해 버렸다는 것입니다. 본문 5절에서 12절까지가 그 내용을 잘 설명해줍니다. 스가랴라는 선지자를 중심으로 400여명의 선지자들이 아합 앞에서 거짓말을 하는 일들을 했습니다. 우리가 질문하는 것은 도대체 어떻게 이러한 거짓 선지자들이 생겨날 수가 있었느냐 하는 점입니다. 거짓 선지자들은 어떻게 생겨날까요? 우리는 여기 나오는 미가야 선지자의 입을 통해서 거짓 선지자들이 생겨나는 원인을 발견하게 됩니다. 본문은 미가야가 본 천상회의의 한 장면을 소개하는데, 우리는 거기에서 거짓 선지자가 생기는 모든 내용이 들어 있는 것을 발견하게 됩니다. 땅에서는 유다 왕 여호사밧과 이스라엘 왕 아합이 결탁을 하여 아람을 공격하기 위해서 지상회의를 하고 있습니다(5절이하). 두 왕은 아주 근사한 왕복을 차려 입고 길거리 한가운데 보좌를 펼쳐 놓고 수많은 선지자들을 불러 행사를 하면서 지상회의를 진행하고 있습니다. 그런데 바로 이처럼 지상회의가 진행되고 있는 순간, 하늘에서도 회의가 진행되고 있었습니다(19절). 천상회의입니다. 천상회의의 주재자는 하나님이신데 만군을 불러 놓고 아합을 멸망시킬 계획을 짜고 있습니다. 어떻게 아합을 멸망시킬 것인가를 논의하는 동안, 한 영은 나와서 이렇게 말하고 한 영은 나와서 저렇게 말합니다. 이때 한 영이 아주 기가 막힌 묘수를 들어 아합을 멸망시킬 수 있는 방책을 이야기합니다. 그것이 바로 우리가 막 읽은 22절 말씀입니다. 그 영은 "내가 나가서 거짓말하는 영이 되어 그의 모든 선지자들의 입에 있겠나이다" 라고 말했습니다.

거짓말하는 영이 되어 모든 선지자들의 입에 있겠다는 이 말을 들어 보면, 거짓 선지자들이 거짓말로 예언하는 배경에는 자동적인 습관이 있는 것이 아니라 하늘에서 이루어진 어떤 계획이 그들에게 작용하고 있다는 것입니다. 거짓말하는 영이 거짓 선지자들을 통해서 아합을 멸망시키는 길을 이루어가고 있다는 것입니다. 오늘 우리는 이 말씀에서 거짓말하는 영이 어떻게 작용하는지, 또 그 작용을 받은 거짓 선지자들은 어떻게 활동하는지 배우면서, 우리에게 주어진 사명과 우리가 가야 할 길을 생각해보고자 합니다.

1. 다수를 형성한다

거짓말하는 영은 가장 먼저 다수를 신뢰하게 하는 마음을 불러일으킵니다. 거짓 영은 많은 사람을 가지고 있으면 뭔가 능력이 있고 많은 사람이 모이면 뭔가 일이 벌어질 것 같이 믿게 하는 마음을 불러일으킵니다. 6절 말씀을 보면 거짓 선지자들이 400명이 모였다고 말합니다. 400명은 적은 수가 아닙니다. 이처럼 많은 수의 사람들이 선지자라는 이름을 가지고 아합 앞에서 이야기를 시작합니다. 왕이 아람을 쳐부술 수가 있다는 것입니다. 왕은 분명히 승리할 것이라는 예언입니다. 그들은 한 명씩 이야기를 하더니 갑자기 모든 사람이 아멘을 합창해 가면서 말을 합니다. 왕이 승리할 것이라고 말입니다. 거짓말하는 영은 사람들의 마음속에 다수가 신이라고 믿게 만듭니다. 많은 사람이 모여 있고 군집을 하면 거기서부터 어떤 능력과 설득력이 나올 것이라고 믿게 만듭니다. 그게 바로 오늘날도 작용하는 거짓말하는 영의 방식입니다. 시대가 아무리 변하고 또 세월이 아무리 지나가도 절대로 변하지 않는 방식 가운데 하나는 다수가 능력이라고 믿게 만드는 방식입니다.

이런 거짓 방식 때문에 기독교도 자꾸 뭔가 연합운동을 하려고 합니다. 물론 연합은 해야 합니다. 합동도 해야 됩니다. 그러나 연합을 하고 합동을 할 때, 속아서는 안 되는 것은 그렇게 연합을 하고 합동을 하면 그것이 힘이 될 것이라고 믿는 것입니다. 그걸 믿으면 안 됩니다. 연합을 하는 것이나 하나가 되고 한 목적으로 주님을 섬기려는 거룩한 뜻을 갖는 것은 좋은데, 그것이 힘을 가져다줄 것이라고 믿는 순간 그것은 종교의 타락 또 기독교의 타락을 가져온다는 점을 명심해야 합니다.

오래 전 우리의 학창 시절에 우리 학교가 한 교단에서 갈라져 나오고 적은 수의 학생들이 모여서 몇 분의 교수님들에게서 성경과 신학을 배울 때, 어느 날 우리의 스승이셨던 박윤선 목사님이 설교 중에 이렇게 말씀했습니다. "다수가 진리는 아닙니다. 아무리 많은 사람이 모여서 웅성거리고 아무리 많은 사람이 모여서 작전을 짜고 아무리 많은 사람이 모여서 대회를 열어도 그것을 진리라고 볼 수는 없습니다. 때로는 소수가 길을 가도 심지어 한 사람이 길을 가도 거기에 진리가 있을 수가 있습니다." 박윤선 목사님이 그런 얘기를 했습니다. 그 말은 맞는 말입니다. 지금도 맞는 말이고 앞으로도 맞는 말일 것입니다. 여기 400명의 거짓 선지자들의 대척점에 서 있던 사람은 오직 한 사람뿐이었습니다. 미가야라고 불리던 사람이었습니다. 이 미가야는 거짓 선지자 400명이 다 같이 한 목소리로 아합의 승리를 부르짖을 때 혼자서만은 아합이 멸망할 것이라고 말했습니다. 그것이 참 선지자의 길이었습니다. 오늘 새 학기를 개강하면서 우리 학우들이 이 본문으로부터 알아야 할 첫 번째 사실은 다수가 진리는 아니라는 것입니다. 우리는 다수가 능력도 아니고 다수가 권세도 아니라는 사실을 반드시 마음속에 가져야 할 것입니다.

2. 화려한 행사

더 나아가서 이 거짓말하는 영은 거짓 선지자들에게 또 한 가지 방법을 제시해주었는데 그것은 화려한 행사입니다. 오늘 말씀을 읽어보면 시드기야가 거짓 선지자 400명을 대표로 해서 아합 왕 앞에 서서 예언을 합니다("그나아나의 아들 시드기야는..."). 그런데 11절 말씀을 보면 시드기야가 이렇게 앞에 나서서 예언을 할 때, 그냥 예언한게 아니라 손에 무엇인가 들고 나왔습니다. 그것은 철로 만든 쌍나팔이었습니다. 우리말 성경에 "철로 뿔들을 만들어" 이렇게 번역했는데 사실은 쌍나팔이라고 번역하는 것이 옳습니다. 시드기야는 입을 뾰족한 부분에 대고 불면 소리가 넓은 쪽으로 퍼져나가는 나팔 두 개를 묶은 쌍나팔을 가지고 나왔습니다. 이 쌍나팔은 두 가지 효과를 가지고 있었습니다. 하나는 나팔을 불어서 사람들의 귀를 즐겁게 하는 것이었고, 다른 하나는 아합이 이 나팔을 거꾸로 잡고 아람을 치면 나팔의 뾰족한 부분이 아람의 심장을 찌를 것이라는 시각적인 효과를 가져다주는 것이었습니다.

거짓말하는 영이 거짓 선지자들에게 들어가서 작용한 두 번째 방식은 그들이 하나님의 진리의 말씀을 가지고 있지 않기 때문에 무엇인가 장치를 만들고 무엇인가 방도를 간구해서 사람들의 귀를 즐겁게 만들고 사람들의 눈을 현혹하게 하는 것입니다. 거짓 선지자들은 무언가 도구와 장치와 물건을 가지고 와서 사람들에게 보여주고 들려주면서 마치 진정한 예언자인 것처럼 행동을 합니다.

시드기야가 이렇게 쌍나팔을 가지고 나와서 아합과 백성들 앞에 흔들면서 예언한 까닭은 무엇일까요? 여러 가지 이유가 있겠지만 그 하나는 사람들의 눈과 사람들의 귀를 의식했기 때문이라고 볼 수 있습니다. 한마디로 말하면 시드기야는 사람들을 즐겁게 하고 사람들의 마음을 끌어당기고 사람들의 눈을 빼앗기 위해서 어떤 화려한 도구를 사용했다는 말입니다. 거짓 선지자는 언제나 사람을 의식합니다. 그들은 이런 말을 하면 사람들이 어떻게 평가할까 생각합니다. 그들은 이 모습을 하면 사람들이 감동을 받을까 생각합니다. 그들은 내가 이런 행동을 하면 사람들이 존경심을 가질까 생각합니다. 거짓 선지자들은 모든 의식이 사람에게 있습니다.

오늘 우리가 본문에서 미가야 선지자를 살펴보면 미가야가 한 행동은 매우 달랐다는 것을 발견하게 됩니다. 19절 말씀을 보면 "내가 보니" 이렇게 시작을 합니다. 이것은 미가야의 시각을 가리키는 것입니다. 미가야는 아합을 보지 않아요. 미가야는 백성을 보지 않습니다. 그는 400여명의 선지자들을 보지 않습니다. 한 마디로 말해서 미가야는 사람들을 보지 않습니다. 미가야가 어디를 보고 있냐면 하나님을 보고 있어요. 미가야는 "내가 보니" 말하면서 하늘에서 벌어지고 있는 천상회의를 바라다봅니다. 하늘 회의를 바라보면 사람들을 즐겁게 할 말을 할 수가 없어요. 하나님을 바라보면 사람들의 귀를 즐겁게 하는 말을 할 수가 없어요. 사람들의 눈을 빼앗는 말을 할 수가 없습니다.

그래서 아합 왕의 사신이 미가야에게 400명의 선지자들이 동일하게 모두가 아합 왕의 승리를 부르짖고 있으니 "당신의 말도 그들 중 한 사람의 말처럼 길하게 하소서"(13절)라고 요구했을 때, 미가야는 오직 하나님이 주시는 말씀만 전할 뿐이라고 대답을 했던 것입니다. 미가야가 아합을 만나면 거짓 선지자들과 동일하게 아합의 승리를 말하라는 요구를 들었을 때 그것을 거절한 이유는 사람이 아니라 하나님을 의식했기 때문입니다. 하나님을 의식하고, 하나님을 바라보고, 하나님 앞에 선 선지자이기 때문에 미가야는 왕의 사신들의 요청이라도 심지어 왕의 종용이라도 거절하고 자기가 할 말만 하는 것입니다. 그래서 참 선지자는 언제나 사람들에게 미움을 받습니다. 아모스를 보세요. 아모스에게 사람들이 나와서 예언하지 말라 그렇게 말합니다. 예레미야를 보세요. 예레미야에게도 예언하지 말라 그렇게 말합니다. 왜 그렇습니까? 그들의 예언이 따갑고 듣기 싫고 가슴을 찌르기 때문입니다. 그들이 진리의 말씀을 전하여 거짓을 파헤치면서 괴롭히기 때문에 그 말이 듣기 싫다는 겁니다. 그러나 참 선지자는 사람들이 듣기 싫어해도 그것이 하나님의 말씀이면 그것을 말하는 법입니다.

불행하게도 오늘날도 많은 목회자들 가운데 또는 많은 신학도들 가운데 하나님의 말씀을 연습하기보다는 어떻게 하면 쌍나팔을 가지고 나갈까 생각하면서 쌍나팔을 만드는 사람들이 많아요. 하나님의 말씀을 연습하지 않고 뭔가 하나님 말씀 아닌 다른 것을 만들어서 그것을 가지고 성도들을 끌어당기려는 이런 수법을 쓰는 것은 거짓말하는 영에 의해서 작용되고 있는 것임을 반드시 기억을 해야 합니다.

3. 유사한 언행

오늘 이 말씀은 거짓말하는 영이 거짓 선지자들을 가장 충격적이고 놀라운 방식으로 유혹한 것을 보여줍니다. 그것은 거짓 선지자들도 참 선지자와 똑같은 말을 하고 있다는 것입니다. 본문에 나오는 400명의 거짓 선지자와 그리고 이 거짓 선지자의 대표인 스가랴의 말을 읽어보면 놀랍게도 그들도 모두 여호와를 말합니다. 들은 말끝마다, "여호와의 말씀이"(11절), "여호와께서"(12절), "여호와의 영이"(24절) 이런 식으로 말해요. 거짓 선지자들은 말을 할 때마다 여호와를 말하고 여호와 말씀을 말해요. 이것이 바로 미혹입니다. 어떤 면에서 보면 하나님의 이름을 가장 많이 부르는 바로 그 사람이 거짓 선지자일 수 있어요. 아이러니한 얘기죠. 어떤 면에서는 하나님을 진정으로 믿는 사람은 하나님의 이름을 말하기를 두려워해요. 그런데 하나님을 진정으로 믿지 않는 사람은 하나님의 이름을 남발해요. 하나님의 말씀을 아무데나 써먹어요. 하나님의 말씀이 얼마나 귀중하고 존귀하고 높은 것인지 그 말씀을 진실로 믿는 사람은 그 한 마디의 말씀을 말할 때도 조심하고 두려워하지만, 오히려 하나님의 이름을 남발하고, "믿습니다"를 남발하고, 아멘을 남발하면 그 사람이 오히려 거짓일 수 있어요.

여기 거짓 선지자들 400명의 대표인 스가랴도 입만 열면 하나님과 하나님의 말씀을 운운했습니다. 그런데 그 방식은 참 선지자 미가야도 비슷했습니다. 미가야도 자주 하나님을 언급했습니다. 그러니 어떻게 참 선지자와 거짓 선지자를 구별할 수가 있겠습니까? 거짓말하는 영은 거짓말을 거짓말처럼 하지 않아요. 그것은 거짓말하는 영이 아니에요. 거짓말하는 영은 마치 그것이 진리인 것처럼 하나님을 높이는 것처럼 가장 참된 것처럼 그렇게 말하게 만듭니다. 사도 바울도 고린도 교회에 보내는 두 번째 편지에서 사탄이 광명의 천사로 가장한다고 말했습니다(고후 11:14). 그래서 사탄의 일꾼들인 거짓 교사들도 입에 줄곧 예수의 이름을 달고 살며, 줄곧 성령을 말하며, 줄곧 복음을 운운합니다(고후 11:4). 그런데 그들이 말하는 예수, 그들이 말하는 성령, 그들이 말하는 복음은 무엇입니까? 사도 바울은 그들의 이야기를 잘 들어보면 그들은 다른 예수를 말하고 다른 성령을 말하고 다른 복음을 말한다고 합니다.

여러분, 여러분들도 자주 하나님의 이름을 말하고 자주 예수님의 이름을 말하고 자주 복음을 말하고 자주 아멘을 말하지요? 여러분 주위에도 그런 사람이 많지요? 그렇게 말하는 동안 자신도 조심해야 할 것이고, 그렇게 말하는 사람도 우리가 경계를 해야 할 필요가 있습니다. 왜냐하면 거짓말하는 영은 진리에 가장 가까운 방식으로 우리에게 다가오기 때문입니다. 거짓말하는 영은 멀리 있지 않아요.

그래서 오늘 우리가 이 말씀을 읽으면서 내리는 결론은 바로 이것입니다. 엘리야는 이방 선지자들과 싸웠어요. 이방 선지자와 싸우는 것은 어떤 면에서 쉬워요. 우리가 기독교가 아닌 다른 종교 그것이 불교건 힌두교건 이슬람이건 어떤 다른 종교에 대해서 말하는 것은 어떤 면에서 쉽습니다. 왜냐하면 교리가 다르고 진리가 다르기 때문에 복음만 얘기해줘도 사람들이 알아들어요. 이슬람은 이런 점에서 우리와 다르구나, 불교는 이런 점에서 다르구나, 천주교는 이런 점에서 다르구나, 알 수 있습니다. 그러나 정말로 어려운 것은 우리와 똑같이 하나님을 말하고 복음을 말하고 성경을 말하고 있는 바로 우리 안에 들어와 있는 거짓 선지자입니다. 거짓 선지자들과 싸우는 것이 힘들어요. 미가야의 싸움이 엘리야의 싸움보다 훨씬 힘듭니다. 왜 그럴까요? 엘리야는 바알이든 아세라든 그 선지자들과 마주쳤을 때 명확하게 하나님을 보여줄 수 있어요. 그런데 미가야는 명확하게 하나님을 보여주는 동안, 놀랍게도 저쪽에 있는 사람들도 똑같은 말을 합니다. 거짓 선지자의 대표인 스가랴가 그렇게 말했어요. "여호와의 영이 나를 떠나 어디로 가서 너에게 말씀하시더냐"(24절). 어떻게 참과 거짓을 증명하겠어요? 어떻게? 증명할 길이 없지요. 그래서 우리 안에 들어와 있는 거짓말하는 영과 싸우는 것이 훨씬 힘듭니다. 그러나 우리는 압니다. 다수를 힘으로 생각하고, 사람들에게 화려한 행사를 강조하고, 말끝마다 경건한 용어를 남용하고 있는 자들이 거짓 선지자들임을 우리는 압니다. 우리는 우리 안에 들어와 있는 이 거짓말하는 영과 부단히 싸워야 합니다. 그리고 우리는 거짓말하는 영을 이겨야 해요.

그리고 마지막으로 하나 더 말하자면, 나 자신이 자칫 하면 바로 이 거짓말하는 영의 유혹을 받아서 쉽게 무너진다는 사실을 기억해야 한다는 것입니다. '쉽게' 말입니다. 나 자신에게도 이 자리에 서서 다수는 진리가 아닐 수 있다 말하는 동안에도 다수를 좋아하는 마음이 생겨나요. 화려한 행사는 화려할수록 거짓말일 가능성이 높다 말하는 중에도 내 마음속에도 어떻게 하면 화려하게 일을 해볼까 하는 생각이 들어요. 하나님의 이름을 곧잘 주문처럼 외우고 있는 그 동안에도 하나님 아닌 다른 것을 내 마음속에 상상해요. 이런 유혹에 빠지는 나 자신이 더 무서운 적이에요.

새 학기를 개강하면서 우리는 이미 체험하고 있는 밖의 상황들, 또 우리 안의 상황들, 심지어 나 자신의 내면을 들여다보면서, 거짓말하는 영이 저 멀리 유럽이나 저 멀리 미국에 있는 것이 아니라 지금 내 속에서 작용할 수 있다는 점을 깊이 생각합시다. 우리는 이번 학기도 거짓말하는 영과 부단히 싸워야 할 것이고 이 씨름에서 승리를 해야 할 것입니다.

섭리 믿음과 기도

창세기 24:1-9

현창학 (구약학)

오늘 본문 말씀은 아브라함이 자기의 아들 이삭의 아내를 얻기 위해서 고향 땅으로 그의 종을 보내 리브가를 얻어오는 내용입니다. 성경의 여러 장들을 살펴보게 되면 항상 치열한 전투를 보는 것과 같습니다. 특히 죄인들인 인간이 보여주는 모습은 대부분 하나님 뜻에 어그러지는 방향으로 나가면서 하나님과 갈등하고, 자연히 하나님과 화합하지 못하고 거기서부터 많은 문제와 긴장을 빚어내는 것입니다. 그러나 이 창세기 24장은 모처럼 심각한 갈등이 없는 평화로운 이야기를 전해 줍니다. 매우 잔잔하면서 전원적으로, '행복한' 이야기가 전개되는데요, 유쾌하고 직설적인 방식으로 아브라함의 종의 순종과 순조로운 사명 완수에 대해 말해 줍니다. 종이 아브라함의 고향으로 가서 순조롭게 리브가를 만나고 또한 그녀의 가정을 잘 설득하고, 그 결과 리브가를 취해서 데려와 믿음의 조상 이삭과 결혼시킨다는 내용입니다.

이 충성된 늙은 종은 하나님 앞에 기도하면서 매우 아름답게 하나님의 인도와 섭리를 받고 있습니다. 이것은 짧은 이야기이지만 예수님까지 이르는 구속사가 면면히 이어지고 있다는 점에서 매우 중요하고 심각한 이야기이기도 합니다. 24장 앞의 장인 23장에서 사라가 죽습니다. 24장 다음에 오는 25장에서는 아브라함이 죽습니다. 이삭이 장가가야 됩니다. 그래야 예수님까지 이어집니다. 그리고 멀리 22장에는 리브가가 탄생하는 이야기가 미리 주어지고 있습니다. 24장은 단순히 한 사내의 결혼을 다루는 이야기 같지만 하나님께서 거룩한 역사를 이어가는 조밀하고도 치밀한 계획의 일부를 이루는 이야기인 것입니다.

성경의 여러 장들은 죄와 심판, 또는 심각한 위기나 그러한 위기에서 구원 받는 일 등 치열한 사건을 다루기 일쑤입니다. 창세기에만 해도 자식을 바치거나, 아버지와 형을 속이거나, 하나님과 씨름하거나 하는 등 하나님과의 관계가 손에 땀을 쥐도록 치열하게 그려지는 곳들이 많습니다. 이에 반해 24장은 아브라함의 믿음과 늙은 종의 순종을 통해서 원하는 일이 매우 순적히 이루어지는 평온한 에피소드를 전합니다. 모처럼 평화롭게 읽을 수 있기 때문에 마음도 편안해지는 듯합니다. 그러나 뜻과 교훈은 상당히 깊습니다.

1. 임재와 섭리

첫째, 우리가 생각할 것은 하나님의 섭리가 우리의 삶의 일상을 지배하고 있다는 것입니다. 갈등과 어려움을 포함한 삶의 모든 국면에 하나님의 섭리가 작용하고 있습니다. 여기 창세기 24장에 하나님이 직접 말씀하셨다 하는 내용은 없습니다. 하나님이 무슨 비상한 기적적인 방법을 써서 간섭하셨다는 내용도 없습니다. 사람들의 대화만 나옵니다. 아브라함의 늙은 종, 리브가, 리브가의 아버지 브두엘, 리브가의 오빠 라반 사이의 대화들입니다. 그리고 이 대화들을 중심으로 가족 내의 중매하고 결혼하는 이야기가 전부입니다. 자못 싱겁습니다. 이게 무슨 '성경의' 사건이 될 수 있나 싶습니다. 그러나 그렇지 않습니다. 24장은 매우 중요한 사실을 가르쳐 줍니다. 하나님은 계시지 않은 듯 보입니다. 아무 관여도 안 하시는 것 같습니다. 그러나 하나님은 안 보이시는 가운데 이삭의 결혼이라는 거룩한 역사의 배후에 엄연히 계시면서 이 모든 사건을 인도하고 계십니다. 24장은 안 계신 것 같아 보일 때에 하나님은 성도의 삶의 배후에 늘 계시어서 역사하시고 인도하신다는 사실을 웅변적으로 말하고 있습니다.

오늘 입학 설명회의 주제도 "그의 말씀을 따라," 곧 "하나님의 말씀을 따라"입니다. 창세기 12장에서 아브라함이 하나님의 말씀을 따라 순종하는 내용을 주제로 삼았습니다. 그러나 그 순종 못지않게 아브라함의 종이 하나님께 순종하고 자신의 주인의 명령에 순종해서 자기의 사명을 잘 완수해내는 내용을 보면서, 우리는 일단 하나님의 부름을 확인하고 따라 나설 때에 혹시 하나님이 보이지 않는 순간이라 하더라도 언제나 그분은 우리의 배후에 계셔서 우리를 철저히 보호하시고 조밀하게 인도하신다는 사실을 기억할 필요가 있겠습니다.

하나님이 하시는 일을 보여주는 방법은 두 가지라고 생각합니다.

이것은 제가 설교를 위해 편의상 구별하는 것이므로 엄밀한 신학적 개념은 아닐 수 있습니다. 그래도 하나님이 자신이 하시는 일을 보여주시는 방법에는 두 가지가 있다고 생각하는 것은 그리 무리한 생각은 아닙니다. 즉 무엇인가 하면, 하나님은 성경에서 자신이 하시는 일을 보여주실 때에 보이게 보여주시는 수도 있고 보이지 않게 보여주시는 수도 있고 두 가지 경우가 있다는 것입니다.

보이게 보여주시는 경우는 '임재'라 말할 수 있을 것입니다. 가시나무 떨기의 불꽃 가운데 하나님이 나타나신 것은 임재라고 할 수 있습니다. 이스라엘이 가장 어려운 상황에서 하나님이 모세에게 그처럼 나타나 주셨습니다. 이스라엘이 광야를 진행할 때에 불기둥, 구름기둥으로 인도하신 것도 임재입니다. 성막은 대표적인 하나님의 임재의 상징입니다. 또 역사서나 선지서에 보면 성도들이 어려움 가운데 하나님 앞에 기도할 때에 그 기도에 응답해 주시는데, 기도에 응답하시고 문제를 해결해 주시는 것도 임재라 할 수 있습니다. 영어로 프레즌스(presence)라고 말하지요.

한편 보이지 않게 하시는 일을 보여주시는 수도 있습니다. '섭리'라는 것입니다. 프라비던스(providence)라고 합니다. 이것이 오늘 우리가 함께 생각해 보려는 것입니다. (물론 방금 전에 말씀 드렸듯이 임재와 섭리의 구분은 아주 엄밀한 것은 아닙니다. 사실상 엄격하게 말하면 임재는 섭리까지 포함할 수 있는 포괄적인 개념이고, 반면 섭리도 임재를 포괄할 수 있는 넓은 개념인 것이 사실이지요. 다만 오늘 설교에서는 좀 더 실천적 적용을 지향해서 간편하게 다소 협의적인 의미로 임재와 섭리를 구분해보고 있는 것입니다.)

하나님은 보이지 않게 당신이 하시는 일을 보여주시는 수가 많습니다. 사실은 우리가 겪는 일은 이 경우가 대부분입니다. 언제나 우리가 보며 삽니까? 보이지 않지만 그냥 인도해 주시는 그 신비한 은총으로 우리는 대부분의 시간을 살아갑니다. 자연 속에서 자연을 통해 주시는 은총, 그리고 평안할 때건 곤고할 때건 상관없이 조밀하게 하나님의 백성을 인도하시는 보호의 은총이 그렇습니다.

특히 하나님이 전혀 보이지 않는 어려운 시간, 참으로 하나님이 계시지 않은 것 같이 느껴질 때에도 하나님은 우리와 함께 계셔서 우리 위에 역사하시고 우리를 인도한다는 사실이 얼마나 중요한지 모릅니다. 아마 창세기 24장은 하나님의 인도의 이러한 면을 보여주려 하는 것 같습니다. 이것을 섭리라고 부를 수 있는 것입니다. 하나님은 한 말씀도 하지 않으십니다. 기적 등의 비상한 방법으로 간여하시는 것도 아닙니다. 손가락 하나 까딱하는 모습도 보이지 않으십니다. 그저 등장인물들의 대화 속에 '하나님께서 하셨다'는 고백이 나올 뿐입니다. 그리고 내러티브를 다 읽고 난 독자라야 '과연 하나님이 이루셨구나'고 확인할 수 있을 따름입니다. 사건의 소용돌이 속에 있는 당사자들은 답답할 뿐입니다. 하나님이 하시는 일이 그들에게는 숨겨져 있기 때문입니다. 그러나 하나님이 직접 개입하시지 않는 것 같은, 인간들에게는 보이지 않는 이 '섭리'라는 것이 우리 예수 믿는 신앙에서 매우 중요합니다. 그래서 오늘 이 보이지 않는 섭리를 믿는 믿음에 대해서 생각해 보려는 것입니다.

오늘 본문의 아브라함의 종도 어디로 가야될지 누구를 만나야 될지 그리고 자신이 맡은 임무를 잘 수행할 수 있을지 모든 것이 두려웠을 것입니다. 그러나 아브라함의 종의 임무는 하나님의 뜻 가운데 주어진 것이기에 이 일에 관해서는 하나님 자신이 철저히 준비하시고 인도하고 계셨다는 사실을 우리는 알 수 있습니다. 하나님은 말씀으로나 역사로나 전혀 드러나 보이시지 않지만 이삭의 결혼에 조밀하게 관여하고 계셨다는 사실을 우리가 알 수 있습니다. 우리의 일상생활에서나 또는 어떤 위기를 만났을 때에나 하나님의 철저한 보호와 인도하심을 믿는 섭리 믿음은 매우 중요합니다.

저는 청년 시절에 예수님 믿을 때에 기도하면 다 된다는 말이 얼마나 은혜가 되었는지 모릅니다. 우리 시대는 왜 그렇게 문제가 많았는지! 가난하고 병들고 부족하고, '없는' 것이 전부였습니다. 그래서 무엇을 받기 위한 기도를 참 많이 했습니다. 그리고 신앙생활이란 것 자체가 하나님으로부터 무엇을 받는 것이 주류요 거의 전부였습니다. 물론 받기 위한 기도는 지금도 계속해야 하고 또 하나님으로부터 이러저러한 것을 받으며 사는 것이 중요합니다. 그리고 기도 응답을 받음으로 인해 하나님이 살아 계신 것을 경험하고 그 사랑의 손길을 피부로 느끼게 되는 것이 중요합니다. 사실 우리의 신앙이란 것이 기도 응답을 통해 하나님을 경험하면서 자라는 것이 사실이니까요.

그런데 또 한 가지 중요한 것은 반드시 기도 응답 등의 소위 '임재 경험'이 아니라 하더라도 일상적 생활과 또 힘겨운 순간들 모두에 하나님이 계시다는 것을 믿는 믿음이 자라가야 한다는 점입니다. 평상시 그저 평범하게 숨 쉬고 살아가는 순간은 물론이고, 또한 하나님이 계시지 않는 것처럼 느껴질 정도의 어려운, 즉 '부재 경험'의 순간까지도 하나님은 여전히 자신의 백성을 돌보고 계시다는 사실을 믿는 믿음을 키워 나가는 것이 우리 신앙 성장에 있어 대단히 중요한 것입니다.

오늘 읽어 드린 말씀 밖이긴 합니다만 24장 50절에 보면 라반과 브두엘이 아브라함의 종에게 대답하는 내용이 나옵니다. "이 일이 여호와께로 말미암았으니 우리는 가부를 말할 수 없다." 리브가를 달라고 하니까 적들이 (아브라함의 입장에서 보면 라반과 브두엘은 적입니다) 지금 리브가를 빼앗기지 않으려고 하고 있지 않습니까. 실제로 나중에 라반은 (아브라함의 손자인) 야곱의 적으로 등장하지 않습니까? 그런데 그 적들이 자기들의 입으로 "이 일이 여호와께로부터 말미암았다"고 말하고 있는 것입니다. (리브가를 데려가는) 거래를 성사시키기 위해 정복해야 할 적들이 오히려 그렇게 말하고 있는 것입니다. 아브라함의 종의 눈에는 하나님이 아무것도 해주시지 않는 것처럼 보였을 수도 있습니다. 그러나 사실은 적들마저 인정하지 않을 수 없을 정도로 하나님께서 직접 그 일을 챙기고 계셨던 사실을 라반과 브두엘의 고백이 증거하고 있습니다. 물론 아브라함의 종도 하나님이 자신을 인도하고 계신 사실을 고백하고 있습니다. 27절에 "이르되 나의 주인 아브라함의 하나님 여호와를 찬송하나이다. 나의 주인에게 주의 사랑과 성실을 그치지 아니하셨사오며 여호와께서 길에서 나를 인도하사 내 주인의 동생 집에 이르게 하셨나이다 하니라"고 되어 있습니다. 48절도 보십시오. "내 주인 아브라함의 하나님 여호와께서 나를 바른 길로 인도하사 나의 주인의 동생의 딸을 그의 아들을 위하여 택하게 하셨으므로 내가 머리를 숙여 그에게 경배하고 찬송하였나이다"고 합니다. 이처럼 하나님의 인도를 고백하고 있습니다. 화자 (narrator)는 비록 드러나는 사건으로는 하나님의 보이는 손길을 소개하지 않지만 등장인물들의 대화를 통해 하나님의 인도를 증명하고 있습니다.

하나님이 친히 인도하신 증거는 이외에도 많습니다. 전혀 모르는 이방 땅에 서 있는 이 늙은 종에게는 어디 물어 볼 곳 하나가 없었습니다. 복덕방이나 흥신소가 있던 시절도 아니고요. 그는 그저 기도하고 기다릴 뿐이었습니다. "하나님, 제가 어떤 처녀가 우물로 나아와서 제가 '나에게 물을 마시게 하라'고 말할 때에 그 처녀가 '예, 마시소서 또 낙타에게도 마시우리다' 이렇게 말하면 제가 그 처녀를 제 사명을 완수하는 처녀로 알겠습니다." 매우 대담하다 못해 맹랑한 기도이기도 합니다. 그런데 이 기도에 대한 언급이 오늘 24장에 다섯 번이나 나옵니다. 실제로 만나서 기도한 대로 된 것과, 리브가의 집에 가서 자초지종 즉 그 집에 이른 경위를 설명할 때 등 이 내용이 다섯 번이나 되풀이 언급되고 있습니다.

구약성경에서 반복은 강조를 의미합니다. 언제나 중요한 내용은 두 번 이상 여러 차례 반복해 언급합니다. 오늘 24장의 경우도 마찬가지입니다. 어찌 보면 무리한 기도입니다. 그럼에도 불구하고 기도에 대한 응답으로 우연 같은 만남은 기어코 일어나고 말았습니다. 그리고 그 사실은 다섯 번에 걸쳐 반복 진술됩니다. 과연 그렇습니다. 하나님은 보이는 사건으로는 전혀 역사하시지 않았습니다. 그러나 그렇게 보여도 하나님은 사건의 배후에서 종을 철저히 지키고 인도하고 계셨던 것입니다. 사건으로는 드러나지 않지만 너무도 분명히 종과 종의 사명을 인도하고 계셨음을, '드러나지 않게' 인도하고 계셨음을, 이 다섯 번의 기도 응답과 만남에 대한 진술이 천명하고 있는 것 아닐까요. 창세기 24장은 성도의 인생 여정에 미치는 하나님의 섭리의 손길이 어떤 것인가를 증언하는 탁월한 장이라 할 수 있습니다.

하나님은 앞일을 알지 못하고 나아가는 우리들에게 복덕방이요 흥신소가 되어주시는 분이십니다. 기도하면, 보이지 않는 중에 하나님의 손길이 우리를 안전하게 사명을 완수하기까지 보호하고 인도하십니다. 우리가 가는 길은 알지 못하는 길일 뿐더러 매우 험한 길입니다. 그러나 좌절하고 무너져버릴 것 같은 험한 사정이어도 하나님은 우리를 건져내시고 또 건져내십니다. 보호하시고 또 보호하시고요, 안내하시고 또 안내하십니다. 우리가 뭐라고 그의 쓸 그릇을 만드시겠다고 우리를 빚으시면서 인도하시는 것입니다. 하나님의 조밀한 인도요 섭리인 것입니다.

마태복음 10장 29절은 섭리에 대해 잘 설명해 줍니다. 제 기억에 칼빈의 『기독교 강요』에도 마태복음 10장으로 하나님의 섭리를 설명하는 내용이 나옵니다. 10장 29절에서 보면, 참새 한 마리도 하나님의 허락 없이는 떨어질 수 없다고 합니다. 31절은 우리는 참새보다 훨씬 귀한 하나님의 자녀들이라고 말씀하고 있습니다. 우리가 자연을 볼 때에 그냥 아름다운 경치만 보는 것이 아니고 하나님의 창조의 신비와 더불어 섭리의 손길을 늘 읽어도 지나치지 않을 것입니다. 두려워할 것도 없고 불평할 것도 없습니다. 저 태양을 돌게 하시는 하나님이 우리의 머리털까지 세고 계신 우리의 아버지이신 것입니다. 칼빈은 마태복음 10장을 인용하면서 "하나님은 전 우주를 운영하시는데, 성도를 가장 안전하게 보호하는 방향으로 우주를 운영하고 계시다"고 말했습니다.

기도 응답을 받는 믿음도 중요합니다. 기도 많이 해야 됩니다. 기도가 약해지는 것이야말로 교회에 닥치는 큰 위험인데, 계속해서 기도를 뜨겁게 하고 간절히 하고 많이 해야 되겠습니다. 기도를 많이 하면서 기도 응답도 많이 받는 것이 중요합니다. 그러나 기도 못지않게 또 중요한 것 하나가 여기 있습니다! 우리를 부르신 이가 보이지 않는 가운데도 우리를 인도하고 계시다는 것을 믿는 믿음, 즉 섭리의 믿음입니다. 기도하고 기도 응답이 있고 하면 좋지만, 설령 기도 응답이 없다 하더라도 하나님은 여전히 우리를 인도하고 계십니다. 전혀 감지할 수 없고 하나님이 안 계신 것 같은 순간에도 하나님이 우리를 조밀하게 그리고 철저히 인도하고 계시다는 이 진리를 믿는 것이 섭리 믿음입니다. 우리는 하나님의 간섭을 알 수 있을 때에만 하나님이 도우시고 인도하신다고 믿기 쉽습니다. 그러나 그렇지 않습니다. 하나님은 우리가 전혀 인지하지 못할 때에도 여전히 우리를 돕고 계십니다. 창세기 24장은 하나님의 손길을 전혀 인지할 수 없을 때에도 여전히 하나님은 (보이지 않게) 우리를 도우시고 인도하신다는 사실, 즉 섭리적 인도를 가르쳐 주고 있습니다.

섭리를 두 면으로 생각할 수 있습니다. 하나는 하나님은 '안 보일 때 계시다' 이고요, 다른 하나는 '안 계신 것 같을 때 계시다' 입니다. 앞의 경우는 평상시의 우리의 생활을 말합니다. 우리가 살아가는 대부분의 시간은 섭리의 신비 안에서, 섭리의 혜택으로 살아갑니다. 임재를 경험하는 (기도 응답 따위) 특별한 시간 외의 평상시 대부분의 시간은 섭리의 은총으로 살아갑니다. 우리의 오감으로 인지할 수 없어도 하나님은 우리가 필요한 모든 것을 공급하고 계시고요, 또한 조밀한 손길로 우리를 당신의 목표를 향하여 인도하고 계십니다. 이것이 한 경우고요, 다른 경우는 '안 계신 것 같을 때 계시다' 인데 이것도 매우 중요합니다. 하나님은 안 계신 것 같을 때 계십니다. 너무 상황은 어렵고 기도해도 응답은 없고, 참으로 힘든 상황이 있습니다. 하나님이 안 계신 것 같습니다. 만일 계시다면 이토록 모른 체하실 수는 없을 텐데 하나님의 도우심은 물론이고 하나님의 존재 자체까지 의심하게 될 정도의 힘든 경우입니다.

그런데 이때에도 여전히 하나님이 우리와 함께 계시고 지키시고 인도하신다는 것이 성경이 가르치는 섭리입니다. 예컨대 시편 기자들은 수도 없이 도움이 없는 상황에서 기도했습니다. 아무리 둘러봐도 하나님도 하나님의 돕는 손길도 확인할 수 없는 절박한 상황이지만 하나님은 여전히 조밀한 손길과 치밀한 계획으로 우리를 인도하고 계시다는 것이 성경이 하나님이 하시는 일에 대해 거듭 증거하는 바입니다. 그리고 사실 이러한 섭리적 인도를 경험하지 않은 성도는 성경의 위인 중에 한 사람도 없다고 해도 과언이 아닙니다. 창세기 24장은 이와 같은, 성도의 삶의 일부를 이루는 섭리적 인도에 대해 증언하는 장입니다.

2. 요셉의 예

섭리하면 꼭 들어야 될 예가 요셉이라 생각됩니다. 하나님이 전혀 안 계신 것 같은 긴 세월을 견뎌냈고 승리했기 때문입니다. 하나님은 전혀 안 계신 것 같았지만 항상 그와 함께 하시어 그를 조밀하게 인도하시고 구속사가 끊이지 않고 흘러가도록 하는 큰 사명을 감당케 하셨습니다. 인간적인 입장에서 보면 그는 기구한 운명의 사나이이지요. 참으로 그렇게 가혹한 운명의 길을 갈 수도 있을까요. 형들한테 배반당해 구덩이에 던져지고 이집트에 쓰레기처럼 노예로 팔려갔습니다. 목숨이 없는 사람과 같았습니다. 게다가 거기 가서는 하필 누명을 쓰고 감옥에 처넣어집니다. 구제불능이라고나 할까요, 희망이라곤 전혀 없는 사람이었습니다. 노예인데다 죄수까지 되었으니 그게 목숨이 있는 사람이라고 하겠습니까. 마음에 받은 타격으로 말하면 그렇게 깊은 상처를 받은 사람도 없을 것입니다.

그런데 요셉은 하나님이 계속 따라다니면서 형통하게 하셨다고 하십니다. 그리고 마지막 그의 신앙을 보게 되면 그런 상처를 완전히 극복한 사람으로 드러나고 있습니다. 요셉에게 정말 부러운 것은 죄인된 노예가 세계 제국의 최고 통치자에 올랐다는 대박형 성공이 아닙니다. 그것이 아니고 요셉은 배반당하고 완전히 나락으로 떨어진 사람이지만 인간과 인간의 이해관계로 인생을 파악하지 않고 섭리의 눈을 가지고 인생을 파악하고, 존재의 근간이 흔들리는 극심한 고난 가운데서 하나님의 크신 경륜을 자기 체질 깊숙이 체득한 사람이라는 사실입니다.

사실 요셉의 어린 시절을 보면 성품에 모가 난 사람입니다. 아버지한테 형들의 흠을 고자질하는 습관이 있었습니다. 잘난 체하고 자기 자랑도 잘합니다. 형들에게 미움 받을 만하지요. 요셉의 찬란한 생애를 생각할 때 왜 그런 위인의 이런 면을 그리고 있나 성경이 잘 이해가 안 되던 때가 있었습니다. 그런데 곰곰 생각해 보니 이 점이 요셉 이야기에 매우 중요한 포인트인 것 같습니다. 누가 봐도 사랑받기 어려운 흠을 요셉은 지니고 있었습니다. 인품에 흠이 있는 것입니다. 그렇게 못난 짓을 했으니 이집트에 팔려가도 싸지요. 그런데 이런 성품의 소유자가 극한 고난을 겪으면서 성숙한 인격과 신앙으로 성장하고 있는 것입니다. 이집트 총리라는 대박 성공보다 중요한 것이 바로 이 점입니다. 어쩌면 그런 막중한 위치도 요셉의 인품이 이처럼 성장했기에 주어진 것인지도 모릅니다.

요셉은 말할 수 없는 고난을 겪는 가운데 하나님이 보이지 않는 가운데 인도하신다는 섭리의 눈을 익히게 된 것입니다. 창세기 39장에 보면 요셉의 반응은 전혀 나오지 않은 채 "여호와께서 요셉과 함께 하시므로 그를 형통케 하셨다"는 말씀이 네 번이나 반복됩니다(2, 3, 21, 23절). 요셉 자신은 하나님이 함께 한다는 사실을 바로바로 인지하지 못했지만 엄연히 하나님은 그와 함께 하시고 그를 지키시고 인도하고 계셨던 것입니다. 아마 오랜 시간이 지난 후 요셉은 그 사실을 '알아차렸'을 것입니다. 그래서 비로소 섭리의 눈을 익히게 되고, 그 결과 자신의 철천지원수인 형들을 용서하는 데까지 신앙이 자란 것입니다!

요셉 이야기의 해석적 열쇠는 45장 8절과 50장 20-21절에 있는 것 같습니다. 45장 8절에 보면 "나를 이리로 보낸 이는 당신들이 아니요 하나님이시라"했고요, 창세기 50장 20-21절에서도 요셉은 형들이 악을 계획했고 그를 해하려 했지만 하나님은 그것을 선으로 바꾸셨고 많은 백성을 구원하는 데 그를 사용하셨다고 말합니다. 그리고 또 보십시오. 오히려 두려움 가운데 있는 형들을 위로합니다. "두려워하지 마세요. 아버지가 돌아가셨지만 제가 형님들의 일생, 형님의 자녀들의 일생을 다 지켜 줄 터이니 걱정하지 마세요." 섭리의 눈을 익혀 하나님의 크신 섭리를 알 때 원수인 형들을 용서하는 데까지 신앙이 자랄 수 있었습니다. 하나님의 크신 경륜에 감사하는 넓은 마음입니다. 문제를 인간관계로만 파악하지 않고 하나님의 섭리로 해석할 수 있었습니다. 그래서 하나님의 크신 은혜의 경륜을 깨닫게 되니까 그 경륜에 감사하고 감읍하고 그래서 용서하는 넓은 마음을 익히게 된 것이죠! 요셉에게 부러운 것은 바로 이 점입니다! 이 땅에서의 대박형 성공이 아니라, 이처럼 하나님의 섭리의 은총을 깨닫고 감사하는 넓은 마음을 익힌 것, 바로 그 점입니다.

이것은 실로 상상하기 어려운 일입니다. 정말 부러운 일입니다. 모가 난 사람이었습니다. 그러나 섭리를 깨닫고 인간성이 달라지고 넓은 마음을 체득하게 되었습니다. 은혜는 좀 받은 것 같은데 사람의 변화는 전혀 일어나지 않는 한심한 모습이 아니고, 요셉이야말로 성경이 보여주고 싶은 진정한 신앙을 보여주는 것 같습니다. 외면적인 성공은 그의 이러한 변화의 자연스런 결과였을 것입니다.

섭리를 깨달으니 삶에서 이웃을 용서하고 품는 데까지 성장할 수 있었습니다. 만일 우리 신앙이 남을 용서하는 데까지 성장하지 못했으면 아직 신앙이 하수(下手)인 점을 인정해야 하겠습니다. 섭리의 눈을 익혀야 상수(上手)가 됩니다. 하나님의 크신 경륜, 하나님의 섭리의 은총, 하나님의 은총적 섭리를 깨닫는 일에 우리는 진력해야 할 것입니다. 그 깨달음이 부족해서 안타까워 울면서 하나님 앞에 기도해야 될 것입니다. 우리 주변에 일어나는 일을 사람 관계의 얽히고설킴으로만 이해하지 않고 (그래서 용서하지 못하고 묵은 원한을 오래도록 간직하지 않고) 하나님의 깊은 경륜의 결과임을 알고 깊은 안정감과 더불어 다른 사람의 잘못을 용서할 수 있는 데까지 성장해 내어야 합니다. 아무것도 보이지 않는 캄캄한 밤중에 요셉은 섭리의 눈을 익혔습니다. 그리고 이어서 사람을 용서하고 품는 넓은 마음까지 익혀내었습니다.

3. 구속의 눈과 섭리의 눈

우리 신자들은 두 개의 눈을 배워야 될 줄 생각합니다. 하나는 구속의 눈 (제가 수업 시간에 늘 강조하는 것입니다), 그리고 또 다른 하나는 섭리의 눈입니다! 우선 구속의 눈이 없으면 안 되겠지요. 무엇보다 중요한 것입니다. 우리 자신이 죄인인 것을 인정해야 합니다. 세상은 죄인인 것을 모릅니다. 우리 기독교인은 우리 자신이 멸망 받을 수밖에 없을 만큼 악하고 완고하고 반역적인 존재라는 것을 철저하게 인식하고 하나님의 구속의 은총이 아니고는 하루도 살아갈 수 없다는 그런 믿음으로 살아야 되는 것입니다. 이에 대한 철저한 훈련이 우리가 좀 부족해 왔던 것 같아요. 우리 인간은 '하나님을 대항하여 필사적으로 싸우고 미워하는 존재' 입니다. 우리가 목사님을 통하여 "하나님을 사랑합시다, 하나님께 순종합시다" 는 말씀을 많이 듣다 보니 당위를 사실로 착각하여 우리 자신이 무슨 하나님을 꽤 존중하는 존

재로 생각하기 쉽지만, 사실은 전혀 그렇지 않은 것입니다. 우리는 본
질적으로 하나님께 대적하는 존재입니다. 칼빈 선생님의 말처럼 우리
는 '마음의 욕망으로 말미암아 열렬히 악을 지향하는 존재' 입니다.
우리 칼빈주의의 가장 중요하고 짜릿한 매력이 이 인간론에 있다고
봅니다!

C. S. 루이스의 글에도 보면 우리는 단순히 불완전한 것이 아니
다 말합니다. "나는 불완전합니다, 약합니다" 하고 자꾸 그 뒤에 숨
지만, 우리는 단순히 불완전한 것이 아닙니다. C. S. 루이스는 "우리
는 하나님을 대적하여 들고 있는 무기들을 내려놔야 하는 반역 도당
들이다" 이렇게 해설하고 있습니다. 정말 인간을 잘 봤습니다. 반역
자들이요 악질들인 것입니다. 내 안에 일어나는 것들은 모두 지옥을
창조하는 것들뿐입니다. 내 안에는 구원의 자원이 전혀 없는 것입니
다. 복음을 받아들이고 중생하는 데 있어 가장 중요한 것은 '내가 누
구인가?' 하는 것을 아는 것입니다. 자신이 멸망할 수밖에 없고, 스스
로 구원의 자원이 전혀 없는 존재임을 철저히 깨달을 때 십자가 구속
의 필요가 선명하게 떠오르는 것입니다. 그 때에야 비로소 독생자의
보혈을 주신 하나님께 기어 나가게 되는 것입니다! 십자가를 붙들게
됩니다! 죄 때문에 고민하고 죄 때문에 괴로워 해봐야 예수의 죽음이
참으로 감사하게 되는 것입니다. 죄 때문에 괴로워 해봐야 예수께서
내 죄를 위해 죽으신 것이 실존적으로 구체적으로 감사하게 되는 것
입니다.

구약성경을 죽 읽어보면 모조리 실패하는 인간들의 군상(群像)들
입니다. 구약성경은 이러한 인간의 모습을 보여 주면서 "너 자신을 알

라"고 우리를 향해 외치고 있는 것 같습니다. 우리 스스로가 우리 자신이 죄인이라는 깊은 인식을 생략한 채 은혜를 받겠다고 덤비면, 피상적인 것이요 큰 오류가 될 수 있습니다. 십자가 부활의 구속의 의미를 내 삶 전체로 이해하고, 십자가 부활의 구속에서 내 생활의 모든 힘을 발견해야 합니다. 지상에서 하나님 나라를 이루는 일과, 영원한 영생의 보장까지 구속은 우리의 삶 모든 국면의 단초입니다.

이 눈이 가장 중요한 눈입니다. 사실 오늘 본문은 이 눈과는 직접 관련은 없습니다. 그러나 섭리의 눈을 말하려면 이 구속의 눈을 함께 말해야 섭리의 눈도 제 자리, 제 의미를 찾을 것 같아서요. 우리는 보통 설교하거나 성경공부 할 때에 자칫 구속은 빼고 삶 자체에 대해서만 말하기 쉽습니다. 그러나 기독교인의 삶의 가장 근저에는 구속의 은총이 작용하고 있음을 한순간도 잊어선 안 될 것입니다. 우리 신앙에 가장 필요한 것은 구속에 대한 집중력이라고 할 수 있겠지요. 섭리도 이 구속의 기초 위에 생각할 때에 비로소 제 의미를 갖는다고 해야겠지요. 그래서 구속의 눈을 먼저 생각했습니다. 우리가 생활에서 구속의 눈을 항시 지니고 살아야 영적 싸움에서 늘 승리할 수 있고, 여기에 섭리의 눈을 함께 가지고 살 때에 우리는 온전한 그리스도인의 삶을 영위하게 될 것입니다.

말씀드린 대로 다음은 섭리의 눈이지요. 보이든 안 보이든 하나님은 함께 하십니다. 오히려 안 보일 때에 하나님의 손길이, 오늘 아브라함의 종의 배후에, 이삭의 결혼의 배후에 철저하고 조밀하게 간섭하셨던 그 손길이 우리를 인도하고 보호하고 계신 것입니다. 그리고 무엇보다도 내가 좌절에 떨어지고 더 이상은 희망이 없다고 생각되는 그 순간에 하나님은 나를 오히려 백퍼센트 철저히 돕고 계신 것입니다. 그러므로 따지고 보면 그렇게 어려운 순간들이 오히려 귀중한 시간들이었고 하나님을 진정 경험케 하신 시간들이었다는 것을 우리는 긴 신앙생활의 여정을 통해서 확인하게 됩니다. 그래서 이미 앞에서 말씀드린 대로 이 섭리의 믿음, 섭리의 눈을 갖는 훈련이 얼마나 중요한지를 강조하는 것입니다.

구속의 눈과 섭리의 눈에 대해 생각했습니다. 온전한 그리스도인의 삶은 이 두 눈을 가지고 살 때에 비로소 가능한 것입니다. 우리를 죄에서 구원하시고 새 사람이 되게 하신 구속에 대한 안목(시각), 그리고 보이시지 않을 때에 그리고 심지어 안 계신 것 같을 때에 여전히 우리의 삶을 인도하시는 섭리에 대한 안목(시각), 이 두 안목은 그리스도인에게 필수적인 안목입니다. 구속의 눈, 섭리의 눈으로 말미암아 항상 안정되고 언제나 승리하며 꾸준히 열매맺는 온전한 그리스도인의 생활을 영위해야 하겠습니다.

섭리의 눈, 섭리 믿음에 대해 말씀드렸는데요, 그러면 한 가지 질문이 생깁니다. '그렇다면 하나님이 섭리하시니 우리는 그냥 책상다리하고 가만히 있기만 하면 되는 것인가?' 오늘 창세기 24장의 기사를 보면 아브라함의 종은 하나님이 하시는 대로 가만히 구경만 한 사람이 아니고 간절히 기도를 했습니다. 12절에 보니까 "그가 이르되 우리 주인 아브라함의 하나님 여호와여 원하건대 오늘 나에게 순조롭게 만나게 하사 내 주인 아브라함에게 은혜를 베푸시옵소서"라고 기도하면서 자신에게 맡겨진 일을 시작하고 있습니다. 섭리의 눈, 섭리의 믿음, 섭리를 받아들인다는 말은 기도를 안 해도 좋다는 뜻은 아닙니다. 기도의 나태가 아니라 우리는 더더욱 간절히 또 열심히 기도해야 됩니다. 정말 보잘 것 없는 우리들이지만, 기도를 하게 하심으로 하나님의 성(聖)역사에 참여케 해주시기 때문입니다. 그러니까 기도하면서 섭리의 믿음을 가지고, 그리고 섭리의 믿음을 가지면서 기도하고 이렇게 하는 것입니다. 섭리의 믿음으로 하나님이 다 하시는 줄 알지만 간절히 기도하고요, 또 기도하지만 어디까지나 하나님이 섭리하신다는 굳건한 믿음을 갖는 것이지요. 어느 한쪽도 소홀히 되거나 무시되어서는 안 됩니다. 두 개의 동시 균형이 항상 필요한데요, 이 균형과 다이내믹이 우리의 신앙에 안정감을 가져다주고 우리 신앙을 튼튼하게 해 줍니다.

우리가 기도는 좀 많이 강조해 왔습니다. 그래서 상대적으로 충분히 가르쳐 오지 못한 하나님의 주권 부분을 강조 드리려는 것입니다. 하나님의 섭리, 즉 주권이 충분히 강조될 때 사실은 기도도 더 힘을 받을 수 있는 것입니다. 영어권 학자들은 곧잘 구약성경의 주제를 (혹은 특히 선지서의 주제를) "God is at work"이란 말로 표현하곤 합니다. '하나님이 일하신다' 이죠. 당연한 말 같은데 무슨 뜻이죠? 천태만상의 얽히고설킨 인간관계와 갈등이 존재하지만 그 배후에는 하나님의 굳건한 손길이 있어서 하나님의 뜻을 이루어 가시고 또한 자신의 백성을 안전하게 인도하신다 하는 말입니다. 항상 감사할 것뿐입니다. 하나님이 일하신다, 하나님이 섭리하신다는 이 믿음, 이 의식은 반드시 보강되고 보충되어야 건강한 신앙이 됩니다. 그래서 섭리의 주제를 지금껏 말씀드린 것입니다.

자, 문제는 여기에 있습니다. 섭리를 강조하다 보니까 기도는 뒷전이 될 위험에 직면하게 됩니다. 절대로 안 됩니다. 기도가 약해지면 절대로 안 됩니다. 기도는 기도대로 뜨겁게 하면서 섭리 믿음을 보강하자는 것이지 이것을 보강한다는 것이 기도 생활에 조금이라도 나태를 초래해서는 안 될 문제입니다. 기도하지 않으면 머릿속에서만 뱅뱅 도는 신앙이 됩니다. 삶의 실제에서 힘이 하나도 없는 관념적인 신앙일 뿐입니다. 자신의 문제 하나도 버텨낼 능력이나 용기가 없어요.

저는 이런 철학을 가지고 있습니다. '문제가 문제가 아니고 기도하지 않는 것이 문제이다!' 그렇지 않습니까. 천지를 지으신 하나님 아버지는 모든 열쇠를 쥐고 계시고요, 그 분의 창고에는 좋은 것들이 무진장하게 쌓여 있어, 우리를 기다리고 있습니다. 모든 것을 다 찾아 먹으세요. 문제가 문제가 아니지요. 왜냐하면 기도하면 다 들어주시니까. 기도하지 않는 것만이 우리의 (심각한) 문제인 것입니다. 우리가 기도를 하면 아무리 어려운 문제라 하더라도 하나님 안에서 다 녹아내리는 것을 경험하게 됩니다. 문제가 문제가 아니잖아요. 기도하면 그 문제를 다 극복하는 것이잖아요. 물론 바로 응답되는 것도 있고 그렇지 못한 것도 있지만, 바로 응답되면 좋은 것이고 바로 응답되지 않아도 그것은 더 좋은 거예요. 왜냐하면 내가 기도한 내용보다 훨씬 더 좋은 것으로 주시려는 것이니까요. 항상 하나님의 뜻은 제 뜻보다 훨씬 나으니까요! 기도의 부름이 있을 때 우리는 얼른 하나님 앞에 기도하러 나아가야 되는 것입니다. 그리고 나아가면 하나님께서는 이 세상 어떤 것으로도 살 수 없는 엄청난, 신령한 보화를 준비하고 기다리시는 것이 늘상 하시는 일이 아니던가요?

우리 주님께서 무한한 확신을 가지시고 "구하라 주실 것이요" 하시지 않으셨습니까?(마 7:7). 마태복음 21장 22절은 "너희가 기도할 때 믿음으로 구한 것은 무엇이든지 받으리라"고 하여 기도에 무한한 능력을 부여하고 있지 않습니까? 눈앞에 있는 문제가 아무리 커 봬도 두려워하거나 좌절할 필요가 없습니다. 기도하면 되는 것입니다. 다 되는 것입니다. 하나님으로부터 다 받는다고 했습니다.

우리 합신은 기도하는 학교입니다. 박윤선 목사님으로부터 받은 소중한 유산 중에 하나가 기도의 유산입니다. "기도는 될 때까지 해라," "마음껏 매달려 부르짖어 기도하라" 등의 말씀을 배웠습니다. 기도가 약해지지 않도록 특별한 경각심을 가져야 하겠습니다. 우리 교회가 약해진다는 것은 기도가 약해진다는 것이기 때문에, 교회가 약해진다는 말을 들을 때마다 우리의 기도가 약해지는 것이 아닌가 하고 늘 조바심이 나곤 합니다. 기도에 게으른 것처럼 큰 죄책감이 없습니다. 방전되기 쉬운 것이 기도 습관입니다. 하나님의 부르심이 있을 때 얼른 나아가면 좋습니다. 문제가 좀 있는 게 좋지요. 아무 일없이 평탄하게만 지내는 것보다 좀 곤혹스럽고 불편한 일이 있는 것이 겸손히 무릎 꿇는 습관을 기르는 데 좋습니다.

기도하고 섭리 믿고, 섭리 믿으면서 기도 열심히 하고. 이 얼마나 아름답게 균형 잡힌, 성장하는 신앙입니까. 기도는 하는데 섭리 지식이 없어서 너무 벌벌 떨고 두려워하고 불평하고 쉽게 흥분하면 꼴불견이죠. 그런데 섭리를 믿는다 하면서 다리를 꼬고 앉아 기도를 하지 않고 있으면 그것은 더 꼴불견일 것입니다.

4. 섭리 믿음과 우리의 신앙생활

최근에 이시형 박사가 강의하는 것을 들었는데 재미있는 내용이 있어 한번 나누려 합니다. 이시형 박사가 세로토닌 문화운동이란 것을 한답니다. 인간에게 좋은 느낌을 가져다주는 두 가지 대표적인 호르몬이 있는데 하나는 엔돌핀이고 다른 하나는 세로토닌이랍니다. 그런데 자신이 텔레비전에 나와 엔돌핀 얘기를 하면 한 두어 번만 해도 반응이 뜨거워서 인터넷이 도배를 할 정도랍니다. 그런데 세로토닌은 몇 년째 광고를 하면서 강의를 하고 다녀도 사람들이 별로 관심을 갖지 않는다는 거예요. 그러면서 세로토닌에 관심을 가지고 그것을 늘려나가려고 해야 (개인적으로 사회적으로) 정신 건강에 좋다는 요지의 강의를 하는 것입니다.

엔돌핀은 어떤 좋은 자극이 순간적으로 올 때 그 자극에 의해 폭발적으로 기쁨이 생산될 때 분비되는 호르몬이라고 합니다. 세로토닌은 그런 순간적인 자극이 아닌 잔잔하게 조용하게 우리 정신이 평온, 평화를 느낄 때 나오는 호르몬이래요. 예컨대 박지성이나 손흥민이 골을 넣으면 와 하고 소리 지르며 좋아할 때 나오는 호르몬이 엔돌핀이고요, 산을 오르거나 숲속을 거닐거나 할 때 조용히 자연을 만끽하며 산책하고 묵상하면서 평안을 느끼는 것, 그것에 관계되는 호르몬이 세로토닌이랍니다. 한국 사람은 기질이 애초부터 엔돌핀적이랍니다. 기마민족이어서 그렇대요. 바이칼 호에서부터 내려온 기마민족이고 유목민족이기 때문에 기질이 공격적이고 질주적이고 다혈질적이랍니다. 그 다혈질 때문에 팍 터뜨리는 기쁨에 익숙하고 그런 감성을 좋아한다는 거예요. 그러다보니 한국인에게는 이 세로토닌과 같은 잔잔한 기쁨, 잔잔한 평화 따위가 매우 어색하고 익숙지 않답니다.

그런데 오늘날 현대인들이 정신적인 어려움을 많이 겪고 있는데 이런 어려움들은 주로 질주적인 본성 때문에 비롯된 것이 많답니다. 따라서 오늘의 이 정신적인 황폐와 방황을 해결하려면 세로토닌적인 차분하고 조용한 평화를 익히는 법을 (전 사회가) 학습하지 않으면 안 된다는 것이 이 분의 요지였습니다. 그것을 가리켜 세로토닌 문화 운동이라 부르기도 하고요.

어떻습니까. 정신적으로 많이 지쳐 있는 현대인들을 치료하고 앞으로 건강한 선진사회를 이루기 위해 세로토닌적 평안을 학습케 해야 한다는 것이 우리 사회로 볼 때 시기상 그리 부적절한 제안만은 아닌 것 같습니다. 성품이나 기질에 있어 치우치거나 부족한 면이 있다면 온 사회가 힘을 합하여 그것을 교정하거나 보충 보강하려고 노력하는 것이 당연합니다. 정신적인 황폐 따위는 보이지 않는 것이니까 나 몰라라 하고 내버려두면 결코 안 되는 것입니다. 게으르거나 무지해서 아무 조처도 취하지 않고 방치한다면 그것은 오늘을 학대하는 것이요 내일의 결과에 무책임한 범죄라 할 수 밖에요.

문제는 이런 말을 들을 때 우리 신앙도 그런 치우침 속에 있지 않은가 하는 생각이 든다는 것입니다. 확실히 엔돌핀적 성향이 강하고 세로토닌적 성향은 미미한 게 아닌가 합니다. 부흥회 하나를 해도 '뒤집어 주시옵소서' 스타일이지요. 평소에 삶을 다듬고 잔잔하게 기쁨을 훈련하는 스타일은 아닙니다. 공격적이고 질주적이고 다혈질적인 신앙 스타일은 처음에 은혜를 받는 데는 효과적일지 모르지만,

차분하고 지속적인 성장과 성숙을 위해서는 그리 도움이 되지 못하는 것 같습니다. 평상의 생활에서 나의 가치와 삶을 성경의 그것에 조용히 차분하게 조율해 나가는 꾸준한 근기(根氣), 그것이 중요한데 우리 신앙에는 그 점이 결여되어 있는 것을 우리 스스로가 인정하지 않을 수 없습니다. 우리 신앙생활도 (엔돌핀적인 뜨거운 것은 잘하니까 그냥 두고) 세로토닌적인 잔잔하고 차분한 가꿈, 다듬음을 보충하고 보강해야 할 필요를 인정할 수밖에 없는 것 같아요. 섭리 믿음, 섭리 신앙은 바로 이러한 보충 보강의 필요에 응답하는 것이 되지 않을까 생각합니다. 일상의 삶 속에서 섭리의 손길을 믿으므로 잔잔한 행복과 기쁨을 느끼며, 또한 감사와 찬양으로 주님과 잔잔한 교제를 나누다 보면, 이 잔잔한 섭리 신앙 가운데 우리 영혼은 깊은 안정감과 만족으로 들어갈 수 있을 것입니다.

보이지 않는 평상시건, 안 계신 것 같은 위기 때건 하나님은 우리를 돌보고 계십니다. 아무리 나빠 보이는 일도 "합력해서 선을 이루어" 주십니다(롬 8:28). 섭리의 눈을 익히면 절대감사가 가능합니다. 참으로 "범사가 감사" 하지요(살전 5:18). 평범한 진리로 돌아왔습니다만, 감사와 찬양은 하나님의 '완벽한 인도'를 믿는 것입니다. 평상시에 하나님과 교제하고 그 분의 섭리를 믿으므로 우리 영혼에 안정감이 깊어지고 (쉬이 불안해하거나 두려워하지 않고) 잔잔한 만족과 행복이 커져가는 은총을 누릴 수 있기 바랍니다.

작년에 복음주의 신학회 갔더니 발제 설교하시는 목사님이 그런 예화를 말씀하세요. 어떤 사람이 예수를 믿다가 죽어서 천국에 갔는데 예수님을 만나 가지고 깜짝 놀랐답니다. 그래서 그렇게 말했대요.

'예수님, 말씀은 많이 들었는데 처음 뵙겠습니다!' 평소에 주님과 잔잔한 교제를 쌓아가지 않으면 얼마든지 일어날 수 있는 일인지 모르겠어요. 창세기 24장이 보여주는 대로 하나님의 섭리에 대한 믿음을 갖출 수 있기를 바랍니다. 보이지 않는 가운데 늘 조밀하게 간섭하시는 하나님이 아니신가요. 물론 기도를 소홀히 해서는 안 되겠지요. 우리의 강점은 살리고 약점은 보완해서, 뜨겁게 기도하되 섭리를 믿고 주님과의 잔잔한 교제에도 익숙해져 가는 우리 모두가 될 수 있기를 바랍니다.

내려오지 않은 손

출애굽기 17:8-16

김진수 (구약학)

성경은 종종 그리스도인의 삶을 전쟁으로 설명합니다. 그런데 그리스도인이 해야 하는 전쟁은 도대체 어떤 전쟁입니까? 먼저 기억해야 할 것은 이 전쟁은 그 역사가 아주 오래된 것이라는 사실입니다. 이 전쟁의 기원은 옛날 구약 시대로 거슬러 올라갑니다. 구약에 많은 전쟁들이 있지만 이 시간 우리가 살펴보고자 하는 것은 바로 아말렉 전쟁입니다. 이 전쟁은 하나님의 백성이 이방 민족과 한 첫 번째 전쟁이었다는 점에서 매우 중요한 전쟁입니다.

1. 아말렉의 공격과 여호수아의 역할

본문 8절은 아말렉이 르비딤에서 이스라엘을 공격했다고 말씀하니다. 르비딤은 이스라엘 백성이 마실 물이 없어서 고생했던 장소입니다. 그러므로 아말렉의 공격은 이스라엘 백성의 입장에서 보면 엎친 데 덮친 격의 시련이었습니다. 그런데 아말렉이 이스라엘을 이렇게 공격한 이유가 무엇이었을까요? 아말렉은 가나안 남쪽에서부터 시나이 반도에 두루 걸쳐 살았던 반유목 민족이었습니다. 하지만 아말렉이 왜 이스라엘을 공격하였을까? 하는 그 이유는 분명히 밝혀져 있지 않습니다. 그런데 여러 정황으로 미루어 볼 때에 이들의 공격이 계산된 것이었다고 하는 것만은 분명합니다.

신명기 25장 18절은 아말렉이 이스라엘을 공격한 시점을 이렇게 설명합니다. "그들이 너를 길에서 만나 네가 피곤할 때에 네 뒤에 떨어진 약한 자들을 쳤고." 이 구절에서 보는 바와 같이 아말렉은 이스라엘이 피곤한 시점을 노려서 공격했습니다. 아말렉은 이스라엘의 출애굽 정보를 입수하고 기회를 노리던 중 최적의 시기, 즉 르비딤에서 물로 어려움을 당할 때 공격하였다는 것이죠. 그러므로 아말렉은 이스라엘에 대해 굉장한 적대감을 가지고 있었고, 그래서 기회를 노리던 중 바로 이 때 이스라엘을 공격하였다고 볼 수밖에 없습니다.

이 악감정은 도대체 어디에서 온 것일까요? 어떤 분들은 그것이 야곱과 에서의 경쟁관계로 거슬러 올라간다고 설명합니다. 아말렉은 혈통적으로 에서의 후손입니다. 그러므로 야곱을 향한 에서의 적대감이 아말렉에게로 대물림되었다는 것이지요. 그러나 이것은 어디까지나 추측일 뿐입니다. 본문은 다만 아말렉이 굉장한 악감정을 품고 이스라엘을 공격하였다는 것만을 암시할 뿐입니다.

본문 14절 하반절을 한번 보시지요. "내가 아말렉을 없이하여 천하에서 기억도 못 하게 하리라" 그렇게 말씀합니다. 어떻습니까? 아말렉에 대한 굉장한 적대감의 표현 아닙니까? 하나님께서 아말렉에 대해서 이렇게 심하게 말씀하셨다는 것은 아말렉의 의도가 그만큼 사악한 것이었다는 뜻도 됩니다. 이를 뒷받침해 주는 성경이 있습니다. 시편 83편은 아말렉을 비롯해서 다른 이방 민족들이 이스라엘을 공격한 의도를 이렇게 설명합니다. "그들을 멸하여 다시 나라가 되지 못하게 하여 이스라엘의 이름으로 다시는 기억되지 못하게 하자." 아말렉이 다른 민족들과 더불어서 이스라엘을 공격할 때 이런 의도를 가졌다는 것이죠. "이스라엘의 이름으로 다시는 기억되지 못하게 하자!" 그런 의도를 가지고 아말렉이 이스라엘을 공격했다고 시편 83편은 알려줍니다.

여기서 "이스라엘의 이름으로 다시는 기억되지 못하게 하자"는 말은 하나님께서 아말렉에 대하여 하신 말씀과 같습니다. 이것은 무엇을 의미합니까? 아말렉이 이스라엘의 기억을 지워 버리려고 하는 그런 사악한 의도를 가지고 있었기에 하나님께서도 아말렉에 대한 기억을 천하에서 지워 버리려고 하셨다는 의미입니다.

신명기 25장 18절은 이런 아말렉의 태도에 대해서 "그들이 하나님을 두려워하지 않았다"고 설명합니다. 과연 아말렉이 이스라엘을 공격한 것은 하나님을 두려워하지 않은 결과라고 볼 수밖에 없습니다. 여러분! 출애굽 과정을 보십시오. 이스라엘은 하나님의 뜻에 따라서 하나님의 크신 능력으로 출애굽 하였습니다. 그들은 하나님의 능력에 힘입어 홍해를 육지같이 건넜습니다. 이렇게 이스라엘은 하나님의 인도하심을 받아 약속의 땅으로 가고 있었습니다. 그런데 아말렉은 바로 이 길을 가로막았습니다. 이것은 무엇보다도 하나님께 대한 도전이고 하나님을 두려워하지 않는 행위였습니다.

사랑하는 학우 여러분! 오늘 저와 여러분들에게는 과연 이런 세력들이 없을까요? 성도들과 교회에 대해서 악감정을 가진 그런 세력들 말입니다. 기독교를 박해하는 시대를 살았던 성도들에게 이것은 매우 실제적인 문제였습니다. 그런데 오늘날에는 과연 어떻습니까? 어쩌면 오늘 우리의 문제는 더욱 심각한 것인지도 모릅니다. 하나님을 두려워하지 않는 그 세력들이 성도들을 점령하고, 교회를 점령하고 있다는 생각까지 들 정도입니다. 이 심각한 상황을 과연 우리들이 헤쳐 나가야 되는데 저와 여러분들이 그 상황을 어떻게 헤쳐 나갈 것인가가 우리의 중대한 과제가 되고 있습니다.

본문 9절을 한번 같이 읽겠습니다. "모세가 여호수아에게 이르되 우리를 위하여 사람들을 택하여 나가서 아말렉과 싸우라 내일 내가 하나님의 지팡이를 손에 잡고 산꼭대기에 서리라." 보시는 바와 같이 모세는 아말렉의 공격 앞에서 두 가지 일을 합니다. 하나는 여호수아로 하여금 아말렉과 더불어서 싸우게 하는 것이고, 다른 하나는 모세 자신이 하나님의 지팡이를 들고 언덕 위에 서는 것이었습니다.

먼저 여호수아에 대해서 생각해 보겠습니다. 여호수아는 여기서 전쟁하는 용사로 등장합니다. 그런데 그런 여호수아의 등장이 갑작스럽게 느껴집니다. 출애굽기 17장까지 여호수아가 소개된 적은 없습니다. 그런데 이곳에서 여호수아는 돌연 전쟁을 이끄는 자로 등장합니다. 사실상 광야 기간 동안 여호수아는 줄곧 모세의 시종 노릇을 했습니다. 출애굽기에서 민수기에 이르기까지 여호수아가 전쟁을 수행하는 자로 묘사되는 곳은 아무 곳에도 없습니다. 그가 용사로 등장하는 곳은 가나안 정복전쟁의 맥락입니다. 그러므로 본문에 그려진 여호수아의 모습, 즉 군사들과 함께 전장에 나가는 모습은 정복전쟁의 상황을 연상케 합니다. 본문 14절에 보면 "여호와께서 모세에게 이르시되 이것을 책에 기록하여 기념하게 하고 여호수아의 귀에 외워 들리라 내가 아말렉을 없이하여 천하에서 기억도 못 하게 하리라"는 말씀이 나옵니다. 하나님께서 특별히 "여호수아의 귀에 외워 들리라"고 명령하십니다.

하나님이 왜 이렇게 말씀하셨을까요? 여기에는 매우 중요한 뜻이 담겨 있습니다. 광야 기간 동안 여호수아의 역할은 모세를 수종드는 일이었습니다. 그러나 가나안 땅에 도착하면 이 여호수아의 역할이 바뀌게 됩니다. 그곳에서 여호수아의 역할은 무엇입니까? 전쟁을 수행하는 역할입니다. 자, 이렇게 보게 될 때 하나님이 특별히 여호수아로 하여금 아말렉 전쟁의 내용을 명심하게 하신 이유를 짐작할 수 있습니다. 여호수아는 장차 정복전쟁을 수행할 자이기 때문에 아말렉 전쟁의 내용을 명심하고 있어야 한다는 얘기입니다. 장차 정복 전쟁을 승리로 이끌기 위해서는 이스라엘이 아말렉 전쟁에서 어떻게 승리할 수 있었는가 하는 것을 잊지 말고 기억해야 한다는 것입니다. 이런 의미에서 아말렉 전쟁은 정복전쟁의 서막과도 같다고 말씀을 드릴 수 있습니다.

이런 관점은 아말렉에 대한 이해를 새롭게 해줍니다. 우리는 성경을 읽을 때 이 아말렉을 아주 특별히 생각하는 경향이 있습니다. 주석가들 가운데서도 본문에 묘사된 아말렉의 모습을 초역사적인 악의 전형으로 이해하는 경향을 보입니다. 그래서 그들은 아말렉의 역사성을 부정하는 데까지 나아가기도 합니다. 그들은 이스라엘이 경험한 모든 악의 세력의 총화로서의 아말렉을 생각하는 그런 경향을 보입니다. 그러나 이것은 오해입니다. 그것은 일종의 착시현상과 같은 것입니다. 아말렉에게 있는 어떤 전형적인 요소, 그것이 아말렉으로 하여금 특별한 존재인 것처럼 보이게 할 뿐입니다.

앞에서 아말렉 전쟁이 정복 전쟁의 서막이다 그렇게 설명을 드렸습니다. 이는 아말렉 전쟁과 같은 전쟁이 정복 전쟁에서도 되풀이된다는 의미입니다. 따라서 아말렉은 어떤 특수한 세력이 아니라 이스라엘이 가나안에서 상대해야 할 수많은 세력들과 같은 유의 세력이다 이렇게 볼 수 있습니다. 아말렉에게 특별한 점이 있다고 한다면 그것은 이스라엘이 상대한 첫 번째 적이었다는 점입니다. 민수기 24장 20절이 이를 뒷받침합니다. 여기서 아말렉은 민족들의 "으뜸"으로 언급됩니다. 그런데 여기서 "으뜸"이란 질적으로 우수하다는 의미가 아니라 역할에 있어서, 다시 말하면 이스라엘을 공격하는 데 앞장섰다는 의미로 풀이될 수 있습니다. 아말렉이 이스라엘을 위협하고 공격한 세력들의 대표 주자였다는 것이죠.

신명기 7장 24절도 이를 뒷받침해 줍니다. "그들의 왕들을 네 손에 넘기시리니 너는 그들의 이름을 천하에서 제하여 버리라 너를 당할 자가 없이 네가 마침내 그들을 진멸하리라." 여기에 언급된 "그들의 왕들"은 가나안 땅에 있는 이방 민족들의 왕들을 가리킵니다. 그런데

"그들의 이름을 천하에서 제하여 버리라"는 말씀은 출애굽기 본문에 나오는 아말렉에 대한 심판의 말씀과 정확하게 동일합니다. 이것으로 부터 아말렉이나 가나안의 이방민족들이나 하나님 앞에서 마찬가지 라는 결론을 이끌어 낼 수 있습니다. 아말렉은 가나안의 이방민족들 을 대표하며 가나안의 이방민족들은 제2의 아말렉이라고 말해도 틀 리지 않습니다. 이런 측면에서 하나님의 백성을 위협하는 모든 세력 들, 하나님의 백성들을 위협하고 도전하는 모든 세력들, 그들을 제2, 제3의 아말렉이라고 말할 수 있습니다.

2. 지팡이를 든 모세

그렇다면 성도들과 교회를 에워싸고 달려드는 이 아말렉의 세력을 어 떻게 물리칠 수 있을까요? 모세의 행위에서 답을 찾을 수 있습니다. 모세가 지팡이를 손에 들고 언덕 위에 서는 행위를 했는데 거기서 답 을 찾을 수 있다는 얘기입니다. 이 행위를 통해서 이스라엘이 승리를 얻을 수 있었기 때문입니다. 따라서 먼저 모세의 행위를 이해할 필요 가 있습니다.

여러분들은 이 본문을 어떻게 생각하셨는지 모르겠습니다만 많은 주석가들은 모세의 행위가 기도를 의미한다고 주장합니다. 이 주장은 여러 면에서 설득력이 있습니다. 적들과의 싸움에서 기도가 필요하다 는 것을 부정할 사람은 아무도 없습니다. 악의 세력에 대항하는 최고 의 방편이 무엇입니까? 바로 기도가 아니겠습니까? 우리는 이것을 충 분히 공감하고 인정합니다. 우리가 매일 싸움에서 지는 이유가 무엇일까요? 기도하지 않기 때문입니다. 우리가 기도를 열심히 하면 악의 세력에 대해서 그만큼 승리할 가능성이 큽니다. 이건 분명합니다.

그러나 과연 모세가 언덕 위에서 손을 든 것이 기도 행위를 의미한다고 말할 수 있을까요? 솔로몬이 성전 봉헌식을 할 때 손을 들고 기도한 예가 있기는 합니다. 그러나 이 경우 솔로몬의 행위가 기도임을 본문이 명확하게 밝힙니다. 하지만 출애굽기 본문의 경우에는 모세의 행위가 기도임을 밝혀주는 아무런 구체적인 언급이 나오지 않습니다. 여기에는 기도와 관련된 어떤 단어도 등장하지 않습니다. 본문은 다만 모세의 손이 올라가는 것이 중요하다는 사실을 보여줄 뿐입니다. 모세의 손이 올라가면 이스라엘이 이기고 모세의 손이 내려가면 아말렉이 이깁니다. 이것은 무슨 얘기입니까? 이것은 분명 모든 것이 모세의 손에 달려 있다는 뚜렷한 표시입니다. 아론과 훌도 이것을 알아차리고 모세의 손이 내려오지 않게 하려고 모든 노력을 다 기울였습니다. 모세가 손을 드는 것에 과연 어떤 의미가 들어 있을까요?

주목해야 할 것은 모세의 손에 하나님의 지팡이가 들려 있었다는 사실입니다. 9절 하반절이 이것을 알려줍니다. "내일 내가 하나님의 지팡이를 손에 잡고 산꼭대기에 서리라." 아시는 바와 같이 하나님의 지팡이는 모세가 미디안 땅에서 양을 칠 때 사용했던 목자의 지팡이였습니다. 그런데 소명 받을 당시 하나님께서 모세에게 이 지팡이로 이적을 행하게 하셨고 그 때부터 이 지팡이는 하나님의 지팡이로 불리게 되었습니다. 모세는 이 지팡이로 바로 앞에서 이적을 행하였고, 홍해를 가르기도 했고, 반석을 쳐서 물이 나오게도 했습니다. 모세는 지금 바로 이 지팡이를 들고 언덕 위에 섰습니다. 그가 손을 드는 행위를 한 것은 실상 이 지팡이를 들어올리기 위한 것이었습니다.

모세가 지팡이를 든 손을 높이 들어 올리자 과연 이스라엘이 우세해졌습니다. 지팡이가 상징하는 그 하나님의 놀라운 능력이 나타난 것입니다. 이렇게 보게 될 때 언덕 위에서 그 행위는 전쟁의 승패가 오직 하나님의 능력에 달려 있다는 것을 보여주는 것이라고 말씀드릴 수 있습니다. 전쟁의 승패가 어디에 달려 있느냐? 오직 하나님의 능력에 달려 있다는 것이죠. 즉 모세가 손을 들면 이스라엘이 이기고 모세가 손을 내리면 아말렉이 우세해지고 따라서 아론과 훌이 좌우편에서 모세의 팔을 부축한 것은 전쟁의 승패를 좌우하는 것이 다름 아닌 하나님의 능력이라는 그 사실을 생생하게 강조하여 보여주기 위한 것이었다는 말씀입니다. 이런 측면에서 모세의 행위는 구약의 선지자들이 하나님의 뜻을 드러내기 위해서 행했던 그런 특별한 행위들과 맥을 같이 한다고 말씀드릴 수 있습니다.

예레미야는 유다가 바벨론의 지배하에 들어갈 것을 어떻게 나타냈습니까? 목에 멍에를 메고 다니는 행위를 통해서 그것을 나타내었습니다. 이처럼 모세의 행위는 전쟁에서의 승리가 오직 하나님께로부터 말미암는다는 것을 보여주는 선지자적인 상징 행위였습니다.

15절에 "여호와 닛시"(יהוה נסי)라는 말 또한 이 해석을 지지해줍니다. 이 말은 모세가 전쟁의 승리를 기념하여 만든 제단의 이름입니다. "닛시"(נסי)는 명사 "네스"(נס)에 1인칭 대명사 접미어를 붙인 말입니다. 구약 성경을 살펴보면 "네스"의 용례는 다양합니다. 경우에 따라 놋뱀을 매단 장대(민 21:8,9), 경고의 표시(민 26:10), 도피를 위한 표시(시 60:6)로 사용되기도 하고, 또 경우에 따라서는 집결장소를 나타내는 깃발(사 5:26; 11:10, 12; 13:2; 49:22; 62:10), 배의 돛(겔 27:7)을 가리키기도 합니다. 또 전쟁의 깃발을 의미하기도 했습니다 (사 31:9; 렘 4:21; 51:12, 27). 현재 문맥에서 "네스"는 전쟁의 깃 발이 가장 어울립니다. 현재의 문맥이 전쟁에 대해서 이야기하기 때문 입니다.

그러므로 "여호와 닛시"는 "여호와가 나의 전쟁의 깃발이다"의 다른 표현입니다. 여러분들! 이 말의 의미가 무엇일까요? 간단히 말씀드 리면 여호와께서 직접 전쟁에 참여하시어 적들과 더불어 싸우시고 적 들을 물리치신다는 의미입니다. 이 전쟁을 가리켜서 성경은 여호와의 전쟁이라고 말씀합니다. 따라서 "여호와 닛시"는 아말렉 전쟁이 여호 와의 전쟁이었음을 나타내는 말입니다. 또한 "여호와 닛시"는 모세가 언덕 위에서 한 행위의 의미를 함축적으로 나타냅니다. 모세가 지팡 이를 잡은 손을 든 것은 전쟁의 승패가 하나님의 능력에 달려 있다는 것을 상징적으로 보여주는 것이며, "여호와 닛시"는 그것을 가리키는 함축적인 표현입니다.

사실 지팡이를 높이 들어 올린 모습은 깃발을 들어 올린 모습과 대 단히 유사하지 않습니까? 여기서 아론과 훌에 대해 조금 더 생각해볼 필요가 있습니다. 그들은 돌을 가져오고 좌우편에서 모세의 팔을 부 축하는 등 모세의 팔이 내려오지 않게 하기 위해서 세심한 노력을 기 울였습니다. 그들이 이렇게 한 것은 전쟁의 승패가 모세의 손에 들린 하나님의 지팡이에 달려 있다는 것을 눈으로 보고 깨달았기 때문입니 다. 사실 그들은 출애굽 과정에서부터 지금에 이르기까지 하나님의 지팡이를 통해 나타나는 그 능력을 수도 없이 체험한 사람들입니다.

따라서 아론과 훌이 보여준 그 태도는 하나님의 능력에 대한 믿음에서 나온 것이라고 해도 과언이 아닙니다. 다른 말로 하면 그들의 행위는 바로 믿음의 행위였다는 것이지요.

12절이 이것을 뒷받침해 주고 있습니다. "모세의 팔이 피곤하매 그들이 돌을 가져다가 모세의 아래에 놓아 그가 그 위에 앉게 하고 아론과 훌이 한 사람은 이쪽에서, 한 사람은 저쪽에서 모세의 손을 붙들어 올렸더니 그 손이 해가 지도록 내려오지 아니한지라." 여기서 "그 손이 해가 지도록 내려오지 아니한지라"를 직역하면 "해가 지기까지 그 손이 견고하니라"가 됩니다. 여기에서 "견고"는 히브리어 "에무나"(אֱמוּנָה)를 번역한 말입니다. 그런데 "에무나"는 구약에서 신실함의 의미로 가장 많이 사용되고, 종종 언약적 사랑을 나타내는 "헤세드"와 함께 나타나기도 합니다. 따라서 이 단어는 하나님께 대한 굳은 신뢰의 행위를 묘사하는 데 매우 적합한 말입니다. 이 단어가 이곳에서 사용된 것은 의도적이라고 여겨집니다. 즉 모세와 아론과 훌이 보인 태도가 하나님의 능력에 대한 굳은 믿음에서 나온 것이라는 사실을, 그들의 행위가 믿음의 행위였다는 사실을 암시하기 위해서 저자는 의도적으로 신실함 또는 충성됨을 뜻하는 단어, "에무나"라는 단어를 써서 모세의 팔이 내려오지 않고 견고했다, 이렇게 표현을 하고 있는 것입니다.

이렇게 보면 언덕 위의 행위가 무엇이었는지 더욱더 분명해집니다. 그것은 아말렉 전쟁이 여호와의 전쟁이며 이 전쟁의 승리를 좌우하는 것은 지팡이가 상징하는 하나님의 능력과 그 능력에 대한 굳은 신뢰임을 나타내는 그런 선지자적인 상징 행위였던 것입니다.

그러면 언덕 아래의 일은 어떤 의미를 갖습니까? 여호수아가 용사들과 함께 적들과 더불어 싸운 일은 도대체 어떤 의미를 갖느냐 말입니다. 제가 볼 때 이 일도 사실은 매우 중요한 일입니다. 전쟁에서 실제로 승리를 쟁취하는 곳은 어디입니까? 언덕 아래서 이루어진 싸움에서입니다. 여호수아와 용사들이 목숨을 내걸고 싸우는 일이 없었더라면 언덕 위에 그 행위는 결실로 나타나지 못했을 것입니다. 이런 의미에서 언덕 아래서 여호수아와 용사들이 칼을 들고 싸운 것도 매우 중요한 의미를 갖는다고 말씀드릴 수 있습니다.

그러나 잊지 말아야 할 것이 있습니다. 언덕 아래서의 싸움이 아무리 중요하다 해도 그것은 철저하게 언덕 위의 행위에 의존되어 있었습니다. 본문은 모세의 팔이 올라가면 이스라엘이 이기고 모세의 팔이 내려가면 아말렉이 우세했다고 말씀합니다. 마치 언덕 아래의 장면이 언덕 위의 원격 조종에 의해서 철저하게 조종되고 있다는 인상을 받습니다.

언덕 위의 행위와 언덕 아래의 활동 사이에 나타나는 이와 같은 관계는 하나님의 주권과 인간의 책임 사이의 관계를 가르쳐 주는 그림책과도 같습니다. 하나님의 주권에 대한 믿음은 인간이 각자에게 주어진 역할을 충성스럽게 수행해야 한다는 생각을 함께 고수합니다. 인간이 해야 할 일을 소홀히 해도 된다는 식의 하나님의 주권에 대한 믿음은 잘못된 것입니다. 인간의 책임과 역할을 충성스럽게 수행하되 모든 것이 하나님의 주권에 달려 있다는 믿음을 견지하는 것이야말로 성경이 가르치는 올바른 믿음의 태도입니다.

3. 교회가 직면한 싸움

앞에서 저는 오늘날 성도들과 교회들을 위협하는 세력들도 역시 아말렉이라는 말씀을 드렸습니다. 지금은 아말렉의 세력이 외부에서 교회를 위협하는 정도가 아니라 교회와 성도의 삶 속에 깊숙이 침투해 들어와서 성도들과 교회를 안으로부터 무너뜨려서 교회를 오히려 아말렉화 시키는 그런 무서운 일이 벌어지고 있습니다. 이 무서운 힘 앞에서, 이 무서운 세력 앞에서 여러분들 이 세력이 느껴지십니까? 여러분들 이 세력이 여러분들 속에 있다는 것을 느끼십니까? 이 무서운 힘 앞에 우리가 어떻게 대처해야 하겠습니까?

본문이 이것에 대해 답을 제공해줍니다. 우리가 싸워야 될 그 싸움은 여호와를 전쟁의 깃발로 내세워서 싸워야 할 싸움입니다. 곧 여호와의 전쟁입니다. 이 전쟁의 승리를 위해서는 다른 길이 없습니다. 이 전쟁의 승리를 위해서는 우리가 어떻게 해야 됩니까? 오직 하나님의 능력과 이 능력에 대한 확고한 믿음이 필요합니다. 즉 하나님께 대한 굳은 믿음으로, 변치 않는 믿음으로 각자의 역할을 충성스럽게 수행해야 한다는 말씀이지요.

여러분들 본문 16절을 한번 보시겠습니다. 본문 16절에 이런 말씀이 나옵니다. "이르되 여호와께서 맹세하시기를 여호와가 아말렉과 더불어 대대로 싸우리라 하셨다 하였더라." 여기에 번역상의 문제가 있습니다. 이 "여호와께서 맹세하시기를"이란 말은 사실은 문자적인 번역이 아닙니다. 이 번역은 본문의 내용이 맹세의 행위를 나타내지 않을까 하는 추측에 따른 의역이라고 여겨집니다. 번역상 어려움이 없지 않지만 이 본문을 직역하면 "손이 여호와의 보좌를 향할 때"입니다. 물론 다르게 번역할 수도 있겠습니다만 그렇게 번역되는 것이 문맥의 흐름에 합당한 번역이 아닐까 그렇게 생각합니다.

자, 본문에 손이 모두 일곱 번 언급이 되는데요, 나머지 여섯 번이 모두 모세의 손을 가리킵니다. 그러니까 일곱 번째 손도 모세의 손으로 읽혀지는 것이 자연스럽다는 생각이 듭니다. 아말렉 전쟁에서 모세는 손을 드는 행위를 하였고 그 결과 하나님의 능력이 나타났습니다. 16절은 바로 그것을 염두에 두고 있습니다. 즉 "손이 여호와의 보좌를 향할 때 여호와가 아말렉과 더불어 대대로 싸우시리라." 그렇게 우리가 이 본문을 이해할 수 있습니다.

이 말씀은 다시금 오늘 우리가 어떻게 우리의 아말렉과 싸워야 하는지를 가르쳐 줍니다. 우리들 또한 무엇을 해야 합니까? 하나님의 보좌를 향하여 손을 들어야 합니다. 즉 하나님의 능력을 믿고, 하나님만을 바라보며, 하나님을 굳게 의지해야한다, 그런 말씀인 것이죠. 하나님만을 바라보아야 한다, 하나님의 능력만을 믿어야 된다, 그런 의미일 것입니다. 또한 그 믿음으로 우리 각자에게 주어진 그 역할을 충성스럽게, 여호수아가 용사들과 더불어서 목숨을 걸고 전장에 나가서 몸을 부대끼면서 싸웠던 것처럼, 여호수아가 그 믿음으로 싸웠던 것처럼, 우리 각자의 역할을 충성스럽게 감당해야 된다, 그런 의미입니다.

이렇게 할 때 우리 앞의 적이 사실은 아낙 자손과 같이 그렇게 강할지라도 승리는 누구의 것입니까? 승리는 바로 저와 여러분의 것이 되는 것입니다. 출애굽 당시처럼 하나님이 친히 우리의 적들과 더불어서 싸우실 것입니다. 하나님이 우리 앞서서, 우리 좌우편에서, 우리 뒤에서, 하나님께서 하나님을 신실하게 의지하는 그 종들과 그 백성들을 위해서 하나님이 싸우실 것이기 때문에 그 믿음으로 나아가게 될 때 우리는 승리한다, 이것입니다.

4. 승리의 비결

여러분, 이렇게 말씀 드리면 걱정이 사라지고 안심이 되지요? 그렇습니까? 그러나 모든 사람이 다 아말렉과의 싸움에서 이기는 것은 아닙니다. 사울이 그 좋은 본보기입니다. 사울은 아말렉을 진멸하라는 명령을 받았지만 하나님을 두려워하지 않고 그 명령에 불순종했습니다. 다음은 선지자 사무엘이 사울을 찾아왔을 때 사울이 변명조로 말한 내용입니다. 들어보세요. 놀라운 말이 있습니다. "내가 여호와의 명령과 당신의 말씀을 어긴 것은 내가 백성을 두려워하여 그들의 말을 청종하였음이니이다." 이것이 사울이 변명조로 늘어놓았던 말입니다. 여러분들 이것이 무슨 뜻입니까? 하나님보다 백성을 더 두려워했다, 그런 말이지요. 다른 말로 하면 사울은 하나님을 두려워하지 않았다, 그런 얘기입니다.

그런데 여러분들, 오늘 본문을 통해서 우리가 살펴보았던 것처럼 하나님을 두려워하지 않는 것은 사실은 아말렉이 전문입니다. 아말렉의 전공이 사실은 하나님을 두려워하지 않는 것입니다. 아말렉은 이스라엘이 하나님의 능력으로 출애굽 하여서 가나안 땅으로 가는데도 불구하고 그 이스라엘의 길을 가로막고 나섰습니다. 여러분들, 이보다 더 하나님을 두려워하지 않는 태도가 또 어디에 있겠습니까? 그러므로 아말렉은 하나님을 두려워하지 않는 자들을 가리키는 대명사입니다. 아말렉 하면 무슨 생각이 딱 드는가 하면 하나님을 두려워하지 않는다, 그 생각이 딱 드는 것입니다.

이렇게 보면 사울도 아말렉과 한통속이었습니다. 혈통적으로 사울은 이스라엘 사람이었습니다. 그러나 내용상으로는 사울도 아말렉과 한통속이었습니다. 왜 그렇습니까? 사울도 하나님을 두려워하지 않았으니까 말입니다. 아말렉을 진멸해야 할 자가 아말렉과 한통속이었다니 참으로 대단한 아이러니입니다. 이것은 다시금 우리 자신들의 모습을 돌아보게 만듭니다. 우리는 하나님의 명령에 따라 아말렉 곧 교회를 도전하는 세력과 맞서 싸워야 합니다. 그런데 그런 사명을 가진 우리가 하나님을 두려워하지 않는 태도를 갖는다면, 교회를 맞서는 세력과 더불어 싸워야 할 우리가 하나님을 두려워하지 않는 태도를 가진다면 우리 자신들은 어떤 사람이 되는 것입니까? 우리들도 사울과 본질적으로 같은 사람이 된다고 말할 수밖에 없습니다. 다시 말해 본질상 아말렉과 한통속이다, 그렇게 되는 것입니다.

불행하게도 우리는 이런 현실을 눈으로 목도하고 있습니다. 교회와 성도들 안에서 세속적인 가치 때문에 하나님을 두려워하지 않는 일들이 벌어지고 있습니다. 여러분들, 어떻게 해야 되겠습니까? 모세가 그랬던 것처럼 하나님의 보좌를 향하여 손을 들어야 한다고 생각합니다. 이런 때일수록 우리는 하나님의 능력을 믿고 하나님을 굳게 의지해야 합니다. 그런 가운데 저와 여러분들에게 주어진 책임, 우리가 비록 미력하고 보잘 것 없고 누추하지만 하나님께서 우리에게 주신 우리의 책임, 그 책임을 다해야 합니다. 그렇게 할 때 하나님의 그 놀라우신 능력이 우리를 통해서 역사할 줄로 믿습니다. 하나님을 두려워하지 않는 아말렉의 세력이 힘을 잃고 우리에게서 물러갈 것이고 교회로부터 물러가게 될 줄을 믿습니다.

모세의 손에는 하나님의 능력을 상징하는 그 지팡이가 들려 있었지만 우리의 손에는 뭐가 있습니까? 우리에게는 더 놀라운 것이 있습니다. 우리에게는 갈보리 언덕에 세워진 그리스도의 십자가가 있습니다. 그리스도는 우리의 능력입니다. 어떤 면에서 이 그리스도의 십자가는 우리 손에 들려 있는 여호와의 깃발이라, 그것을 우리가 깨달을 수 있습니다. 우리는 참으로 그러한 면에서 놀라운 것을 가지고 있습니다. 모세만 지팡이를 가지고 있는 것이 아니라 우리는 하나님의 깃발, 그리스도의 십자가 그것을 우리가 가지고 있다는 말입니다.

그리스도께서 십자가를 지심으로 아말렉의 세력을 근원적으로 진멸하고 파괴하셨다는 것을 우리가 다 알지요. 복음서를 읽고 신약성경을 읽으면 그리스도께서 십자가를 지심으로 교회를 도전하고, 하나님의 나라를 도전하는 그 악의 세력을 근본적으로 근원적으로 철저하게 파괴하셨다는 것을 알 수 있습니다. 그러므로 그리스도를 믿음으로 하나님을 두려워하지 않는 그 세력을 우리 안에서 몰아내고, 우리 속에서 몰아내고, 하나님의 교회를 지키는 그런 귀한 여러분들이 다 되시기를 주님의 이름으로 축원드립니다.

바나바와 같은 목회자

사도행전 9:26-30

박형용 (신약학 • 명예교수)

오늘은 성경에 기록된 바나바의 한평생을 더듬어 봄으로 하나님의 은혜를 기다리고자 합니다. 바나바의 이름은 사도행전에서 24회 사용되고(행 4:36; 9:27; 11:22, 25, 30; 12:25; 13:1, 2, 7, 43, 46, 50; 14:12, 14, 20; 15:2(2회), 12, 22, 25, 35, 36, 37, 39), 고린도전서(고전 9:6), 갈라디아서(갈 2:1, 9, 13), 그리고 골로새서(골 4:10) 등에서 5회 나타납니다. 따라서 바나바라는 이름은 신약에서 전체적으로 29회 사용됩니다. 하지만 사도행전 이외의 다른 성경에 언급된 바나바의 이름은 베드로가 외식하자 바나바도 저희의 외식에 유혹되었다는 갈라디아서 2:13의 경우를 제외하고 바나바를 이해하는데 별다른 도움을 주지 못합니다. 그래서 오늘은 사도행전의 기록에 의존하여 바나바의 삶을 배우고자 합니다.

1. 순수하게 헌신된 일꾼(행 4:36-37)

성경에서 바나바의 이름이 처음 나온 곳은 사도행전 4:36-37입니다. 바나바는 흩어져 사는 유대인(diaspora Jew)으로 레위 족이었습니다. 그의 아버지가 레위 족으로서 직무를 포기하고 구브로(Cyprus)에 이사 가서 살았던 것 같습니다. 바나바가 예루살렘에 거주하고 있었던 이유는 그의 누이 마리아와 그의 조카 마가가 예루살렘에 살고 있었기 때문이라고 추측해 볼 수 있습니다. 바나바는 요셉이라는 이름을 가지고 있었습니다. 성경은 바나바가 권면과 위로를 잘하는 사람으로 묘사합니다. 초대교회가 형제들의 필요를 서로 채우며 서로 도와야 할 형편에 처하자 바나바는 자신이 소유하고 있는 밭을 팔아 그 값을 사도들에게 바칩니다. 레위 족이 땅을 소유할 수 없도록 제한한 율법(민 18:20; 신 10:9)은 그 당시 이미 효력을 상실한 것 같습니다(렘 1:1; 32:7-15). 바나바가 소유한 밭이 구브로에 있었는지 팔레스틴에 있었는지는 확실치 않습니다. 그런데 바나바가 밭을 팔아 사도들에게 바친 금액은 "확실한 전체금액"(a definite sum of money)이었음에 틀림없습니다. 바나바는 자신의 소유를 다 바친 셈입니다. 성경은 바나바가 판 밭의 값을 단수로 묘사하여 판값의 전체임을 암시하고 있습니다. 바나바는 마음과 행동이 일치하고 속과 겉이 같은 사람이었습니다. 바나바는 교회에 필요가 있을 때 자신의 소유를 순수한 마음과 깨끗한 마음으로 다 바쳤습니다.

사도행전 5:1-11에 아나니아와 삽비라의 위선 행위가 기록됩니다. 아나니아와 삽비라는 자신들의 소유인 땅을 팔아 받은 금액 중 일부는 감추고 일부만 사도들에게 바치면서 전체를 다 바친 것처럼 위선적인 행동을 했습니다. 결국 그들은 성령을 속이고, 사도들을 속이고, 교회를 속이는 위선 때문에 생명을 잃었습니다. 아나니아와 삽비라의 헌신은 순수한 헌신이 아니라 위선적인 것이었습니다. 누가가 바나바의 순수한 헌신을 기록하고 바로 다음에 아나니아와 삽비라의 위선적인 헌신을 기록한 것은 두 가지 헌신을 비교하여 바나바의 헌신을 돋보이게 하고 초대교회의 순결을 지키기 위해서였습니다.

물질은 중립적인 것이지만 대부분의 경우 물질은 주님에 대한 우리의 헌신을 방해하는 방향으로 작용합니다. 부자 청년이 예수님을 찾아와서 "내가 무슨 선한 일을 하여야 영생을 얻으리이까?"(마 19:16)라고 질문할 때에 예수님께서 "네가 생명에 들어가려면 계명들을 지키라"(마 19:17)고 말씀하십니다. 부자 청년이 어느 계명을 지켜야 할지를 묻자, 예수님은 "살인하지 말라, 간음하지 말라, 도둑질하지 말라, 거짓 증언 하지 말라, 네 부모를 공경하라, 네 이웃을 네 자신과 같이 사랑하라 하신 것이니라"(마 19:18-19)고 가르쳐 주십니다. 그때 이 부자 청년은 용기가 나서 "이 모든 것을 내가 지키었사온데 아직도 무엇이 부족하니이까?"(마 19:20)라고 반문합니다. 예수님은 자기 앞에 꿇어앉아(막 10:17) 이런 질문을 한 젊은 청년을 사랑하는 마음으로(막 10:21) "네게 아직도 한 가지 부족한 것이 있으니 가서 네게 있는 것을 다 팔아 가난한 자들에게 주라 그리하면 하늘에서 보화가 네게 있으리라 그리고 와서 나를 따르라"(막 10:21)고 대답하십니다. 그런데 이 청년은 재물이 많은 고로 예수님을 따르지 못하고

"슬픈 기색을 띠고 근심하며"(막 10:22) 갔습니다.

우리는 물질의 힘이 얼마나 큰 것인가를 여기서 봅니다. 옛날에 여자는 물질보다 정조를 더 중하게 여기고, 남자는 물질보다 명예를 중하게 여겼습니다. 그런데 오늘날은 그 정반대인 듯싶습니다. 적어도 예수님 당시의 기준으로 모든 계명을 다 지켜서 의롭다고 인정받을 만한 이 부자 청년이 재물에 대한 욕심의 쇠사슬에서는 벗어나지 못한 것입니다. 부자 청년은 생명 대신 재물을 택한 것입니다. 그래서 예수님은 "한 사람이 두 주인을 섬기지 못할 것이니 혹 이를 미워하고 저를 사랑하거나 혹 이를 중히 여기고 저를 경히 여김이라 너희가 하나님과 재물을 겸하여 섬기지 못하느니라"(마 6:24)고 말씀하셨습니다. 물질의 유혹은 그 힘이 대단히 큽니다. 물질 때문에 명예를 버리고, 물질 때문에 정조를 버리고, 물질 때문에 가문을 더럽히고, 물질 때문에 부모를 버리고, 물질 때문에 친구를 배신하고, 물질 때문에 형제를 버리고, 물질 때문에 진리도 버리고, 물질 때문에 의리도 버리고, 때로는 물질 때문에 자신의 목숨까지도 버립니다.

인간이 태어날 때는 손을 움켜쥐고 태어나지만 죽을 때는 손을 펴고 죽는다고 합니다. 그 이유는 태어날 때는 인간이 세상의 모든 것을 붙잡으려는 욕망이 있기 때문이요 죽을 때는 모든 것을 뒤에 남겨두고 아무 것도 가지고 가지 않는다는 표식이라고 합니다. 이 사실이 진정으로 그런 뜻이 있건 없건, 사람들이 물질에 대한 태도를 어떻게 가져야 할지에 대한 교훈으로는 충분합니다. 물질은 대부분의 경우에 주님께 대한 헌신을 방해합니다. 그래서 예수님의 제자들이 예수님을 따를 때 자신들의 소유를 "버리고" 예수님을 따랐습니다. 베드로와 안드레는 "그물을 버리고" 예수님을 따랐고, 요한과 야고보는 아버지와 고기 잡는 도구를 버리고 예수님을 따랐습니다(막 1:16-20). 바나바는 밭 판 값의 전부를 사도들에게 바쳐서 교회를 위해 사용하도록 했습니다. 바나바의 삶은 그가 얼마나 진실하고 철저한 헌신 자였는지를 보여 줍니다.

목회자들은 교회를 섬길 때 항상 더블 마인드(double mind)가 아니고 싱글 마인드(single mind)를 가져야 하며, 아주 순수하고 깨끗한 마음을 유지하려고 노력해야 합니다. 목사가 그런 마음으로 교회를 섬길 때 교회가 평안하고, 교회가 발전하고, 하나님께서 쓰실 줄 믿습니다. 바라기는 우리 모든 학생들이 사람의 모든 행적은 관 뚜껑 닫을 때에 판단해 보아야 제대로 판단된다는 말을 기억하고, 바나바와 같이 순수한 마음을 가지고 목회를 하는 목회자가 되길 원합니다.

2. 평강을 만드는 일꾼(행 9:26-30)

사람은 자기 자신의 감정도 제대로 처리하지 못합니다. 사람은 자기 자신의 마음을 항상 평화롭게 유지하기가 힘듭니다. 하물며 자기 자신도 평화를 누리고 살면서 다른 사람을 평화롭게 만들면서 사는 것은 더욱 더 어렵습니다.

그런데 바나바는 평화를 만드는 사람이었습니다. 다른 교회 지도자들은 바울의 과거 행적을 용서하지 못했지만 바나바는 바울의 과거 행적을 용서했습니다. 그는 "평강을 만드는 자"(peace maker)였습니다. 평화를 만드는 사람으로서 바나바의 모습은 사도행전 9:26-30에 기록되어 있습니다. 바울은 다메섹 도상에서 부활하신 예수님을 만난 후 자신이 핍박한 예수님을 믿게 되고 예수님의 제자가 되었습니다. 바울은 다메섹에서뿐 아니라 가는 곳마다 나사렛 예수가 메시아요 죽었다가 부활하였음을 전파했습니다. 바울의 회심은 항상 그의 뒤에 죽음의 그림자를 달고 다니게 되었습니다. 예수님의 제자가 된 바울은 당연히 예루살렘에 있는 12제자들을 만나기 원했습니다. 그러나 바울이 예루살렘에 와서 12제자들을 만나려고 했을 때, 12제자들은 그를 의심할 수밖에 없었습니다. 그 당시 바울은 워낙 평판이 좋지 않은 사람으로 알려져 있었습니다. 제자들은 얼마 전까지 교회에 큰 해를 끼친 바울이 예수님의 제자가 되었다는 사실을 믿을 수가 없었습니다. 제자들은 바울이 더 큰 핍박을 교회에 가하기 위해 위장으로 접근해 오는 것 아닌가라고 생각할 수 있었습니다. 바울이 이렇게 난처한 상황에 있을 때 바나바는 적극적인 중재 역할을 합니다. 바나바는 다른 교회 지도자들이 바울의 과거 잘못을 용서하지 못하고 있는 상황에서 바울을 용납하고 그의 잘못을 용서했습니다. 바나바는 바울 곧 사울을 "데리고" 사도들에게 갑니다(행 9:27). 여기 본문의 "데리고"(ἐπιλαβόμενος)는 좀 강제성을 띤 의미를 가지고 있습니다. 바나바는 사울을 강하게 붙들고(take hold of, grasp) 바울의 회심에 대해 조사한 듯합니다. 바나바는 그 조사의 결과를 12사도들에게 전하면서 사울과 교제할 것을 권합니다. 바나바의 바울에 대한 보고는 세 가지의 내용으로 구성되어 있습니다. ① 바울이 다메섹

도상에서 주님을 만났다는 사실입니다. ② 주님께서 바울에게 직접 말씀하셨다는 사실입니다. ③ 바울이 다메섹에서 예수의 이름으로 복음을 담대히 선포했다는 사실입니다(행 9:27). 이와 같은 사실은 사울이 확실하게 예수님을 믿게 되었다는 것을 증언합니다.

제가 필리핀에 갔을 때 이멜다 마르코스를 만났습니다. 어느 조그만 전통적 상가에 갔더니 이멜다 여사가 경호원 몇 사람과 함께 그곳을 방문했습니다. 그래서 제가 '잘됐다' 생각하고 이멜다 여사에게 접근해서 "나는 한국에서 온 목사요 악수 한번 합시다"라고 말하고 이멜다 여사와 악수를 했습니다. 그런데 내가 이멜다를 봤다고, 그리고 악수했다고 이멜다 여사를 광고하고 다니지 않습니다. 내가 "그 사람 좋다 어떻다"라고 말하지 않습니다. 그런데 바울 사도는 예수님을 만난 후 예수님을 광고하고 다니고 그 예수님이 주님이라고 전하고 다녔습니다. 바나바는 그것을 연구하여 사도들에게 "이 사람이 귀한 분입니다. 이 사람이 복음 사역에 유익한 사람입니다. 이 사람과 교제해야 복음이 더 잘 전파됩니다"라고 소개한 것입니다. 바나바는 사도들과 바울 사이에서 "평화를 만드는 자" 역할을 했습니다. 바나바는 자신이 "평화로운 상태"(peaceful)에만 머물지 않고, "평화를 만드는 자" 역할을 한 것입니다.

바나바의 중재 역할로 바울은 12사도와 교제의 악수를 나누게 되었습니다. 사실 바나바는 12사도 그룹에 가까운 사람이었습니다. 바나바는 사도들의 편을 들어 바울을 비평하고 의심할 수 있었습니다.

그러나 바나바는 그렇게 하지 않고 곤경에 빠진 바울을 도왔습니다. 누가는 "사울이 제자들과 함께 있어 예루살렘에 출입하며 또 주 예수의 이름으로 담대히 말하고"(행 9:28-29)라고 기록합니다. 이것이 가능했던 것은 모두 바나바의 "평화를 만드는 자"의 역할 때문이었습니다. 이 당시 바울의 예루살렘 체재(滯在)는 그리 길지 못했던 것 같습니다. 바울은 갈라디아서에서 베드로와 함께 15일을 예루살렘에 유하면서 12사도 중에 베드로와 그 당시 예루살렘 교회 지도자 중에 한 사람인 "주의 형제 야고보"만 만났다고 전합니다(갈 1:18-19)

바나바는 어려움에 처한 바울을 도와 교회에 유익을 줍니다. 일반적으로 사람들은 비평에는 빠르고 덕을 세우는 데는 느립니다. 사탄은 항상 교회 공동체가 하나가 되는 것을 원하지 않습니다. 왜냐하면 교회 공동체가 하나가 되는 것은 성령의 사역이기 때문입니다. 그래서 바울은 "평안의 매는 줄로 성령이 하나 되게 하신 것을 힘써 지키라"(엡 4:3)고 가르칩니다. 바나바는 진정으로 교회의 유익을 위해 평화를 만드는 자였습니다. 바나바의 중재가 없었더라면 어떤 결과가 나왔겠습니까? 아마 12사도와 바울의 교제는 지연되었을 것이고, 사탄은 그 상황을 즐기고 있었을 것입니다.

그러면 화평하게 하는 비결은 무엇입니까? 바나바가 어떻게 화평을 만드는 자가 되었습니까? 첫째, 화평하게 하는 자는 비평의 말을 자제할 줄 알아야 합니다. 화평하게 하는 자는 말하지 않는 법을 배워야 합니다. 잠언 13:3에 "입을 지키는 자는 자기의 생명을 보전하나 입술을 크게 벌리는 자에게는 멸망이 오느니라"고 했습니다. 야고보서 3:6은 "혀는 곧 불이요 불의의 세계라 혀는 우리 지체 중에서 온몸을 더럽히고 삶의 수레바퀴를 불사르나니 그 사르는 것이 지옥 불에서 나느니라" 했습니다. 성도들은 불유쾌하고 불친절한 말을 반복할 필요가 없습니다. 화평하게 하는 자는 "듣기는 속히 하고 말하기는 더디 하며 성내기도 더디 하는" (약 1:19) 사람입니다.

둘째, 화평하게 하는 자는 덕을 세우는 말을 해야 합니다. 화평하게 하는 자는 상대방의 장점을 속히 칭찬하는 사람입니다. 화평하게 하는 자는 교회를 세우는 말을 하지, 허물어뜨리는 말을 하지 않습니다. 화평하게 하는 자는 불화가 교회와 복음에 어떤 영향을 미치겠는지를 생각하고 교회의 평강을 위해 덕을 세우는 말을 합니다.

셋째, 화평하게 하는 자는 대가를 지불해야 합니다. 화평하게 하는 자는 손해를 감수해야 합니다. 화평을 위해서는 말다툼을 했을 때 상대방에게 사과하는 아픔을 감수해야 합니다. 화평하게 하는 자는 잘못한 사람에게 정당한 책망을 해야 하는 괴로움을 감수해야 합니다. 진정한 평화는 값비싼 대가 위에 설 수 있는 것입니다. 값싼 용서로 값싼 평화를 이룰 수는 있어도, 값싼 평화는 진정한 평화라고 할 수는 없습니다. 바나바는 어려움을 감수하면서 평강을 만드는 중재자 역할을 했습니다.

3. 자신의 공로보다 교회의 유익을 우선으로 생각한 일꾼(행 11:22-26)

사울의 핍박으로 인해 스데반이 순교하고(행 7:58-60), 많은 성도들이 흩어지게 되었습니다(행 8:4; 11:19). 이처럼 핍박으로 흩어진 사람들이 안디옥에 복음을 전하고 교회가 설립되었을 때 예루살렘 교회는 바나바를 안디옥에 파송합니다. 사실상 안디옥 교회는 유대적 요소와 헬라적 요소가 혼합된 교회였습니다(행 11:19-20). 누가는 성도들이 안디옥에 이르러 처음에는 "유대인에게만" 말씀을 전파했는데 후에 구브로와 구레네 몇 사람이 중심이 되어 헬라인에게도 주 예수를 전파했다고 전합니다. 안디옥 교회는 유대인과 헬라인이 혼합된 교회였습니다. 이런 교회에 예루살렘 교회가 바나바를 특사로 보낸 것은 아주 잘한 일이었습니다. 바나바는 유대인의 뿌리와 헬라인의 토양을 겸비한 사람이었을 뿐만 아니라 그의 성격이 "권면의 사람"이었기 때문입니다. 바나바가 "권면의 사람"인 사실은 그가 안디옥 성도들에게 "율법을 지키도록 하라"고 말하지 않고 "주께 붙어 있으라"(행 11:23)고 말한 데서도 나타납니다. 바나바는 땅 끝까지 복음이 전파되어야 하는 하나님의 계획이 안디옥에서 성취되고 있음을 본 것입니다. 누가는 "바나바는 착한 사람이요 성령과 믿음이 충만한 사람이라 이에 큰 무리가 주께 더하여지더라"(행 11:24)고 기록합니다. 바나바의 사역은 큰 열매를 얻은 것입니다. 누구든지 사역이 잘되면 그 공로(credit)를 자기에게 돌리기 원합니다. 그럼에도 불구하고 바나바는 일이 아주 잘될 때 다소에 머물고 있는 사울을 데리고 와서 함께 사역을 합니다. 이런 결정은 그렇게 쉬운 것이 아닙니다. 이런 결정은 바나바였기 때문에 가능했습니다. 바나바는 사울의 사역이 교회에 유익이 된다고 생각했기 때문에 다소에 있는 사울을 안디옥으로 데리고 와서 함께 사역한 것입니다. 이런 심정의 소유자이기에 사도행전 13장과 14장에 언급된 제 1차 전도여행을 헌신적으로 감당할 수 있었습니다. 바나바의 입장으로는 바울만 파송하고 자신은 계속 안디옥 교회를 목회할 수 있었습니다. 그러나 성령이 따로 세워 선교사로 파송할 때 그 길이 고난의 길임을 알면서도 바나바는 순종한 것입니다. 우리는 예루살렘 지도자들이 바나바와 바울을 묘사할 때 "생명을 아끼지 아니하는 자인 우리가 사랑하는 바나바와 바울 "(행 15:25-26)이라고 묘사한 점을 주목해야 합니다. 그들은 교회의 유익을 위해서라면 생명을 아끼지 아니한 것입니다.

그리고 제 1차 전도여행 기간 바나바 일행이 구브로에서 복음을 전할 때 총독 서기오 바울이 예수를 믿은 시점부터 사울이 바울로 불립니다. 누가는 총독 서기오 바울의 회심 이후 바울을 일행의 "리더" 역할을 한 것으로 묘사합니다. "바울이 일어나 손짓하며 말하되"(행 13:16)의 말씀이나, "바울은 그 중에 말하는 자이므로 헤르메스라 하더라"(행 14:12)는 말씀은 바울이 일행 가운데서 리더 역할을 한 사실을 증거 합니다. 그럼에도 불구하고 바나바는 기쁨으로 선교에 임했고 복음을 함께 전했습니다. 바나바는 교회와 복음 전파에 유익이 된다면 두 번째가 되는 것도 기쁨으로 받아 들였습니다.

이제 말씀을 맺습니다. 우리는 앞으로 바나바와 같은 헌신자들이 되어야 합니다.
① 하나님은 순수한 헌신 자를 찾으십니다. 우리는 교회를 위해 순수하게 헌신해야 합니다. 교회와 복음을 위한 우리의 헌신을 방해하는

것이 있다면 그것들을 철저히 버려야 합니다.

② 우리 모두는 교회의 일치와 평강을 위해 "평화를 만드는 자"들이 다 되어야 합니다. 교회의 일치를 깨뜨리고 평강을 흩뜨리는 것은 사탄이 기뻐하는 일임을 기억해야 합니다.

③ 우리는 교회의 유익을 항상 생각하는 헌신 자들이 되어야 합니다. 자신의 명예에는 약간의 손해가 올지라도 교회의 유익이 된다면 그 일을 할 수 있는 헌신 자들이 되어야 합니다. 복음을 위해서 그리고 교회를 위해서 두 번째가 되어도 만족할 수 있는 그런 마음을 가져야 합니다. 여러분들이 복음을 위해 소명을 받았다면 자신의 개인적인 유익보다는 교회와 복음의 유익을 먼저 생각하고 첫째 자리도 양보할 수 있는 그런 마음의 소유자인 "바나바와 같은 목회자"가 다 되실 수 있기를 소원합니다.

엘리사의 신학교 입학식

열왕기상 19:19-21

유영기 (신약학 · 은퇴교수)

내가 신학교를 다닐 때, 크게 두 종류의 학생들이 있었습니다. 일반 대학을 졸업하고 신학교에 입학한 학생은 신학부 3년 과정을 마치면 신학교를 졸업하게 되었습니다. 반면에 일반 대학이 아닌 동일 신학교의 대학부를 거쳐 올라온 학생은 같은 신학교에서 7년을 공부 하던 그런 때였습니다. 그래도 닭장보다는 좋은, 비닐 지붕은 아닌, 본관 건물 옥상에 슬레이트로 지붕이 된 소위 비둘기 집이라고 부르는 기숙사 방에서 잠을 자고 밥을 먹을 때입니다. 사실 그때는 젓가락이 필요 없었어요. 왜냐하면 반찬이 없기 때문에 그냥 밥을 국에 바로 부어서 먹으면 되는 그런 땝니다. 다만 식사시간에 최대 관심사는 어떤 밥그릇에 밥이 많이 담겨져 있는가 하는 것이었습니다.

1. 엘리야와 엘리사의 만남

신학부 1학년 말이 되었을 때, 어느 날 이제 곧 대학부 4학년에 올라가는 후배가 나한테 그래요. "형, 나 그만 자퇴할까 봐" "왜 그만 둬 밥맛이 없냐?" "아니 그게 아니고" "그러면 뭐야? 돈이 없어?" "그것도 아니고" "그러면 또 뭐야?" 그 친구의 대답은 부르심에 대한 확신이 없다는 거예요. 하나님이 정말 자신을 불렀는가? 아니면 하나님은 부르지도 않았는데 자신이 좋아서 내가 한번 하나님을 위해서 뭐 하나 해드릴까 하는 그런 마음을 가지고 신학교를 다니는 것이 아닌가 하는 두 사이에 구분이 안 된다는 거였습니다.

그래서 내가 이렇게 얘기 했습니다. "자네가 신학교에 누가 시켜서 억지로 온 것이 아니라 오고 싶어 온 곳이니 그것만 보아도 하나님께서 자네를 부르신 것이 확실해. 그냥 다녀. 1년 허비하지 말고. 틀림없이 다시 돌아올 것이니까." 내가 그렇게 말해 주었는데도 그 친구는 결국 자퇴하고 신학 공부를 집어치우고 사라지더라고요. 그런데 그 친구가 1년 후에 왔겠습니까? 안 왔겠습니까? 만일 안 왔으면 내가 왜 이런 말을 하겠습니까? 내가 선지자는 아니지만 그 친구는 일 년 후 다시 학교로 돌아오더라고요. 와 가지고 공부를 마치고 결국 신학교를 졸업하고 목사가 되더라고요. 그 후엔 그 목사를 한 번도 만나보지 못했는데 지금 서울 대치동에서 목회를 잘 한다는 말을 들었습니다.

그런데 만일 그 친구가 지금 와서, "형, 내가 지금 이런 고민이 있는데 어떻게 하면 좋을지 몰라" 그럼 제가 뭐라고 말할 것 같습니까?

"잘 생각해 봐. 네 말이 맞을지도 몰라. 너 아니라도 할 사람 많아! 그러니까 잘 생각해서 부르심이 아닌 것 같으면 신학교 갈 생각하지 마!" 했을 것입니다. 왜 그랬을 것 같습니까? 동일한 사람이 거의 40년 전에 나한테 물었을 때는 "아니야 그건 부르심이야" 했어요. 그리고 지금 그 친구가 와서 물어 보면 "너 생각 잘했어. 시간 낭비하지 말고 그냥 바람과 함께 사라지고 오지 마!" 아마 그렇게 말할 것입니다.

왜 그러냐면 그 당시에 그게 진짜인지 가짜인지는 모르지만 어느 유명한 여대생들에게 설문조사를 했답니다. 여러 질문 중에 어떤 직업을 가진 사람을 배우자로 선택하고 싶은가? 라는 항목이 있었답니다. 그런데 전도사나 목사의 직업을 가진 사람은 이발사 다음으로 나왔다는 거예요. 이발사 다음으로 나왔는데도 불구하고 그 일을 하겠다고 한다면 그것은 하나님의 부르심이 분명한 거지요. 예수님께 미치지 않았다면, 주님의 부르심이 아니라면, 어떤 미친 놈이, 아니 사지 멀쩡한 놈이 신학교를 오겠습니까? 물론 합신에 오는 여러분은 그래도 왔겠지요. 혹 다른 동네(신학교)에 다니는 사람들 중에는 40년 전이었다면 "신학교요? 왜 내가 갑니까? 아무리 갈 곳이 없다고 제가 왜 그곳을 갑니까? 너무 험한 말하지 마십시오." 하지 않았을까 상상해 봅니다.

왜 내가 이런 말을 합니까? 지금 전도사나 목사의 직분은 40년 전과는 완전히 다르기 때문입니다. 지금 내가 그런 직분을 갖게 되면 나 좋고 하나님 좋고 그 다음에 누구 좋아요? 성도들 좋고요. 얼마나 괜

찮은 직업입니까? 그러니까 해야죠. 여러분에게 내가 너무 심한 말을 했나요? 그런 측면에서 오늘 엘리사의 입학식을 한번 바라보자는 거지요. 글쎄요, 엘리사의 입학식에 대한 나의 상상의 그림은 이렇게도 그려지고 저렇게도 그려집니다. 입학식뿐 아니라 엘리야에 대한 것도 이렇게 그림이 그려지고 또 저렇게 그려져요. 다른 두 그림들이 자꾸 저에게 오버랩이 됩니다.

먼저 엘리사를 한번 생각해보겠습니다. 자! 하나님께서 엘리야에게 엘리사를 불러 너의 후계자로 삼으라고 하셨을 때 엘리야는 엘리사가 어떤 인물이라고 상상했을까요? 하나님께서 너(엘리야) 말고 칠천 인을 남겨 두었다고 하셨으니 엘리사야말로 칠천 인 그 중에 한 사람임에는 틀림없겠지요. 엘리야가 실제로 엘리사를 보는 순간 어떤 생각을 하였을까요? 그러면 그렇지 정말 하나님의 눈은 정확하시지! 그렇게 생각했을까요? 아니면 다르게 생각되었을까요? 엘리야의 마음에 '아니 뭐 사람이 없다고 저런 것을 데려다가 후계자를 삼으라고 하시지?' 뭔가 좀 이상하지 않아요? 그렇게도 그릴 수가 있다는 거예요. 이제 이런 관점에서 생각해 보겠습니다.

엘리야가 엘리사를 만났을 때는 엘리사가 소를 몰고 있었습니다. 적어도 엘리사는 시골에서 소를 몰 수 있을 정도의 사나이였습니다. 나는 시골에서 태어나 초등학교까지는 그 시골에서 살았습니다. 물론 소는 몰아보지 못했습니다. 그러나 소로 밭이나 논을 가는 것은 지금도 그릴 수 있을 정도로 많이 보았습니다. 적어도 소를 몰 수 있는 자는 일반 일꾼이 아니라 상머슴(일꾼)입니다. 상머슴이라는 칭호는 어떤 집에 농사가 많아 머슴을 많이 둘 경우 상머슴은 일꾼들 중에 대표 일꾼으로 주인은 그 일꾼에게 지시를 내리면 그 일꾼이 다른 일꾼들에게 이런 일 저런 일을 시키는, 농사에 대해서는 전문가인 자를 상머슴이라고 부릅니다. 저희 집도 우리 아버지가 욕심이 많아 땅을 많이 가지고 있어서 많을 때는 일꾼이 한 7명 있었어요. 상머슴은 다른 일꾼들보다 일 년의 연봉이 쌀 반 가마 아니면 한가마를 더 받습니다. 내 어렸을 그 당시 일반 일꾼이 7가마 내지 8가마를 받는 경우 상머슴은 한 가마를 더 받는 거예요.

그럼 쟁기를 누가 잡겠습니까? 상머슴만 잡는 거예요. 그만큼 엘리사는 농사에서는 전문가예요. 밥걱정 할 필요가 없어요. 저도 지금 열심히 땅을 파다가 왔는데, 이런 그림을 그릴 수가 있는 거예요. 또 12겨리 소를 몬다는 말이 나옵니다. 이게 무슨 말인가 해서 찾아보니까 아마 이스라엘의 키부츠가 그 때부터 생겼나 봐요. 잘은 모르겠는데 집단적으로 농사를 짓는데 12명이 소를 모는 거라고 설명되었어요. 그런데 한 겨리가 소 두 마리를 가지고 모는 거니까 적어도 엘리사는 두 마리 정도의 소는 몰 수 있다 이 말이에요.

그런데 맨 앞이 아니고 맨 뒤에 가니까 별 볼일이 없기 때문에 뒤에 갔는지 아니면 마지막 정리를 하면서 갔는지 모르겠어요. 불란서에서는 쌍둥이 중에 늦게 나온, 나중에 나온 애가 형이랍니다. 왜 형이냐 하면, 야! 너 먼저 나가라. 내가 뒤처리 다 하고 갈게. 그래 늦게 나온 아이가 형이래요. 그 말 들으니까 또 그 말이 맞는 말 같더라고요. 어쨌든 엘리사를 그런 식으로 생각하면 엘리사는 정말로 잘나가는 인간입니다. 그런데 40일간 사막에서 잘 먹지도 입지도 못한 엘리야가 찾아와서 따라오라는 것이에요.

2. 부르심을 따라 나선 엘리사

그런데 엘리야 처지에서 '뭐 저런 자를 후계자로 삼으라고 하실까? 하나님이 확실히 잘못 본 거다' 라고 생각할 수 있다는 생각이 들기도 합니다. 이런 생각은 나만의 생각이 아닌 것을 주석을 통해서 알 수 있었습니다. 엘리사, 가문이 좋습니까? 주석을 찾아보고 찾아보니까 엘리사의 아버지 사밧이 누군지 모른데요. 유명한 WBC 주석가가 모른다고 하니까 더 말할 필요 있겠습니까? 지금 이스라엘에 들어가기 위해 입국카드를 쓸 때 이스라엘에서만 하는 특별한 경험이 있습니다. 아버지의 이름을 입국카드에 기록해야 합니다. 그처럼 아버지의 이름은 중요합니다. 아버지가 중요하다는 말입니다. 가문도 없는 그런 자식을 데려다가 후계자를 삼으라는 거예요.

또 엘리사가 생긴 건 잘생겼습니까? 나같이 머리라도 났으면 좋겠는데 머리는 바짝 까졌죠. 엘리사가 위엄이 당당하면 어떻게 아이들이 감히 엘리사를 향하여 대머리야! 대머리야! 하고 놀리는 말을 할 수 있겠습니까? 또한 비록 아이들이 놀리는 말을 했기로서니 선지자가 그렇게 아이들을 저주하면 되겠습니까? '그래, 너희들 정말 철이 없구나. 철들면 낫겠지.' 그런데 아이들을 저주해 가지고 42명이나 죽이는 그런 엘리사는 엘리야의 후계자로 삼기에도 정말 거리가 멀지 않습니까?

그런 측면에서 이 본문을 바라보면 엘리야가 아무 말 없이 자신의 겉옷을 엘리사에게 던지는 행동을 이해할 만합니다. 아무 말 없이 겉옷을 던지는 것은 '야! 엘리사야 너는 꼭 나를 따라와야 된다. 내가 하나님의 음성을 들었다. 너를 후계자로 삼아야 한다.' 이거겠습니까? 그것과는 거리가 멀다고 생각합니다. 잘못 해석하는지는 몰라도 아무래도 '너 나 따라 오려면 따라오고 말려면 말아라' 하는 생각으로 겉옷을 갖다 탁 던졌다고만 생각됩니다. 그 겉옷이 어떤 겉옷입니까? 밍크코트입니까? 런던 바바리입니까? 40일이 넘도록 고개 처박고 땀 흘린 겉옷이지 않습니까? 냄새가 나지 않겠습니까?

무엇을 기대하고 엘리야는 그렇게 했을까요? 이미 말한 대로 '너나 안 따라와도 저주하지 않을 테니 염려 말고 잘 생각해 보아라.' 어쩌면 엘리야는 엘리사가 자기를 따라오지 않았으면 하는 마음이었을지 모르겠습니다. 아 그런데 아니나 다를까 엘리사가 '제가 가서 제 부모님께 인사를 하고 오겠습니다' 라고 합니다. 그러니까 엘리야가 뭐라고 합니까? '돌아가라. 그럴 줄 알았다. 오지 마라.' 뭐 이렇게 해석할 수 있는 말을 했다는 거지요.

누가복음 9장 57절 이하를 보면 거기에 주님을 따르겠다고 하는 자가 있었습니다. 그러니까 예수님이 뭐라 하셨습니까? 그래? 따라와라. 그렇게 말씀하지 않고 "여우도 굴이 있고 공중의 새도 집이 있으되 인자는 머리 둘 곳이 없다"고 하였습니다(눅 9:58). 예수님은 자신을 따라오겠다고 하는 자에게 따라와 봐야 별 볼일 없으니 따라오지 말라는 의미이심이 분명합니다. 또 다른 한 청년은 '제가 예수님을 따라가고 싶지만 먼저 아버지에게 인사라도 하고 와야 되지 않겠습니까? 아니면 우리 아버지 죽은 뒤에 따라 가겠습니다' 라고 하였습니다. 그러니까 예수님은 이 청년에게 '그것 따질 것 없이 따라와라 이러신다 말이에요.' 참 이상하지요? 로마서에서 그러지 않습니까? "은사와 부르심에는 후회하심이 없다." 디모데에게는 뭐라 그랬습니까? "우리의 거룩한 부르심은 자기의 뜻과 영원 전에 그리스도 안에서 부른 은혜라" 그랬어요. 자 그러면 한번 엘리사 측면에서 엘리야를 보도록 해보지요.

지금 엘리야는 잘 나갑니까? 하라고도 안 했는데 아합 왕 따라갔다가 이세벨에게 한 방 먹고 광야(네게브)로 나아가 고개 쳐박고 죽여 달라고 하지 않습니까? 내가 그 말을 들었다면 그래 뒈져라! 그럴 수도 있겠지요. 그런데 지금 죽고 싶다는 말입니까? 아니면, 살고 싶다는 겁니까? 입으로는 죽여 달라는데 속으로는 살고 싶은 거예요. 이런 엘리야에게 하나님께서 너 말고 칠천 명이나 남겨 뒀다고 하시면서 너 아직 죽을 때가 되지 않았다. 죽기 전에 하여야 할 사명이 있다는 뜻에서 해야 할 일을 말씀하셨습니다.

그 사명 중에 하나가 엘리사에게 기름 부어 후계자로 삼아라는 것입니다. 이 말을 들은 엘리야는 무엇을 기대하며 엘리사를 찾아갔겠습니까? 아마 하나님께서 굉장한 사람을 남겨두었을 것이라고 생각했을 것입니다. 그런데 가서 만나 보니 어떤 자이었습니까? 얼굴이 사무엘이 다윗을 처음 만났을 때와 같은 모습이었습니까? 볼품이 없는 대머리이지 않습니까? 그의 아버지도 누군지 모르는 자이지 않습니까? 물론 후에 있을 일이지만 자신을 대머리라고 놀리는 아이들을 저주해 가지고 42명이나 죽이는 자가 아니었습니까?

그런데 엘리사가 엘리야에게 달려가서 "청컨대 나를 내 부모와 입

맞추게 하소서 그리한 후에 내가 당신을 따르리이다"라고 말하는 것이었습니다. 이 말을 들은 엘리야는 무어라고 했습니까? 엘리야는 엘리사에게 "내가 네게 어떻게 행하였느냐?"고 하였습니다. 나는 엘리야의 이 말은 '너는 틀림없이 돌아오라' 는 의미로 해석하고 싶지 않습니다. 어쩌면 '내가 너에게 하나님께서 나에게 주신 사명도 말하지 않았으니 나에게 오지 않아도 너는 벌 받을 처지도 아니니 오지 않아도 상관없다' 는 의미로 생각됩니다.

그런데 이게 어찌된 일입니까? 집으로 돌아가서 하는 행동이 수상합니다. 그가 가진 것은 소 두 마리입니다. 그 두 마리를 잡아 가지고 잔치를 베풉니다. 그것도 쟁기를 불살라 가지고. 왜 그런 짓을 하겠습니까? 나 같으면 시장이라도 가서 기름이라도 사다가 부어서 발라야지요. 앞으로 또 써먹어야 하니까요. 또 혹시 엘리야를 따라 가다가 별 볼일 없으면 돌아와서 다시 밭을 갈아야 하지 않겠습니까? 또 엘리사에게 친구도 없겠습니까? 친구한테 가서 소를 넘겨주면서 "야, 너 이거 잘 길러 주라. 새끼 배면 낳게 해서 한 마리는 내게 주고 다른 한 마리는 네가 가져. 그러나 결정은 내가 할게. 좋은 놈을 내가 가져 갈 테니까 너무 섭섭하게 생각하지 말고 길러!" 그래야 할 거 아니겠습니까? 그런데 그의 두 마리는 잡고 소가 메던 멍에를 불살라 고기를 삶아 백성에게 주어 먹게 하고 일어나 엘리야를 따라 나서는 것이었습니다.

엘리사는 엘리야를 따르며 수종을 들었다고 하였습니다. 엘리사는 엘리야가 교장이신 신학교에 입학했을 뿐 아니라 엘리야를 따르며 수종을 들었다고 하였습니다. 우리는 합신에 입학한 자들입니다. 엘리사에게 스승인 엘리야가 있다면 우리는 우리의 스승들이 있습니다. 누가 무어라고 해도 우리의 스승을 대표하시는 분은 정암입니다. 그렇다면 우리는 엘리사처럼 정암을 따르며 수종 들어야하겠습니다. 정암을 따르면 수종을 드는 일은 어떻게 가능할까요? 그의 가르침을 마음에 두고 살아가는 것이 곧 그 길일 것입니다. 외람된 말이나 정암 신학교에 입학한 심정으로 정암의 가르침을 마음에 새기고 살아가기 바랍니다.

3. 믿음의 사표

최근에 『목사의 딸』을 읽고 정암을 전혀 알지 못하는 젊은 세대들 중 한 분은 "그런 자는 인간 말종"이라고 말할 수밖에 없다고 하였다는 말까지 들었습니다. 분명 이 말에 동조하는 분들도 있을 것입니다. 그런 분들에게 증거를 대라고 하면 정암은 사지가 멀쩡하고 자식을 양육할만한 직업을 가졌음에도 불구하고 자식들을 고아원으로 보내려고 한 자라고 할 것입니다. 물론 정암은 주님을 향한 전심으로 말미암아 자녀들을 잘 돌보지 못할 바에야 그들을 잘 돌보아 줄 수 있는 고아원을 찾아 그곳에서 양육을 받게 하는 것이 좋겠다는 생각을 해보았던 것이 분명합니다.

반면에 정암을 알지 못하는 분들이나 알고 있다 해도 인격적인 교제가 없이 피상적으로 알고 있는 분들 중에 정암을 오늘의 눈으로 보지 말고 그 시대의 인물로 보아야 한다고 말하는 분들도 있습니다. 그런데 그 분들의 다음 말은 우리는 정암처럼 그렇게 살지 말아야 한다는 것입니다. 인간 말종이라고 한 분의 말처럼 정말 부모로서 어떻게 자신이 나은 자식을 버릴 수 있겠습니까? 그럴 수는 없지요! 그래서는 안 되지요! 그런데 이 세상천지에는 그런 자가 있습니다. 그런 자가 누구겠습니까? 마약 중독자들, 술 중독자들이 그들 중에 하나일 것입니다. 옛날 말에 도박에 미친 자는 아내를 팔아먹는다고 하지 않습니까? 그렇다면 정암은 어떤 분이셨을까요? 정암은 자신보다 처자보다 그 나라와 그 의가 우선한 삶을 사신 분입니다. 미국 유학 중에 고(故) 방지일 목사님께 보낸 편지글에 기록된 기도가 그 한 증거입니다.

"하나님이여 나로 하여금 지상의 관계(혈통적, 친족적, 우정적, 사업적)에 매인 바 되지 않고 당신에게만 매이게 하옵소서. 육적 관계로 인하여 동(動)하지 않고 영(靈)으로만 인하여 동(動)하게 하옵소서. 주여 나는 처자(妻子)도 모르옵고, 부모도 모르옵고, 친구도 모르옵고 사업도 모릅니다. 어떤 주의(主義)에 충(忠)함도 모릅니다. 다만, 성신만 알기를 원하오며, 다만 경건생활만 알게 하옵소서. 어떤 주의를 중심하여 사물을 취급할 것이 아니옵고, 성경에 가르친 경건생활의 호흡이 나에게 건설되는 것만을 원하여 사물을 취급케 하옵소서. (중략) 다만 경건생활만 있게 하옵소서. 주님의 이름으로 비옵니다."

정암은 예수에 미치신 분이심에 틀림이 없습니다. 그러기에 정암이 그리운 것입니다. 그러기에 오늘 한국교회는 정암 같은 목회자가 필요하다고 생각합니다. 자신보다는 교회를, 나보다 내 자식보다는 성도들을 우선하는 목회자가 그리운 세대가 되었다고 생각합니다. 정암이 인간 말종이라면 주기철 목사님을 순교의 자리로 내몰고 자식들을 그 극한 고난의 길을 걷도록 한 매몰찬 주 목사님의 오정모 사모는 어떤 자라고 해야 할까요? 나는 감히 하나님께서 신사참배 앞에 풍전등화와 같은 조국교회를 위하여 오정모 사모를 준비하셨다고 말하고 싶습니다. 같은 맥락에서 하나님께서 정암을 준비하셨다고 말하고 싶습니다.

그런데 『목사의 딸』을 읽고 정암처럼 살아서는 안 되는 것처럼 말하면서 자신의 삶이 옳은 것처럼 강변하는 목회자들을 보면서 서글픔을 금할 수 없습니다. 나는 『목사의 딸』에 비친 정암은 그의 삶을 사실 그대로 보여주는 면도 있다는 것을 인정합니다. 없는 얼굴에 어떻게 화장할 수 있겠습니까? 물론 너무 짙은 화장은 얼굴을 망치는 결과를 가져오지만 ….

그러나 정암의 자녀분들에게는 정말 죄송하나 나는 그런 정암을 우리에게 주신 하나님께 진심으로 감사를 드리며 그 분의 제자로서 그 분처럼 살지 못하였음을 『목사의 딸』을 읽고 더욱 통감합니다. 나는 감히 『목사의 딸』을 읽은 목회자라면 정암의 삶에서 부정적인 면만을 볼 것이 아니라 교회나 성도들을 위한 정암의 마음과 삶을 본받기를 간절히 간청합니다. 다른 분들은 몰라도 정암의 가르침을 받고 정암을 따르는 제자로 살아가고 싶어 하는 자는 누구나 현재 자신의 삶을 돌아보며 정암처럼 살지 못한 부분이 있다면 회개할 뿐 아니라 정암처럼 주님의 몸 된 교회를 위하여 전심을 다하여 살기 위해 힘써야 할 것입니다.

엘리야가 어떻게 생각했던지 간에 하나님은 정확하셨습니다. 겉으로 보기와 실제가 다른 경우가 얼마든지 있습니다. 보기에는 아닌데 실제는 그러하다 이겁니다. 어떤 분이 이런 얘길 해요. 내가 목사인데 돈 좋아하겠습니까? 내가 왜 돈 좋아하겠습니까? 명예? 그거 버린 지가 오랩니다. 그런데 그가 엎어지는 곳을 보면 돈 앞에 엎어지고, 엎어지는 거 보면 명예 앞에 엎어지더라, 그겁니다.

나는 신학교에 입학할 때는 적어도 50년쯤 목회하지 않겠느냐는 생각을 했습니다. 그 때는 앞으로 50년을 하나님께 맡기고 시작하는 것이 아니겠습니까? 그런데 이제 목회사역에서 은퇴하고 난 지금 주님 앞에 설 때까지 몇 년이나 남았겠습니까? 15년 내지 20년. 처음 시작할 때는 50년을 하나님께 맡겼는데 이제 남은 15년 내지 20년을 하나님께 못 맡기는 나를 보고 있다 그겁니다. 누가 요새 어떻게 사느냐고 물으면 믿음으로 산다고 해야 할 텐데 내 입에서 거침없이 '나 연금으로 삽니다' 라고 자랑스럽게 말하고 있습니다. 그런데, 여러분은 어떻게 할래요? 여러분 어떻게 하시겠습니까?

4. 고난과 역경의 사명자의 길

저는 이 학교에 와서 만난 여러분의 선배 몇 사람을 기억합니다. 정말 엘리사와 같은 그런 사람들입니다. 나를 향하여 네가 목사냐? 네가 교수냐? 하며 날 일깨워 준 그런 제자 목사들을 봤습니다. 첫 번째 봤던 사람은 이영무 목사입니다. 아마 여러분들이 축구를 좋아하는 사람은 그 분을 아실 겁니다. 그 분의 특징은 찬송을 부를 때 무릎을 꿇습니다. 전심을 다하여 찬송을 부르는 그런 목사였습니다. 예배는 저렇게 드려야 된다. 하나님 앞에 찬양은 저렇게 드려야 된다. 죄송한 말씀 같지만 이 강단에 서 보면 찬송을 부르고 있는데 딴 짓을 하는 사람이 있어요. 다른 신학교는 몰라도 합신에서는 그러지 말아야지요. 정말 내 심장을, 내 마음을 다해서 하나님 앞에 찬양해야 되지 않겠습니까? 그런데 그 분은 그렇게 찬양해요. 사실 딴 짓을 하는 것을 알게 된 것은 경건회를 인도하기 위해 오신 동문들이 이걸 보고 말해서 내가 자세히 보니 그렇더라고요. 나나 동문들이 보지 못해도 하나님은 다 보시지 않겠습니까? 시작부터 그렇게 하는 친구가 나중에는 어떻게 하시겠습니까? 하나님께서 신령과 진리로 예배드리는 자를 보고 싶으셔서 예배드리는 우리를 보고 계신다는 사실을 명심하시기 바랍니다.

두 번째로 본 친구는 기도를 그렇게 전심을 다하는 제자였습니다. 그런데 제가 안식년을 받아 가지고 어디 갔는데 그 친구가 암에 걸렸다는 소식이 들려왔습니다. 그래서 하나님이 빨리 데려가시려고 준비를 시킨 모양이라고 생각했는데, 그런데 그 제자가 지금까지 살아있어요. 거의 20년을 잘 살고 있어요. 그 친구는 걸어 다니는 증권회사였는데 그 위의 상사 분이 그가 일을 그만 두고 신학교에 간다고 그러니까 '너 그만 두면 난 어떡하라고. 난 네 덕분에 승진하려고 그랬는데 네가 그렇게 가 버리면 네가 망하는 게 아니라, 내가 망한다. 좀 있어 달라'고 했던 사람입니다. 그렇게 한 동안 잘 나가던 증권회사에서 최정점을 찍고 퇴직하여 합신에 들어온 그런 친구였습니다.

또 한 친구가 있어요. 그 친구는 사업을 하다가 부도내고 합신에 왔어요. 그런데 어느 날 내 사무실에 찾아와 일주일에 한 번씩 만나 같이 기도 좀 하자는 거예요. 너 뭐하다 왔느냐? 그랬더니 컴퓨터 회사 IBM인가 거기 근무하다가 정말로 선교를 꿈꾸고 그 회사를 사직하고 회사를 차려 가지고 하다가 쫄딱 망해 가지고 부도내고 왔다 이겁니다. 어느 날 내 방에 와서 '교수님 다음 주일에는 제가 못 올지 모릅니다' 왜? '수서 경찰서에서 오라 그러는데 형사가 기분 나빠서 집어넣으면 저 못 옵니다.' 그 제자 안 왔으면 얼마나 좋았겠어요? 그런데 또 오더라고요. 그 친구가 큰 교회 중등부 담당 전도사였는데 나이가 많았습니다. 그런데 중등부 교사가 40명인데 40명이 담임 목사한테 가 가지고 저 전도사 안 됩니다. 그런데 담임 목사님이 그 사람을 내보내지를 못해요. 후한이 두려워서가 아니라 교사들은 안 된다 그러는데 학생들은 줄지가 않고 오히려 불어나니까요. 그럼 뭐 할 수가 없는 거예요. 설교를 조금 못 해도 교인들이 불어나고 헌금이 올라가는데 교인들이 그런 사역자에게 나가라 그러겠습니까?

이 친구가 정암 박윤선 목사님 무덤에 가서 기도를 하는 거야. 그래서 무덤파! 나는 무덤을 파는 줄 알았어. 그게 아니라 기도를 해대는 거예요. 그 사람의 기도는 십일조 기도였어요. 지금까지 십일조 기도를 드리려고 발버둥을 치고 있어요. 가끔 초청받아 가면 그 교회 장로님들이 우리 교회 교인들은 너 나 할 것 없이 너무 너무 우리 목사님을 존경합니다. 어느 때는 도대체 이해를 할 수 없을 때도 있지만 그러나 우리는 목사님을 순종하며 따라갑니다. 덕분에 나도 그런 제자를 두어서 행복합니다. 목사는 설교를 잘 하여야 합니다. 그러나 설교를 잘 하는 것은 기본입니다. 그 외의 요소들이 있다는 것을 여러분이 다 알기 때문에 거론하지 않겠습니다. 지금 그 제자의 설교를 들으면 정말 마음에 감동이 일어나요! 오랫동안 성경을 기도하며 눈물로 연구하니, 어디에서도 들어볼 수 없는 설교가 그에게 흘러나오는 것을 볼 수 있어 얼마나 감사한지요.

또 한 친구가 있습니다. 이 친구한테 내가 교회를 소개할 테니까 한번 가보라고 하면서 아마 내가 부탁하면 그 목사님이 틀림없이 너를 쓸 것이라고 했더니 그 친구 하는 말이 기도 좀 해 보겠다고 하는 거야. 속으로 무슨 기도야 기도는? 교수가 소개하면 가는 거지. 그런데 일주일 있다가 응답이 없다고 하면서 안 가겠다는 거야. '어이, 자네, 응답이 꼭 무슨 음성만 들어야만 응답인가 이 친구야! 섭리가 있는 거야.' 물론 그렇게는 말하지 않았어요. 그런데 그 친구하는 말이 '교수님! 어디서 오라고 할 것 같습니다.' 무슨 사인이 있냐? 그랬더니, 없데. 그러더니 그 친구가 조금 있다가 대구 동흥교회로 전도사로 부임하더라고. 그러더니 한 1년 있다가 왔어요. 교회서 아주 잘 한다는 평가를 듣던 중에 나를 찾아 왔어요. 그 제자가 뜻밖에 아마 제가 교회를 사임을 해야 할 것 같습니다. 왜 사임을 하냐? 하나님이 사임하라고 그럽니다. 그럼 뭐 할라고? 어디 임지가 있냐? 없습니다. 그럼 뭐할라고? 기도원에 가서 기도 좀 해야겠습니다. 속으로 참 별놈 다 봤어. 무척산 기도원에 가 기도하더니 얼마 있다가 와서 마산에 가서 개척을 한다는 거예요. 그러더니 개척을 했어요. 그래서 한번 가봤어요. 도대체 이 친구가 어떤 목회를 하고 있는가를 보기 위해서. 뭐 무슨 음성 들어? 이 친구 신비주의자로 전락하는 것이 아닐까 했는데 신비주의자는커녕 나보다 더 개혁주의자야! 정말 자랑스러운 제자 중에 하나예요.

마지막으로 또 한 친구를 소개하겠습니다. 이 친구는 미국에서 왔어요. 미국에서 왔는데 딱 보니까 나보다 더 촌놈이야. 나 보다 더 농부야. 그 친구의 부인은 더 가관이야. 내가 지금 남해에 살면서 매주 서산을 왔다 갔다 하는데 그 나이에 그렇게 촌스러운 여자는 없었어. 그런 옷을 입고 학교에 왔더라고요. 그런데 참 불행인지 다행인지 박윤선 목사님 손자사위래. 그런데 보니까 학교에 들어와 헤매는거예요. 〈뿌리〉라는 영화 있잖아요. 그래서 그들이 한국에 뿌리를 찾아서 왔다가 한 학기나 하고 돌아갈 줄 알았어요. 그런데 여기 있으면서 할아버지가 이루어 놓은 업적을 믿고 비비면 졸업은 할 수 있을 것 같다 해서 있는 건지 아니면 미국에 뿌리를 내릴 수가 없어서 있는 건지 모르지만 안 돌아가고 비비더라고요.

그런데 결국 졸업을 하더라고요. 그러더니 천안 쪽에서 외국인 근로자들을 모아 이주민 목회사역을 해요. 너무 감동스러운 사역을 하는 거예요. 나 자신도 처음에는 의심스러운 눈으로 그들을 바라봤지만 특별히 그 부인을 바라봤지만 지금은 그들이 너무 자랑스러운 거예요. 그 염 목사의 사모는 박윤선 목사님의 큰 아드님의 큰 딸입니다. 최근에 『목사의 딸』이라는 책의 출판으로 많은 사람들에게 우리의 스승 정암이 이런저런 모양으로 소개되었습니다. 그 중에 '목사의 손녀' 라는 제목의 그녀의 글은 박윤선 목사님의 아들에 대한 배려와 자손들에 대한 정암의 마음이 어떠했는지를 보여줌으로 그들이 더욱 정말 자랑스럽고 하나님의 부르심에는 후회하심이 없다는 것을 실감하게 되었지요.

자! 우리가 목적이라는 것이 있지 않습니까? 우리의 목적은 하나님께서 내게 주신 사명 따라 죽기까지 주를 따라가겠다는 것이 아니겠습니까? 나는 사명과 부르심에 대해서 분명하게 정의는 내릴 수 없지만 사명은 주어서 보내는 거예요. 부르심은 뭐겠습니까? 와서 죽도록 훈련을 받으라는 거예요. 훈련을 받은 뒤에 사명을 가지고 나가라는 거예요. 성경에서 부르심을 받은 사람들이 있지 않습니까? 디모데에서 출판한 『비지니어링』이라는 책이 있는데 거기 보면 모세의 40년 미디안 생활은 광야 대학을 수학하는 기간이라고 소개하고 있습니다. 하나님께서 모세를 40년 간 광야 대학을 다니게 한 것은 이스라엘 백성을 구하려는 동기나 목적은 좋았지만 방법이 틀려 40년간 광야 대학을 수학하게 하여 방법을 바르게 했다는 거예요. 하나님께서 모세를 고치기 위해서 10년을 한 학년으로 해서 4학년이 되어 졸업시키기 위해 40년이 걸렸다 이거예요.

바울은 어떻게 했습니까? 하나님의 관점에 보면 바울이 뒤집어지는데 얼마나 걸렸겠습니까? 어떤 분의 표현대로 딱 30초예요. 그 30초에 하나님이 어떤 분이고 바울 자신은 누구인지를 알게 되어 뒤집어졌다는 거예요. 그 하나님이 나를 불러서 쓰겠다고 하는 것이 하나님의 은혜라고 하면서 "내가 달려갈 길과 주 예수께 받은 사명, 하나님의 은혜의 복음을 증거 하는 일을 마치려 함에는 나의 생명조차 조금도 귀한 것을 여기지 아니하노라"고 하였습니다(행 20:24).

　여러분은 무슨 목적으로 여기에 와 있습니까? 하나님을 도와드리고 싶어서 여러분이 여기 왔습니까? 그건 아니지 않습니까? 나 아니어도 하나님은 얼마든지 일을 하실 수 있는 분이십니다. 박윤선 목사님이 이런 얘기를 했어요. 목사님은 신학교 들어와서 공부하다가 죽는 사람을 보고 싶다고. 그것도 순교라고 하면서 참 험한 말을 하시더라고요. 그런데 나는 그렇게 죽는 여러분의 선배를 봤어요. 진천이라는 곳에 개척을 해서 사역하다가 거기서 암으로 죽더라고요. 암이 걸린 줄 알고 왔는지 아니면 모르고 왔는지는 몰라도 그런 것도 봤어요. 그러나 박윤선 목사님 말씀은 그랬어요. 비록 신학 공부를 하다 죽어도 그건 십자가다. 그건 영광스러운 것이고, 나는 그런 죽음은 순교라고 생각한다.

　사랑하는 여러분, 여러분의 앞날이 밝지 않습니다. 그러지 않습니까? 군대 생활 하신 분들은 알지요. 막 근무지에 배치되면 제대 날짜를 앞에 놓고 있는 고참이 하는 말이 "난 너 같으면 탈영한다. 너 같으면 자살한다." 그러지 않습니까? 나도 여러분들 같으면 신학을 그만 두고 떠나겠다고 말하고 싶습니다. 지금 우리의 앞길은 그렇게 평탄한 길이 아닙니다. 그런데 똑같이 해가지고 뭘 하겠다는 겁니까? 정신을 차려야 합니다. 사명자의 길, 목회자의 길은 평탄한 길이 아닙니다. 고난과 역경의 길입니다.

　그러나 분명히 말하겠습니다. 목회는 쉽습니다. 재미있습니다. 왜요? 그것은 내가 하는 것이 아니고 나를 통해 주님이 하시는 것이기 때문입니다. 어떻게 주님이 나를 통해 일합니까? 그것은 기도로 하는 길입니다. 여러분이 기도만 한다면 그렇게 됩니다. 여러분은 목회한다는 자가 기도하지 않을 수 있겠느냐고 반문하겠지만 목숨 건 기도를 해야 합니다. 예수님처럼 기도하면 됩니다. 예수님은 어떻게 기도하셨습니까?

예수님은 하루를 새벽기도로 출발하셨습니다. 예수님은 필요하실 때에 철야하며 기도하셨습니다. 예수님은 때때로 산에 가셔서 기도하셨습니다. 예수님은 습관에 따라 기도하셨습니다. 예수님은 십자가를 앞에 놓고 통곡과 피땀을 쏟는 기도를 하셨습니다. 예수님은 죽음 직전에 큰 소리로 기도하셨습니다. 우리의 스승 박윤선 목사님이 "죽기 내기로 기도하라"고 애태우면서 간절하고 애절하게 외친 호소의 목소리가 귀에 가슴에 쟁쟁합니다. 우리, 기도합시다. 우리의 목회가 쉽고 재미가 있도록 기도합시다!

내가 농사를 지어보니까 농촌 사람들은 그렇게 한가한 사람들이 아니라는 것을 알 수 있었습니다. 저도 오늘 다섯 시에 일어나서 땅 파고 물 주고 일곱 시 반에 밥을 먹고 왔습니다. 농촌 사람들의 눈에 목사가 한가로운 직업을 가진 자라고 생각이 들게 해서는 안 되는 거예요. 그렇게 해가지고 우린 안 됩니다. 교수님들이 여러분들을 어떻게 봤든지 간에, 누가 어떻게 봤든지 간에 하나님은 여러분을 불렀습니다. 그렇다면 엘리사처럼 딱 과거를 끊어버리고 정말 하나님께 수종들듯이 주의 몸 된 교회를 섬기시는 여러분 되시기 바랍니다.

잃어버린 두 아들 이야기

누가복음 15:11-32

김추성 (신약신학)

본문은 탕자의 이야기로 널리 알려져 있는 비유입니다. 많은 설교자들이 탕자가 어떻게 아버지를 떠나 집을 나갔고 어떻게 돌아왔는지 집을 나가서 얼마나 고생했는지 거기에 집중하는 경향이 있습니다. 그런데 그렇게 이해를 하면 예수님께서 이 비유를 말씀하신 원래의 의도를 놓칠 수 있습니다. 본문을 자세히 살펴보면 이야기의 초점은 사실상 탕자가 아님을 알 수 있습니다. 본문은 어떤 배경에서 주신 말씀인가요? 이것을 알기 위해서 우리는 왜 예수님께서 이 비유를 말씀하셨는지 보아야 합니다. 누가복음 15:1-2을 봅시다. "모든 세리와 죄인들이 말씀을 들으러 가까이 나아오니 바리새인과 서기관들이 원망하여 가로되 이 사람이 죄인을 영접하고 음식을 같이 먹는다 하더라." 세리와 죄인들에 대한 예수님의 태도, 그들과 교제하시는 예수님의 모습을 보고 바리새인과 서기관들이 불평하는 것을 예수께서 아셨습니다. 그들의 잘못된 태도를 책망하고 꾸짖기 위해서 이 비유를 말씀하신 것입니다. 예수님의 설교를 듣는 청중은 두 부류로 나누어집니다. 한 부류는 세리와 죄인이었고 다른 부류는 바리새인과 서기관이었습니다. 이 비유에서 첫째 아들은 바리새인과 서기관을 대변하고 둘째 아들은 세리와 죄인을 대변한다고 생각됩니다. 예수님께서 원래 비유를 말씀하신 의도는 바리새인과 서기관을 겨냥한 것이었습니다. 이 스토리가 둘째 아들에 대한 것이라면 이 이야기는 24절에서 끝나는 것으로 충분할 것입니다. 그러나 예수님은 25절부터 제 2막을 시작하신다. 25절부터 32절까지 적지 않은 분량을 형에 대해 다루고 있습니다. 비유의 무게 중심을 전반부보다 후반부에 두어야 하지 않을까요? 탕자가 초점이 아니라 탕자를 맞이하는 아버지, 혹은 형의 태도를 보다 더 주의 깊게 살펴볼 필요가 있습니다.

1. 세리와 죄인, 바리새인과 서기관

이 비유를 정확하게 이해하기 위해서 무엇보다도 우리는 이 비유의 청중들에 대해 이해하는 것이 필요합니다. 여기서 말하는 죄인은 오늘날 우리가 기도할 때 나는 죄인입니다 하는 그런 죄인이 아닙니다. 이것은 하나의 낙인찍힌, 당시 사회에서 정말 죄인이라고 칭해진 그런 사람들을 말하지요. 누가복음 7:37절에 보면 예수님의 발에 향유를 부은 여인이 죄인으로 호칭되고 있습니다. 어떤 주석가는 아마도 이 여인은 직업적으로 몸을 파는 여인이었을 것으로 추측합니다. 부도덕한 삶을 사는 자, 강도, 살인자, 사기꾼, 불명예스러운 직업을 가진 자, 바리새 전통을 따르지 않는 자 등이 죄인의 부류에 속합니다. 예수님께서는 이들과 함께 식사를 하셨을 뿐만 아니라 이들 중에서 불러 제자도 만드셨습니다. 예수님의 별명이 뭐였지요? 우리가 잘 아는 대로 세리와 죄인들의 친구였습니다. "내가 의인을 부르러 온 것이 아니요 죄인을 불러 회개시키러 왔노라"라고 말씀하셨지요. 예수님의 이러한 태도가 당시 바리새인과 종교지도자들에게 대단히 불쾌한 행동이었을 것입니다. 레온 모리스는 말하기를 예수님의 태도는 혁명적이기까지 했다고 합니다. 오늘날 만약 이런 부류의 사람들이 교회에 나오면 우리 교회의 반응은 어떠할까요? 정말 따뜻하게 맞이할 준비가 되어 있나요?

또 다른 부류의 청중들, 바리새인과 서기관들, 그들은 과연 누구인가요? 바리새인 하면 우리는 매우 부정적인 입장을 가지고 있습니다. 예수님이 바리새인을 신랄하게 비판하셨기 때문이지요. 외식하는 사람들, 별로 좋지 않은 사람들, 매우 나쁜 부류의 사람들로 단정짓기가 쉽습니다. 그런데 바리새인을 이렇게만 이해한다면 우리는 바리새인을 올바로 이해한 것인지 생각해볼 필요가 있습니다. 바리새인에 대한 피상적 이해가 너무나 팽배하다고 생각됩니다. 유학 시절 바리새인에 대해서 공부하면서 저는 참 굉장히 부끄러움을 느꼈습니다. 랍비 문헌들을 연구하며 제가 바리새인에 대해 너무나 편향적인 시각을 가지고 있었다고 반성했습니다. 랍비 문헌의 대표적 작품 중의 하나인 미슈나(Mishnah)라는 책을 보면 이들이 얼마나 거룩함을 추구했던 사람들인지를 발견하게 됩니다. 모든 생활 영역에서 심지어 농사, 절기, 성결, 결혼 등 모든 삶의 영역에서 하나님의 토라를 잘 지키려고 얼마나 노력했는지 보게 됩니다. 그들의 모든 노력 자체까지 다 불순하다고 볼 수는 결코 없을 것입니다. 오늘날 현대 그리스도인들이 하나님의 말씀을 잘 지키기 위해서 바리새인들만큼 노력한다고 말할 수 있을까요? 오늘날 우리 신학생들과 목회자들이 하나님의 말씀에 대해서 이만한 열정이 있다고 말할 수 있을까요? 그들은 수많은 율법 조항들을 만들어 냈습니다. 미슈나에서 토제프타, 게마라, 탈무드까지. 그 모든 동기까지 다 잘못되었다고 말하기는 어렵습니다. 토라에 대한 열정, 성결에 대한 열정은 우리가 따라갈 수 있겠는가 하는 반성이 일어납니다.

우리는 바리새인들이 기도했던 것만큼 기도하고 있나요? 과연 예수님은 모든 바리새인에 대하여 일관적으로 부정적인 태도를 보이셨을까? 모든 바리새인들이 다 외식에 빠져 있을까? 바리새인들에 대하여 연구하다가 이런 질문들이 머리를 맴돌았어요. 요세푸스의 글이나 랍비 문헌들을 보면 바리새인들은 정말 기도에 힘썼던 사람들이고 거룩에 힘썼던 사람들인데 복음서에 나오는 이 예수님의 말씀과 어떻게 조화할 수 있는가에 대해서 참 깊이 고민한 적이 있었어요. 트리니티 신학교의 머레이 해리스(Murray Harris) 박사님은 이렇게 대답하시더군요. "예수님께서는 당대의 종교 엘리트, 가장 그 노른자위가 되는 바리새인들을 책망하심으로 당대 유대사회 전체의 부패함을 지적하신 것이다." 다른 한편 그런 생각도 들어요. 경건을 추구하는 사람들이 빠지기 쉬운 문제를 예수님께서 지적하신 것이 아닌가? 말씀을 지키려고 노력하는 것은 귀한 일이지만 경건하게 살려고 노력하다가 얼마든지 외식에 빠질 수 있고 자기 의에 빠질 위험이 우리에게도 있지 않을까요. 여전히 이 문제는 해결하기 어려운 문제들이 남아 있는 것은 사실이에요.

그러나 제가 오늘 드리려는 말씀은 바리새인들이 결코 멀리 있다는 것이 아니라는 것입니다. 바리새인이 멀리 있지 않고 아주 가까이 있고 아니 내 마음속에 이미 바리새인이 깊이 들어와 있을 수 있다는 것입니다. 이것을 우리가 의식하고 있는 것이 매우 중요합니다. 그렇게 토라에 대한 열정, 경건과 거룩에 대한 열정을 가지고 있었던 바리새인들도 이런 책망을 들었다면 이것은 남의 문제가 아니라 우리 자신의 문제가 될 수 있다는 것이지요.

2. 둘째아들 이야기

먼저 잃어버린 둘째아들에 대해 생각해 봅시다. 둘째아들은 어느 날 아버지에게 내 몫의 유산을 달라고 요청합니다. 아버지가 죽으면 첫째아들은 다른 자녀들보다 두 배의 재산을 물려받는 것이 관례였습니다. 두 아들이 있는 경우, 첫째아들은 삼분의 이, 그리고 둘째아들은 삼분의 일을 물려받는 것이 관례였다고 합니다. 이것은 아버지가 사망한 경우에 해당합니다. 아버지가 버젓이 살아 있을 때는 아버지에게 내 유산을 요구하는 것은 결코 예의가 아니었습니다. 이것은 아버지에 대한 깊은 경멸을 드러내는 거지요. 말하자면 아버지가 빨리 돌아가셨으면 좋겠다, 이런 불경한 일이지요. 아버지보다는 아버지가 남겨주는 재산과 부를 누리기 원하는 것이었습니다. 철저히 아버지를 무시하는 행동이지요.

그런데 의외로 아버지는 살림을 나누어 줍니다. 당대 사회에서 이것은 상상할 수 없는 일이었습니다. 아버지는 마음속으로 분노, 서글픔, 배신을 느꼈을 겁니다. 아들이 괘씸했을 거예요. 오늘날 아버지들도 이런 아픔을 겪지요. 내가 어떻게 해서 너를 키웠는데… 이 못된 놈. 그러나 아버지는 모든 것을 나누어 줍니다. 자신을 떠나기를 원하는 아들에게 모든 것을 알면서도 내어줍니다. 아들은 신났지요. 이제 내 세상이 되었구나! 아버지를 떠나 하고 싶은 것을 마음대로 하고 싶었지요. 아들은 먼 지방으로 가서 무절제하게 모두 탕진해 버리지요.

부정한 이방인의 땅에서 부정한 짐승인 돼지를 치다가 돼지가 먹는 쥐엄 열매를 먹는 가련한 신세가 되었습니다.

3. 첫째아들 이야기

이제 첫째아들에 대해 생각해봅시다. 첫째아들은 집에 있었지만 어떤 문제가 있었나요? 첫째, 무엇보다도 형은 동생에 대해 매우 소극적 태도를 보였습니다. 형은 잃어버린 동생을 찾으러 가지도 않았고 어떤 적극적 태도를 보이지 않았습니다. 예수님은 다른 두 비유를 통해서 이것을 우회적으로 암시하고 있습니다. 예수님은 고도의 수사학을 보여주고 계십니다. 잃은 양의 비유와 잃은 드라크마의 비유를 통해서 형의 태도를 우회적으로 지적하고 있습니다. 양을 잃어버렸을 때 주인의 태도가 무엇입니까? 잃어버린 양을 발견할 때까지 온 산을 뒤지지 않겠는가? 주인은 낭떠러지의 위험, 맹수의 위험, 모든 위험을 무릅쓰고 찾지 않겠는가? 이것이 하나님 아버지의 마음이요 예수님의 마음입니다. 잃은 드라크마의 비유에서도 역시 발견하기까지 열심히 온 집안을 뒤져서라도 찾지 않겠는가? 모든 희생을 해서라도 찾는다, 이것이 주인의 마음입니다. 그리고는 잃어버린 아들의 비유를 말씀하십니다. 네가 형이라면 마땅히 찾아야 하지 않는가? 이것이 암시적인 메시지입니다. 동생을 찾으러 월남으로 떠난 형의 이야기를 들어보셨는지요? 베트남전에서 실종된 동생을 찾으러 떠난 형의 이야기입니다. 형은 목숨을 걸고 동생을 찾으러 떠났다고 합니다. 정말 이것은 매우 위험한 일이었습니다. 형은 생명을 걸고 동생을 찾고자 정글과 전쟁터를 누볐다고 합니다.

예수님은 말씀하십니다. 인자가 온 것은 잃어버린 자를 찾아 구원하려 함이라. 실제 예수님은 이것을 행하셨습니다. 가만히 앉아 계시지 않았습니다. 갈릴리 북쪽 지방을 여행하며 많은 생각을 하였습니다. 가버나움에서 두로까지는 60킬로미터가 됩니다. 시돈까지는 거의 100킬로미터가 되지요. 실제 가보니 이 지역은 매우 험준한 산악지대입니다. 당시에 예수님과 제자들이 자동차를 탔겠어요? 말을 타고 갔겠어요? 아녜요. 모두 걸어서 가셨어요. 왕복 200킬로가 넘는 길이었습니다. 험악한 산을 넘어가야 했습니다. 여러분! 산길 10킬로를 걸어보았는가요? 결코 만만치 않아요. 2-3킬로도 만만치 않습니다. 지난 해 멋모르고 대청봉을 올라갔어요. 아무런 준비 없이 가다가 죽는 줄 알았어요. 예수님은 이 험한 길을 복음을 전하시기 위해 직접 걸어가신 거예요. 지난해인가요. 노회에서 만난 어느 목사님이 그런 이야기를 하셨어요. 합신의 특징은 가만히 앉아 있는 것이래요. 영혼을 찾으러 나가지 않는다는 거예요. 가십시오. 찾으러 나가십시오. 적극적으로 가십시오. 신대원 시절 저는 유년부 전도사를 했어요. 토요일이면 학교 앞에 가서 전도했어요. 여름성경학교 때면 나팔 불면서 동네를 한 바퀴 돌던 생각이 나요. 나가니까 아이들이 몰려들어요.

둘째, 형은 아버지에 대한 사랑의 마음이 전혀 보이지 않아요. 아버지와는 마음이 멀어요. 아버지께 감사하는 마음도 없지요. 아버지와의 관계도 파괴되었고 동생과의 관계도 파괴되었습니다. 집에 있지만 집 나간 아들과 크게 다르지 않았어요. 누가복음 15:29을 보십시다. "아버지께 대답하여 가로되 내가 여러 해 아버지를 섬겨 명을 어김이 없거늘 내게는 염소 새끼라도 주어 나와 내 벗으로 즐기게 하신 일이 없더니."

형은 아버지께 매우 가시 돋힌 말을 합니다. 여기서 '섬겨'라는 말은 사실 내가 종노릇 했다는 말입니다. 형은 아버지를 사랑하지 않았습니다. 그저 의무감으로 모든 집안일을 했을 뿐입니다. 집안에 있지만 마음은 아버지에게 있지 않았습니다. 형은 공개적으로 아버지를 모욕하고 있습니다. 형은 아버지의 마음으로부터 철저하게 멀어져 있습니다. 아버지께 순종하는 듯했지만 그의 마음은 아버지께 대한 원망으로 가득 차 있어요. 그는 좋은 아들인 듯이 보였지만 가장 중요한 것이 빠져 있습니다.

또한 형의 마음은 분노로 가득 차 있습니다. 누가복음 15:28을 읽어 보십시다. "저가 노하여 들어가기를 즐겨 아니하거늘 아버지가 나와서 권한대." 형에게는 가장 중요한 것이 빠져 있습니다. 무엇인가요? 동생에 대한 긍휼의 마음입니다. 놀라울 정도로 냉정합니다. 오랜 만에 동생이 돌아왔어요. 그러나 동생에 대한 사랑이 하나도 보이지 않습니다. 오랜 만에 돌아온 동생에 대해 털끝만한 애정도 찾아보기가 어렵지요.

여기 노했다는 헬라어는 단순히 화난 정도가 아닙니다. 분노가 폭발한 것입니다. 수년 동안 쌓인 분노가 드디어 폭발한 것입니다. 이 동사가 마태복음 22:7에도 사용되었습니다. "임금이 노하여 군대를 보내어 그 살인한 자들을 진멸하고 그 동네를 불사르고." 형의 분노를 통해 예수님은 바리새인들의 불평과 분노를 그대로 드러내십니다.

너희들의 태도가 지금 이 형의 태도와 똑같다는 것이지요. 둘째아들은 구원받았지만 첫째아들은 여전히 아버지로부터 멀리 떨어진 채 이야기는 끝납니다. 바리새인과 서기관들이 경멸하던 세리와 죄인들은 구원받았지만 바리새인과 서기관들은 여전히 하나님으로부터 멀리 떨어져 있습니다. 이 얼마나 역설적인가요? 참으로 정말 누가 더 잃어버린 아들인가요?

셋째, 형은 우월감, 독선으로 가득 차 있습니다. 30절을 읽어 보십시다. "아버지의 살림을 창기와 함께 먹어버린 이 아들이 돌아오매 이를 위하여 살진 송아지를 잡으셨나이다." 나는 저 동생보다는 적어도 우월하다는 생각이 깔려 있지요. 동생을 가리켜 창기와 함께 먹어버린 아들이라고 합니다. 아들이 정말 창기와 함께 먹어버렸을까요? 이것은 매우 무례한 표현입니다. 동생이 허랑방탕했으나 과연 창녀와 함께 놀아났는지는 모르는 일입니다. 동생에 대한 호칭을 보십시오. 형은 한 번도 내 동생이라고 말하지 않아요. 당신의 아들, 창기와 함께 먹어버린 당신의 아들, 이런 식으로 말합니다.

정죄하는 마음, 도덕적 보상주의가 깔려 있습니다. 우리는 이런 모습을 누가복음 18장에서도 분명히 발견할 수 있어요. 바리새인이 무어라 기도하나요. 나는 저 세리와 같지 않습니다. 영적 우월감, 영적 독선이 얼마나 위험한가요? 어느 개인, 단체, 교회, 교단도 이런 위험에 빠질 수 있습니다. 종교적 독선, 우월주의를 경계하십시다. 나는 적어도 저 사람보다 선하다 순수하다 이것이 위험합니다. 다른 학우를 쉽게 판단하지 마십시오. 남을 판단하는 마음의 배후에는 무엇이 있는가요? 내가 너보다 낫다는 것입니다. 바리새인의 기도를 통해서 우리는 이런 모습을 쉽게 발견할 수 있습니다. "바리새인은 서서 따로 기도하여 가로되 하나님이여 나는 다른 사람들 곧 토색, 불의, 간음을 하는 자들과 같지 아니하고 이 세리와도 같지 아니함을 감사하나이다 나는 이레에 두 번씩 금식하고 또 소득의 십일조를 드리나이다 하고"(눅 18:11-12). 우리는 자칫하면 이런 기도를 드릴 수 있다. 자기 의에 빠진 사람들은 자기가 옳다는 확신에 쉽게 빠집니다. 신학생들이 빠지기 쉬운 함정이 이것입니다.

4. 두 아들이 오해한 것들

첫째아들, 둘째아들 모두 아버지를 오해했습니다. 아버지가 잃어버린 자를 얼마나 찾고 기다리는지를 이해하지 못했습니다. 둘째 아들은 자신이 아버지에게 얼마나 소중한 존재인지를 잊어 버렸어요. "나를 품꾼의 하나로 써주소서." 아버지가 자신을 얼마나 기다리셨는지 새까맣게 모르고 있었어요. 아버지는 아들이 떠난 길을 응시하며 기다리지요. 아버지의 모습을 보십시오. 아버지는 누더기 옷을 걸친 냄새 나는 아들을 껴안습니다. 그리고 열렬하게 입을 맞춥니다. 거지꼴을 하고 나타난 아들, 더러운 돼지를 치던 아들이 얼마나 고약한 냄새를 풍겼을까요? 이런 아들을 그대로 안아주시며 받아주시는 아버지. 렘브란트의 돌아온 아들이라는 그림이 있어요. 자세히 보면 아버지의 눈은 침침해져있어요. 오랜 시간 아들을 기다리며 눈물로 세월을 보냈기 때문이지요. 아들은 아버지의 마음을 몰랐어요. 아버지가 자기를 얼마나 사랑하고 기다리는지 몰랐지요. 놀라운 것은 여기서 아버지는 첫째아들에 대해서도 따스한 사랑의 태도를 잃지 않는다는 점입니다. 아버지는 첫째아들도 잔치에 초대하십니다. 아버지의 태도를 보십시오. 가시 돋힌 첫째 아들의 말에도 책망이나 분노를 드러내지 않으십니다. 제가 어렸을 때 일입니다. 아버지는 그저 엄하고 무서운 분이셨습니다. 아버지는 저를 사랑하는 분이라는 생각을 별로 갖지 못했어요. 아마도 초등학교 2-3학년 때였을 것입니다. 한 번은 제가 뭔지는 모르지만 크게 잘못한 일이 있었던 것 같아요. 무엇을 잘못했는지는 생각이 나지는 않아요. 여하튼 그저 나는 아버지한테 크게 혼날거야, 라는 생각이 들었어요. 무서운 생각이 들었어요. 그렇다고 시골에서 어디 갈 데도 없었어요. 날이 어둑해질 무렵 집 가까이 왔는데 발이 떨어지지 않았어요. 그 때 눈에 띄는 것이 있었어요. 아마도 제법 큰 독 같은 것이 있었어요. 예이 모르겠다. 급한 대로 거기 숨어버렸어요. 뚜껑을 덮고는 나오지 않았어요. 설마 거기 숨어 있으리라고는 아무도 생각 못했던 것 같아요. 날이 캄캄해지자 집에서 난리가 났지요. 추성아! 추성아! 여기저기서 날 부르는 소리가 났어요. 그래도 나갈 수가 없었어요. 혼날 게 무서워서요. 아버지는 이 동네 저 동네 찾으러 다니신 것 같아요. 한참 지나서 더 이상은 안 되겠다 싶어 슬그머니 나와 어머니께 갔어요. 그런데 신기했어요. 아버지가 아무 말씀도 안 하세요. 책망 한 마디 안 하고 야단 한마디 안 치시네요. 자면서도 불안했어요. 평소에 아버지라면 지금쯤 회초리 맞을 텐데… 이상하다. 그 때 저는 아버지 마음을 이해하지 못했던 거지요. 아버지가 얼마나 나 때문에 걱정했을까 하는 생각은 하나도 하지 못했어요. 제가 아버지가 되어 가족 여행 중 어린 딸을 잠시 잃은 적이 있어요. 그리 오랜 시간이 아니었는데 정말 하늘이 노래지는 거예요. 정말 생각만 해도 아찔해요. 제가 아버지가 되고 나서야 아버지의 마음이 이해가 되는 거예요.

하나님 아버지가 가장 기뻐하시는 일이 무엇인가요? 잃어버린 죄인들이 회개하고 주께로 돌아오는 것입니다. 성령님을 보내신 목적도 사실은 잃어버린 자를 찾아 구원하려 함입니다. 오래 전 미국 시카고에서 공부할 때 빌 하이벨스 목사님이 목회하는 Willow Creek Community Church에 여러 달 출석한 적이 있습니다. 저는 빌 하이벨스 목사님의 설교를 들을 때마다 많은 은혜를 받았습니다. 빌 하이벨스 목사님은 영혼을 향한 순수한 사랑과 열정을 가지고 있었기 때문이에요. 그 교회에서는 잃어버린 영혼들이 복음을 듣고 구원받는 모습을 쉽게 볼 수 있었습니다. 지금도 잊히지 않는 감격의 시간이 있었습니다. 어느 고난주간 성금요일 저녁예배였습니다. 무대 중앙에는 십자가와 가시 면류관이 있었다지요. 여러 사람들이 나와서 간증하는 시간이 있었습니다. 어떤 사람은 알코올 중독자였는데 이 교회를 통해서 예수를 믿게 되었다고 간증합니다. 가정이 깨어진 사람, 인생의 이러저러한 위기를 겪었던 사람, 무신론자였던 사람, 이런 다양한 사람들이 나와서 어떻게 예수님을 믿고 변화가 되었는지 간증하는 것을 보았습니다. 한 영혼에 대한 관심, 교회가 이것을 위해 존재하는 것이 아닙니까? 물론 우리는 목회자로 부름 받았고, 또 목회자로 교회를 섬길 것입니다. 그러나 여러분들이 꼭 잊지 말아야 될 것이 있습니다. 내가 온 것은 잃어버린 자를 찾아 구원하려 함이라. 잃어버린 영혼에 대한 관심을 가집시다. 그들을 찾으러 다니십시오. 구령 운동에 대한 열정을 가지시기 바랍니다.

베드로를 청하라

사도행전 10:1-16

이복우 (신약신학)

예수께서는 승천하신 후에 사도들을 통한 천상사역을 시작하셨습니다. 이 천상사역은 "예루살렘과 온 유대와 사마리아와 땅 끝까지"(행 1:8) 복음을 전하는 사역입니다. 사도행전은 이 내용을 자세히 증거하고 있습니다.

1. 땅 끝을 향하여 복음이 확장되는 과정

오순절에 성령강림이 있은 후 예루살렘에 복음이 전파되고 신약교회가 세워졌습니다. 그 결과에 대하여 사도행전 6:7은 "하나님의 말씀이 점점 왕성하여 예루살렘에 있는 제자의 수가 더 심히 많아지고 허다한 제사장의 무리도 이 도에 복종하니라"고 말씀합니다. 이것은 예수님의 천상사역의 첫 단계인 예루살렘에서의 복음 전파가 성공적이었다는 말씀입니다.

그 후 사도행전 8:1은 "예루살렘에 있는 교회에 큰 박해가 있어 사도 외에는 다 유대와 사마리아 모든 땅으로 흩어지니라"고 말함으로써 복음이 예루살렘을 지나 온 유대와 사마리아에 전파되기 시작했음을 알립니다. 그리고 사도행전 8:5-25은 예루살렘 교회의 일곱 일꾼 중의 한 사람인 빌립에 의한 사마리아 전도를 상세하게 전하고 있습니다. 그러므로 이제 남은 것은 복음이 '땅 끝'을 향하여 나아가는 것입니다.

실제로 사도행전 11:20에 가면 안디옥에서 복음이 헬라인, 즉 이방인에게도 전하여졌다고 말씀합니다. 사마리아까지 도착했던 복음이 드디어 땅 끝을 향하여 달려가기 시작했다는 말입니다. 그런데 이둘 사이, 다시 말해 8장의 빌립에 의한 사마리아 전도와 11장의 안디옥에서의 이방인 전도 사이에 9장과 10장이 들어 있습니다. 그러므로 이 두 장은 복음이 땅 끝을 향해 전진하기 위한 마지막 준비가 이루어지는 곳이 됩니다. 여기에는 예수님은 두 가지 준비를 하십니다.

하나는 9장에서 예수님이 한 일꾼을 준비하시는데 그가 바로 사도 바울입니다(행 9:1-35). 다른 하나는 오늘 설교 본문인 10장에 있습니다. 그것은 하나님께서 복음이 땅 끝을 향해 나아가는 데 최대 장애물인 인종적 차별의 벽을 깨뜨리신 것입니다. 이 사건은 사도행전에서 매우 중요하게 다루어지고 있습니다. 먼저 이 사건은 사도행전 전체에서 단일 사건으로는 가장 길게 기록되어 있습니다. 이것 하나만으로도 누가가 이 사건에 얼마나 큰 비중을 두고 있는지가 잘 나타납니다.

또한 누가는 이 사건을 10장과 11장에서 연속적으로 기록하고 있으며(행 10장; 11:1-18), 15장에 있는 이 사건에 대한 회상 장면(행 15:7-11, 14)까지 포함하면 무려 세 번이나 반복하는 것입니다. 따라서 우리는 본문의 사건이 복음이 땅 끝을 향해 전진하는 데 매우 중요한 의미를 지니고 있다는 것을 짐작할 수 있습니다. 이제 이 사건을 자세히 살펴보겠습니다.

2. 고넬료 사건

가이사랴에 고넬료라 하는 사람이 살고 있었습니다. 그는 이달리야 부대라고 하는 군대(σπείρηζ, cohort, 약 600명의 군인으로 구성된 부대 단위)의 백부장이었습니다. 그는 이방인(로마군인)이었음(행 10:28)에도 불구하고 경건하여 온 집안과 더불어 하나님을 경외하며 백성을 많이 구제하고 하나님께 항상 기도하는 사람이었습니다(행 10:2). 또한 그는 의인이요 유대 온 족속이 칭찬하는 사람이었습니다(행 10:22, 35). 어느 날 환상 중에 하나님의 사자가 그에게 나타나서 사람들을 욥바에 보내어 거기에 무두장이 시몬의 집에 유숙하고 있는 베드로라 하는 시몬을 청하라고 말씀합니다(5절).

고넬료는 이 말씀을 따라 집안 하인 둘과 부하 가운데 경건한 사람 하나를 불러 이 일을 다 이야기하고 그들을 욥바로 보냅니다(7절). 그리고 계속되는 말씀을 통해서 우리는 하나님께서 베드로를 청하라고 하신 이유가 베드로로 하여금 이방인 고넬료와 그의 온 집이 구원 받을 말씀을 전하도록 하기 위함이었다(행 10:22; 11:14)는 사실을 알게 됩니다.

그런데 이 사건에서 우리는 좀 의아한 일 한 가지를 발견하게 됩니다. 그것은 하나님은 왜 멀리 떨어져 있는 욥바까지 사람들을 보내어 베드로를 청하여 고넬료 가정에 복음을 전하게 하셨을까 하는 것입니다. 가이사랴는 이스라엘의 서쪽 바닷가에 자리하고 있는 항구도시입니다. 그리고 욥바는 그 해안을 따라 아래로 계속 내려가면 자리하고 있는데, 가이사랴에서 욥바까지는 약 51km나 되는 상당히 먼 거리입니다.

이런 까닭에 고넬료가 보낸 사람들은 "이튿날"이 되어서야 베드로가 있는 욥바에 도착할 수 있었습니다(9절). 그리고 그날 곧장 가이사랴로 출발하지 않고 욥바에서 유숙한 뒤, 그 이튿날 가이사랴로 간 것입니다(23, 24절). 그래서 30절에 보면 고넬료가 환상을 보고 사람을 베드로에게 보낸 날로부터 무려 '나흘' 만에 베드로가 고넬료의 집에 들어 갈 수 있었습니다.

따라서 앞에서 제기한 의문은 여기서 더욱 강화됩니다. 하나님은 왜 이렇게 시간을 들여 사람들이 걸어서 가고 오는 불편함을 감수하면서 멀리 욥바까지 사람을 보내어 베드로를 데리고 오라고 하셨을까요? 가이사랴에 복음을 전할 만한 사람이 없어서 그랬을까요? 아닙니다. 그렇지 않습니다. 고넬료가 있는 가이사랴에는 훌륭한 복음 전도자인 빌립이 살고 있었습니다. 이 사실을 확인해 보겠습니다.

사도행전 6장에 의하면 빌립은 성령과 지혜가 충만했던 예루살렘 교회의 일곱 일꾼 중의 하나였습니다. 그리고 그는 최초로 사마리아에 복음을 전한 사람입니다. 예루살렘에 있는 교회에 큰 핍박이 나서 사도 외에는 다 유대와 사마리아 모든 땅으로 흩어지게 되었을 때, 빌립은 사마리아 성에 내려가 백성에게 그리스도를 전파하였습니다(행 8:5). 그 결과 그 성에 큰 기쁨이 있었으며(행 8:8) 사마리아 사람들이 믿고 남녀가 다 세례를 받았습니다(행 8:12).

또한 사도행전 8:26-39에 의하면 빌립은 성령의 인도로 에디오피아 간다게 여왕의 모든 국고를 맡은 내시에게 복음을 전하고 세례를 주었습니다. 그 후에 빌립은 아소도라는 곳에 나타나 여러 성을 지나다니며 복음을 전했습니다(행 8:40). 이처럼 빌립은 복음 전하는 일에 탁월하게 쓰임을 받은 사람이었습니다. 그리고 사도행전 8:40에 보면 마침내 그는 가이사랴에 도착하게 되었다고 분명하게 기록하고 있습니다. 여러분, 가이사랴가 어디입니까? 바로 고넬료가 살고 있는 곳입니다.

물론 전도자 빌립이 계속해서 가이사랴에 살고 있었는지에 대해서는 여전히 의문이 남습니다. 그러나 사도행전 21:8에서 이 의문은 깨끗이 해소됩니다. 바울이 3차 전도여행을 마치고 예루살렘으로 가던 중에 들른 곳이 가이사랴입니다. "두로를 떠나 항해를 다 마치고 돌레마이에 이르러 형제들에게 안부를 묻고 그들과 함께 하루를 있다가 이튿날 떠나 가이사랴에 이르러 일곱 집사 중 하나인 전도자 빌립의 집에 들어가서 머무르니라 그에게 딸 넷이 있으니 처녀로 예언하는 자라"(행 21:7-9).

21:8-9은 바울이 가이사랴에 도착한 것과, 그가 도착한 가이사랴에 전도자 '빌립의 집'이 있었으며, 빌립이 네 명의 딸과 함께 그 곳에 살

고 있었다는 것, 그리고 바울이 전도자 빌립의 집에 들어가서 머물렀다고 말씀하고 있습니다. 이로 보아 전도자 빌립이 가이사랴에 정착하여 살고 있었음이 분명해 보입니다. 이상에서 우리는 두 가지 사실을 확인하게 됩니다. 하나는 빌립이 탁월한 복음전도자였다는 것이며 다른 하나는 그 탁월한 복음전도자 빌립이 고넬료가 있는 가이사랴에 살고 있었다는 사실입니다.

그러면 이제 처음의 질문으로 되돌아가 봅시다. 하나님께서는 이처럼 유능한 복음 전도자 빌립이 고넬료가 있는 가이사랴에 살고 있었음에도 불구하고 왜 굳이 그렇게 멀리 떨어져 있는 욥바까지 사람을 보내서 베드로를 불러 올려 이방인 고넬료 가정에 복음을 전하게 하셨을까요?

그 첫 번째 이유는 하나님께서 베드로의 폐쇄적인 마음, 즉 인종차별의 편견을 깨뜨리심으로써 하나님께서 이방인도 받으신다는 것을 그로 하여금 깨닫도록 하기 위해서였습니다. 베드로는 하나님의 지시로 고넬료 가정에 가기는 했지만, 그는 여전히 그것 자체가 위법인 줄 알고 있었습니다. "유대인으로서 이방인과 교제하며 가까이 하는 것이 위법인 줄은 너희도 알거니와 하나님께서 내게 지시하사 아무도 속되다 하거나 깨끗하지 않다 하지 말라 하시기로 부름을 사양하지 아니하고 왔노라"(행 10:28-29a).

그리고 베드로는 고넬료로부터 그를 청하게 된 이유에 대하여 설명을 듣고 난 후에 말합니다. "내가 참으로 하나님은 사람의 외모를 보지 아니하시고 각 나라 중(ἐν παντιἔθνει) 하나님을 경외하며 의를 행하는 사람은 다 받으시는 줄 깨달았도다"(34-35절).

또한 베드로가 이방인 고넬료와 그와 함께 있는 사람들에게 복음을 전할 때에 성령이 그들에게 내려오셨습니다. 이에 베드로가 다음과 같이 말합니다. "이 사람들이 우리와 같이(ὡς καὶ ἡμεῖς) 성령을 받았으니 누가 능히 물로 세례 베풂을 금하리요"(47절). 나아가서 이 일 후에 베드로는 예루살렘 교회에 올라가서 교회 앞에서 이렇게 증거합니다. "하나님이 우리가 주 예수 그리스도를 믿을 때에 주신 것과 '같은 선물'을 그들에게도 주셨으니 내가 누구이기에 하나님을 능히 막겠느냐"(행 11:17).

이방인과 가까이 하는 것조차도 불법으로 생각했던 베드로가 이제는 유대인과 이방인 사이에 '아무런 차이가 없다'고 말하고 있는 것입니다. 이 얼마나 놀라운 고백이며 변화입니까? 그러므로 베드로는 이 일련의 사건을 통하여 이방인에 대한 그의 잘못된 인식과 편견과 고정관념이 완전히 깨어진 것입니다.

하나님이 욥바에 있는 베드로를 가이사랴의 고넬료 가정에 불러 올린 두 번째 이유는 베드로의 변화를 통해서 예루살렘에 있는 사도들과 형제들까지도 변화시키기 위해서였습니다. 예루살렘 교회의 지도자들과 형제들도 변화되기 이전의 베드로와 동일한 편견 속에 갇혀 있었습니다. 예수님의 관심은 '땅 끝'까지이었지만 예루살렘 교회에 있던 사도들과 성도들의 관심은 오로지 이스라엘에 국한되어 있었습니다(행 1:6-8).

그러나 베드로의 변화로 인해 예루살렘 교회의 지도자들과 형제들에게도 변화가 일어났습니다. 사도행전 11:1-3에 보면 유대에 있는 사도들과 형제들이 이방인들도 하나님의 말씀을 받았다는 사실을 듣게 됩니다. 그 후에 베드로가 예루살렘에 올라갔을 때에 '할례자들'이 베드로를 향하여 무할례자의 집에 들어가 함께 먹었다고 비난했습니다(행 11:2-3). 그런데 이 "할례자들"(οἱ ἐκ περιτομῆς) 속에는 1절에서 말하는 "유대에 있는 사도들과 형제들"도 포함되는 것으로 보는 것이 옳습니다. 만약에 그들이 하나님께서 이방인들도 받으신다는 사실을 이미 알고 믿고 있었다면, 그들이 이방인들도 하나님의 말씀을 받았다 함을 들었다는 사실을 본문에서 굳이 밝힐 필요가 없습니다. 특히 "그들이 들었다"(῎Ηκοσαν, 행 11:1)는 말을 문장의 맨 앞에 두어 이 사실을 강조할 필요도 없었겠지요.

또한 베드로는 이 사건을 그들에게 설명 중에 15절에서 "내가 말을 시작할 때에 성령이 그들에게 임하시기를 처음 '우리에게' 하신 것과 같이 하는지라"고 말합니다. 그리고 17절에서도 "그런즉 하나님이 '우리가' 주 예수 그리스도를 믿을 때에 주신 것과 같은 선물을 그들에게도 주셨으니"라고 말합니다. 여기서 베드로는 "우리"를 강조하고 있습니다. 그러므로 베드로의 설명을 듣고 있는 할례자들은 사도행전 2장의 오순절 성령강림을 경험한 자들이요 예수 그리스도를 믿는 사람들입니다. 따라서 사도들과 형제들도 "할례자들" 중에 포함되어 있는 것이 분명합니다.

나아가서 지금 무엇이 문제가 되어 베드로가 비난(논쟁)을 받고 있습니까? 그것은 그가 "무할례자"의 집에 들어가서 그들과 교제했다는 것입니다. 따라서 저자 누가는 예루살렘교회의 사도들과 형제들을 "할례자들"이라고 말함으로써 그들과 "무할례자들"과 교제한 베드로 사도 사이의 긴장과 대립을 부각시키고자 의도적으로 이 단어를 선택했다고 볼 수도 있습니다. 그리고 실제로 예루살렘교회의 사도들과 형제들은 할례자들이기도 합니다.

어쨌든 베드로는 그들에게 지금까지 일어났던 모든 일들을 차례로 설명합니다(행 11:4). 그러자 그들에게 어떤 결과가 나타났습니까? 사도행전 11:18을 보십시오. "그들이 이 말을 듣고 잠잠하여 하나님께 영광을 돌려 이르되 그러면 하나님께서 이방인에게도 생명 얻는 회개를 주셨도다 하니라." 그러므로 이방인에 대한 베드로의 관점의 변화는 그 한 사람에게서 멈추지 않고 그와 똑같은 편견과 고정관념 속에 사로잡혀 있던 예루살렘 교회의 지도자들과 형제들을 변화시키는 데 사용되었습니다. 바로 이러한 두 가지 이유 때문에 하나님은 빌립 대신에 베드로를 고넬료 가정에 불러 올리셨던 것입니다.

그러므로 우리는 이 사건의 핵심을 고넬료의 회심이 아니라 이방인에 대한 베드로와 예루살렘교회의 사도들과 형제들의 인식의 변화(conversion)로 보는 것이 더 옳을 것입니다. 여러분, 이 일 후에 실제로 어떤 변화가 있었을까요? 이에 대하여 사도행전 11:19-21은 다음과 같이 말씀합니다. "그 때에 스데반의 일로 일어난 환난으로 말미암아 흩어진 자들이 베니게와 구브로와 안디옥까지 이르러 유대인에게만 말씀을 전하는데 그 중에 구브로와 구레네 몇 사람이 안디옥에 이르러 헬라인에게도 말하여 주 예수를 전파하니 주의 손이 그들과 함께 하시매 수많은 사람들이 믿고 주께 돌아오더라."

그런데 우리는 여기서 19절의 "그 때에"라는 말을 눈여겨보아야 합니다. 이 말은 원래 "그러므로"(οὖν)라는 단어입니다. 따라서 19절은 그것의 앞뒤의 일들을 단순히 시간의 연속으로 연결하는 것이 아니라 원인과 결과로 연결하고 있습니다. 이렇게 볼 때, 전체적인 내용의 흐름은 '하나님이 이방인도 받으신다는 사실을 베드로와 예루살렘교회의 사람들이 깨닫게 되었다. '그러므로' 복음이 유대인에게만 아니라 헬라인에게도 전파되었고 많은 사람들이 믿고 주께로 돌아오게 되었다' 는 뜻이 됩니다.

땅 끝까지 복음을 전하라는 예수님의 명령이 베드로를 포함한 예루살렘교회 지도자들의 이방인에 대한 편견 때문에 사마리아를 넘어서지 못하고 묶여 있었는데, 이 사건으로 인해 베드로가 변하고, 예루살렘교회 지도자들이 변함으로써 드디어 복음이 사마리아를 넘어 땅 끝을 향해 전진하기 시작했다는 것입니다.

3. 우리의 문제

그러면 이제 이 교훈을 우리의 문제로, 우리의 현장으로 한번 가져와 보십시다. 그러면 우리는 최소한 두 가지 문제와 부딪치게 됩니다.

첫째는 우리의 신학적 편견과 선입견의 문제입니다. 베드로와 예루살렘교회의 지도자들의 문제는 이방인에 대한 그들의 편견이었습니다. 그들에게는 혈통적 유대인에 대한 선민사상이 확고히 자리 잡고 있었습니다. 그들은 자신들만 하나님의 구원의 대상이라고 믿고 있었습니다. 이것은 그들의 신학입니다. 이 신학에 기초하여 이방인들은 불결하며 구원에서 제외된 자들이며, 그들과 교제하는 것은 위법이라는 그들의 전통과 관습이 그들 안에 자리 잡게 된 것입니다.

땅 끝까지 모든 족속에게 복음을 전하라는 사명을 받은 당사자들이 오히려 잘못된 신학과 그것에 근거한 인종적 우월감과 편견에 사로잡혀 복음이 전진하지 못하게 하는 장벽이 되었던 것입니다. 그러자 하나님이 고넬료 사건을 통해서 이것을 깨뜨리셨던 것입니다.

그러면 어떻게 이들 안에 이런 신학과 편견이 생겼을까요? 아마도 그것은 유대인인 그들이 어려서부터 배우고 학습한 결과일 것입니다. 여러분도 합신에 들어오기 전에 이미 여러분 안에 여러분 나름대로의 신학이 자리하고 있었습니다. 분명한 것은 여러분이 신학적 백지 상태로 합신에 입학하지는 않았다는 것입니다. 그리고 그 신학은 교회에서든지 책을 통해서든지 아니면 어떤 단체를 통해서든지 여러분들이 배우고 학습하여 만들어진 것입니다. 물론 그 신학과 사상이 옳고 바르고 정통일 수 있습니다. 그러나 그렇지 않을 수도 있다는 것이 문제입니다.

여러분들이 가지고 있는 내용들이 합신에서 배우는 내용과 다를 때가 있을 것입니다. 그럴 때 여러분은 어떻게 하십니까? 그럴 때는 그냥 넘어가지 말고 자신의 생각이 옳은지 교수님의 가르침이 옳은지 교수님께 여쭤 보고 확인하셔야 합니다. 그리고 자신의 생각이 편견이며 잘못된 사상인 것으로 확인되면 과감히 그것을 버리고 교수님들의 가르침을 따라야 합니다. 절대로 합신에서의 3년을 잠복기로 삼지 마십시오. 3년 동안 공부하고도 졸업한 뒤에는 옛날 그 자리 그 모습으로 돌아가는 사람들을 자주 봅니다. 3년 동안의 공부가 헛것이 되고 만 것입니다. 이것은 참으로 불행한 일입니다.

여러분, 단순히 목사라는 직함이 필요해서 이곳에 온 것이 아니잖아요? 합신 출신이라는 간판이 필요해서 이곳에 온 것도 아니잖아요.

그렇다면 합신에서 공부하는 동안 제대로 신학을 배우시고 그것을 생명처럼 여기십시오. 그리고 합신의 신학의 맛을 제대로 내십시오.

어느 TV 프로그램에 나온 실화를 한 가지 소개하겠습니다. 어떤 시골 도로가에 오래된 옛날 집을 개조도 하지 않고 찌그러진 모양 그대로 식당을 하는 할머니가 계셨습니다. 외딴 곳이요 시내에서 멀리 떨어져 있는 곳이어서 사람들이 찾아오기도 불편했습니다. 그런데도 손님들이 넘쳐나서 줄을 서서 대기해야만 식사를 할 수 있었습니다. 무엇보다 특이한 것은 그렇게 잘 되는 식당에 간판이 없다는 것입니다. 이것이 하도 신기해서 제작자가 할머니한테 왜 간판을 달지 않았냐고 물었습니다. 그랬더니 할머니가 아주 유명한 말을 했습니다. 아마도 저는 그 할머니의 말을 평생 잊지 못할 겁니다. 그것이 무엇인지 아십니까? 할머니가 대답합니다. "간판이 뭐 필요 있어! 맛이 간판이지!" 그렇지요. 참으로 옳은 말이지요. 이런 것을 정답이라고 하는 것입니다.

여러분, 합신을 졸업한 것이 중요한 것이 아니라 합신의 맛을 제대로 내는 것이 중요합니다. 합신을 졸업하는 것보다 더 중요한 것은 합신이 가르치고 지향하는 신학을 잘 배우고 그대로 따르고 실천하여 합신의 맛을 온전하게 내는 것입니다. 중요한 것은 간판이 아니라 맛입니다.

둘째는 사람에 대한 우리의 편견과 잘못된 선입견의 문제입니다. 인종에 대한 편견이 베드로와 유대교회의 문제였듯이, 우리에게도 사람에 대한 편견과 선입견이 문제가 됩니다. 그 대표적인 것이 외모로 사람을 판단하는 것입니다. 옷차림과 키의 크고 작음과 얼굴이 예쁜

지 그렇지 않은지, 이런 것들로 사람들을 판단하지는 않습니까?

또한 첫 인상이나 혈액형, MBTI 같은 것으로 사람들을 판단하지는 않습니까? 사람을 네 가지나 열여섯 가지 유형으로 획일화하고 구분 짓는 것은 정말 무지하고 어리석은 일입니다. 사람은 백인백색, 만인만색입니다. 사람은 한 날 한 시에 한 어머니에게서 난 쌍둥이도 성격과 생각과 심성이 다릅니다. 그러므로 우리는 사람을 판단하는 일을 멈추어야 합니다. 하나님이 우리에게 사람들을 맡기신 것은 그들을 섬기며 진리로 세워 가라고 맡기신 것이지 편견과 그릇된 선입견으로 무례하게 판단하라고 맡기신 것이 아닙니다.

제가 합신에서 배워 적용하고 있는 매우 중요한 교훈이 있습니다. 그것은 교회에 새 신자가 왔을 때 절대로 물어보면 안 되는 것 세 가지입니다. 여러분, 그것이 무엇인지 아십니까? 첫째는 고향이고 둘째는 학력이고 셋째는 직업입니다. 오늘날은 신분제도가 없다고들 말합니다. 그러나 학벌과 직장이 신분을 대신하고 있지 않습니까? 고향이 어디냐, 어느 학교를 나왔느냐, 어느 회사에 다니느냐를 가지고 그 사람의 됨됨이와 능력과 심지어 신앙까지 판단하는 경향이 있는 것은 아닌가요?

우리의 사역의 대상은 사람입니다. 그러므로 우리는 모든 사람을 편견 없이 공정하게 사랑으로 대하려고 노력해야 합니다. 이런 사람은 이렇더라, 저런 사람은 저렇더라는 식으로 사람을 함부로 판단하거나 편견으로 대하지 마십시오. 사람을 판단하게 되면 주위에 사람들이 모이지를 않습니다. 그러면 목회가 되지를 않습니다. 하나님은 모든 사람이 구원을 받으며 진리를 아는 데에 이르기를 원하십니다

(딤전 2:4). 그러므로 모든 사람은 우리가 사랑해야 할 대상이지 판단하여 선별할 대상이 아닙니다.

말씀을 맺겠습니다. 베드로와 예루살렘교회의 지도자들에게서 우리는 무엇을 배웁니까? 그것은 복음전도의 사명을 맡은 자들이 오히려 복음전도에 제일 큰 걸림돌이 될 수도 있다는 사실입니다. 그리고 그 주요 원인은 잘못된 신학과, 그것에 근거한 사람에 대한 편견과 우월감이며, 선입관과 차별입니다. 우리는 이러한 것들이 복음증거를 훼방할 수 있다는 사실을 마음에 새겨야 합니다.

여러분, 합신에서 바른 신학을 배워 합신의 맛을 제대로 내시고, 사람들을 편견 없이 대하고 사랑하시기를 바랍니다. 그리하여 여러분들을 통하여 복음이 계속 확장되고, 여러분들을 통하여 주님의 교회가 든든히 세워져 가기를 간절히 바랍니다.

아 … 하나님의 은혜!

디모데후서 1:9

송인규 (조직신학 · 은퇴교수)

나는 한때 개혁 신앙의 내용과 관련하여 회의의 마음을 품거나 미숙의 치태(癡態)를 드러낸 적이 있었습니다. 먼저 나는 "하나님의 주권"을 절대적으로 인정하기가 힘들었습니다. 하나님의 주권에 대해 회의를 갖게 된 것은 한편으로는 철학의 영향을 받은 까닭이었고 또 한편으로는 세상에 창궐하는 악의 문제 때문이었습니다. 다수의 기독교 철학자들은 인간이 지닌 자유를 임의(任意)의 자유(freedom of contrary choice/libertarian freedom)로 간주하는데, 이런 개념의 자유를 선호하면 하나님의 절대적 주권과 양립이 불가능하기 때문에 자연히 후자를 축소하는 식으로 반응하기가 쉽습니다.

또 이 세상을 보면 해일, 태풍, 지진 등 자연 재해로 수많은 사람들이 몰살을 당하기도 하고, 또 인간의 탐욕과 잔인성 때문에 끊임없이 고난과 비극이 초래되는데, 과연 이런 현상을 앞에 놓고서도 여전히 하나님께서 세상을 주권적으로 다스린다고 할 수 있을까 하는 회의/의문이 찾아들곤 했던 것입니다.

내가 어려움을 겪은 또 한 가지 신앙의 사안은 하나님의 전적 은혜에 관한 것이었습니다. 이 두 주제 — 하나님의 주권과 하나님의 은혜 — 가 실제로는 서로 긴밀히 연관이 되지만 개념상으로는 구별이 가능합니다. 이번에 이 설교를 통해서 나는 후자, 곧 "하나님의 전적 은혜"에 대한 개인적 깨달음을 나누고자 합니다.

1. 하나님의 은혜에 대한 과거의 이해

나는 대학교 3학년이던 1970년 7월 한국기독학생회(IVF)의 여름 수련회를 통해 본격적으로 기독교와 접했고, 다음 해 2월 어느 목회자의 설교를 들으며 자신을 그리스도인이라고 인식하게 되었습니다. 그 목회자는 설교 내용 가운데 "그리스도께서 인류의 죄를 위해 십자가에서 죽으셨다고 믿는 것만으로 충분하지 않고 '예수께서 내 죄를 위해 죽으셨다' 고 고백할 수 있어야 그리스도인이다" 라고 말했는데, 나는 (그때까지도 여러 가지 의문은 남아 있었지만 어쨌든) 그 제안에 대해서만큼은 마음으로부터 동의를 했습니다. 그 뒤로 "나는 하나님의 은혜로 믿게 되었다" 라고 신앙을 고백하고 간증했으며, 내 자신을 그리스도인이라고 여겼습니다.

그러나 그것이 하나님의 주권적 은혜에 대한 철저한 이해는 아니었습니다. 물론 그렇다고 해서 하나님의 주권적 은혜에 대해 반대했다는 것도 아닙니다. 단지 "내가 믿게 된 것이 전적으로 하나님의 은혜 때문이다"라고 거리낌 없이 표명할 만큼 하나님의 은혜에 대한 전폭적 의존과 인정이 마음속에 자리 잡고 있지는 않았다는 뜻입니다.

나는 거의 이런 상태로 20년 이상을 지내 왔습니다. 하나님의 은혜에 대한 나의 피상적 이해에 변화가 찾아온 것이 마냥 기적 같은 신기한 현상이나 돌발적 사태 때문은 아니었습니다. 그것은 적어도 세 가지 계기로 구성된 일련의 과정으로 묘사되어야 할 것입니다.

첫째 계기는 내가 건널목에서 신호등이 바뀌기를 기다리며 서 있던 어떤 날 찾아왔습니다. 그 때 갑자기 머릿속으로 에베소서 1:4-5에 해당하는 내용이 떠올랐고, "내가 과연 하나님의 창세 전 선택 때문에 믿게 되었다"라고 고백할 수 있는가를 스스로에게 묻게 되었습니다. 역시 그 당시 늘 그랬듯이 이에 대해 적극적으로 반대하는 것은 아니지만 동시에 마음으로부터 흔쾌한 반응이 일어나는 것도 아니었습니다. 나는 이 진술이 의미하는 바가 무엇인지를 구체적으로 정리해 보았습니다.

하나님의 창세 전 선택으로 인해 내가 1970년에 믿게 되었다.
　　　[원인]　　　------------->　　　[결과]

그런데 내가 과거에 믿던 정황을 돌이켜보면서 곰곰이 헤아리노라니까 내가 행동하든지 힘쓰든지 노력한 사항들이 새록새록 생각나는 것이었습니다.

▷ 내가 친구의 권유로 1970년 IVF 여름 수련회에 참석한 일.

▷ 기독교의 가르침에 끌리기보다는 오히려 사람들이 잘해 주어 계속 모임에 나감.

▷ 성경 공부 모임에 참석하면서 여러 가지 어려운 질문을 던지곤 함.

▷ 어떤 때는 소개 받은 교회의 주일 예배나 IVF의 성경 공부에 가기 싫은데도 불구하고 억지로라도 참석을 시도함.

▷ 그러다가 1971년 2월의 설교를 들으며 십자가의 의미와 그리스도 인이 되는 것에 대해 나 나름대로 정리한 일.

이 모든 사건들이 마치 영화 필름에 의해 투사된 스크린의 연속 장면들처럼 내 머릿속에 펼쳐진 것입니다. 그러면서 "내가 하나님의 은혜로 믿게 되었다"라는 말에 대해서는 얼마든지 동의하겠지만, "창세전 하나님의 선택으로 인해 내가 믿게 되었다"라는 진술에 대해서는 여전히 전적인 동의를 하기가 꺼려졌습니다. "내가 믿게 된 일"이 모두 나의 노력과 수고 때문만은 아니지만, 그렇다고 하여 나의 기여는 쏙 빼 버린 채 오직 "하나님의 창세 전 선택"만을 운운하는 것 역시 사실과 부합하는 것 같지도 않았고 또 마음의 감흥을 일으키지도 않았던 것입니다.

그러면서 나는 속으로 '그렇다면 나는 아르미니언인가?'라고도 자문해 보았지만, 그리 명쾌한 답변이 떠오르지 않았습니다. 이 일은 이렇게 미해결의 상태로 남았고, 후에는 다시금 기억을 되살릴 때마다 심기가 불편해지곤 했습니다.

그러다가 둘째 계기가 마련되었습니다. 그런데 둘째 계기는 첫째 계기 (또 앞으로 소개할 셋째 계기)처럼 한순간에 일어난 바는 아니었습니다. 오히려 꽤 긴 시간에 걸친 신념의 형성이라고 하는 편이 더 정확할 것입니다. 나는 꽤 오래 전부터 운동 — 특히 러닝머신 위에서 상당히 빠른 속도로 60-70분 걷는 것 — 에 신경을 써 왔습니다. 그런데 이런 식의 걷기가 쉬운 일은 아니었고, 그것은 특히 기온이 높은 여름철의 경우에 더욱 그러했습니다. 어떤 날은 마지막까지 걷기가 너무 너무 힘들어서 중간에 한두 번씩 쉬든지, 아니면 아예 도중하차하고 마는 수도 종종 있었습니다. 반대로 힘들지만 무사히 60-70분을 걷고 나면 땀방울이 머리끝에서부터 뚝뚝 떨어져 신발까지 적시곤 했는데, 그 때 나는 하나님께 감사를 올려 드리지 않을 수 없었습니다.

그러면서 나는 두 가지 성구를 기억해 내곤 했습니다. 먼저 야고보서 4:14-15을 떠올렸습니다. "… 너희 생명이 무엇이냐? 너희는 잠깐 보이다가 없어지는 안개니라 … 주의 뜻이면 살기도 하고 이것이나 저것을 하리라." 내 몸의 신진 대사, 위의 연동 운동, 영양 섭취, 호르몬 작용, 세포 분열 … 이 모든 것이 하나님의 주권적 의지 ("주의 뜻")에 달려 있음을 상기하지 않을 수 없었던 것입니다. 그리고는 이어서 사무엘상 7:12을 되뇌곤 했습니다. "여호와께서 여기까지 우리를 도우셨다" [에벤에셀:("도움의 돌")에 의한 예시].

하나님께서 이렇게 걷고 운동할 수 있도록 나를 바로 오늘 여기까지 도우셨다고 고백한 것이고, 이 모든 것이 전적으로 하나님의 돕는 은혜 때문임을 인정했던 것입니다. 이러한 일이 반복되면서 내가 꽤 빠른 속도로 러닝머신 위에서 걸을 수 있는 모든 것은 철두철미하게 하나님의 은혜 때문이라는 생각이 내 마음의 깊은 곳까지 파고들어 안착하게 되었습니다. 즉 "나의 효과적인 운동 시행은 누가 뭐라고 해도 전적인 하나님의 은혜 때문에 가능하게 되었다"라고 할 수 있었다는 말입니다.

셋째 계기 역시 순간적으로 찾아왔습니다. 나는 일주일에 세 번씩 반신욕을 하는데, 어떤 날 반신욕을 하면서 문득 다음과 같은 생각이 뇌리를 스쳐 지나가는 것이었습니다. 그것은 다름이 아니라 내가 "운동," "걷기" 등의 신체 활동과 관련해서 전적으로 하나님의 은혜를 인정한다면, "구원" — 이는 본질상 상당히 영적인 활동/사건인데 — 에 대해서는 더욱 더 하나님의 은혜 때문이라고 해야 하지 않겠는가 하는 것이었습니다. 이것을 도표로 정리한다면 다음과 같이 표현될 것입니다.

```
       원인      --------------->      결과
신체 활동: 하나님의 은혜      성공적인 걷기, "운동"의 시행.
영적 사건: 하나님의 은혜      내가 1971년에 예수를 믿게 됨.
```

"걷기에 충분한 여건, 힘들어도 걸으려는 의지, 신체 조건의 구비 … 등" 이 모든 것이 하나님의 은혜 때문이라면 꼭 마찬가지로 "1970년의 행동과 사건들"[IVF에 나간 일, 성경 공부에의 참석, 회의하면서도 더 알아보고자 함, 모임에 무척 가기 싫은 그 어느 날 그래도 모임

에 갔다가 복음의 진리를 하나라도 더 깨닫고 힘을 얻은 사연 등등] 역시 모두가 다 하나님의 은혜 때문이라는 생각이 들었던 것입니다.

이런 결론에 이른 것은 거의 순간적인 일이었지만, 그 효과는 항구적인 것이 되어 내 심령 깊이 각인되었습니다. 그리하여 나는 이제 이러한 3단계의 깨달음[계기]을 통해 "나는 전적으로 하나님의 은혜 때문에 1970년 예수를 믿게 되었다" 라고 고백, 인정, 간증을 할 수 있게 되었던 것입니다.

2. 하나님의 은혜에 대한 신앙적 추론

하나님 은혜의 성격이 어떠한지에 대해 내 심령이 승복을 당하자 그 다음에 따라오는 자연스런 질문은 그런 은혜가 베풀어지는 시기에 관한 것이었습니다. "그렇다면 나의 구원에 대한 하나님의 주권적 은혜는 언제 베풀어졌는가?" 이 질문에 대해서도 몇 가지 가능한 답변이 떠올랐습니다.

▷ 구원과 관련한 모든 사건이나 결단 5분 전에 하나님께서 은혜를 베푸심; 즉 내가 중생하기 5분 전에 하나님께서 은혜를 베풀어 주셨고 그렇게 은혜를 베푸신 지 5분 만에 효과가 현시되어 내가 구원을 받음.

▷ 혹은 내가 대학에 입학할 때 [1968년] 하나님께서 은혜를 베푸셨고, 약 2년 후부터 그 효과가 나타나기 시작하여 결국 구원을 경험하게 됨.

▷ 아니면 내가 태어나는 날 1949년 3월 23일에 하나님께서 풍성히 은혜를 내리셨는데, 이것이 21년 6개월 정도 후에 작동을 시작했고 그로써 내가 구원의 은택을 누리게 됨.

논리적으로는 이상의 세 가지 시나리오 가운데 어느 것도 가능했지만, 문제는 이런 것들이 성경의 데이터와 맞지 않는다는 것이었습니다. 오히려 성경은 하나님의 은혜가 베풀어진 시기와 관련하여 다음과 같이 명시적 진술을 하고 있습니다. "하나님이 우리를 구원하사 거룩한 소명으로 부르심은 우리의 행위대로 하심이 아니요 오직 자기의 뜻과 영원 전부터 그리스도 예수 안에서 우리에게 주신 은혜대로 하심이라"(딤후 1:9).

상기 구절은 우리의 구원과 관련하여 최소 두 가지 사항을 밝히고 있습니다. 첫째, 구원의 최종적 원인은 하나님의 주권적 의지이지 우리에게 해당하는 어떤 조건이나 행위가 아닙니다. 둘째, 우리의 구원이 가능하게 해 준 하나님의 은혜는 "영원 전"에 베풀어진 것입니다. 바로 두 번째 사항은 내가 가지고 있던 궁금증 — "나의 구원에 대한 하나님의 주권적 은혜는 언제 베풀어졌는가?" — 을 해소하기에 안성맞춤의 진리였던 것입니다.

이제 나는 더 이상 거부할 수 없이 개혁파 신앙의 핵심 — 하나님의 주권적 은혜로 인한 구원 역사 — 을 수용했고, 또 그것을 고백하게 되었습니다. 전술한 세 가지 계기는 나의 능력이나 통제를 넘어서서 찾아온 것이었지만, 이런 계기들이 주는 의미는 순전히 논리적 귀결의 형태로 다가왔습니다. 이제 나는 나의 구원과 관련해 옴짝달싹 못하고 하나님의 주권적 은혜를 고백하지 않을 수 없게 된 것입니다. 흡사 — 좀 맥락은 다르지만 — 루이스(C. S. Lewis)가 『예기치 못한 기쁨』(Surprised by Joy)에서 "버둥거리며 질질 끌려가듯 반항하다가 더 이상 어쩔 수 없이" [내용이 다소 부정확한 인용임] 회심을 경험한 것과 비슷하다고나 할까요? 어쨌든 나는 다음의 진술과 관련하여 지적 동의뿐 아니라 심령 깊숙한 곳에서부터 즐겁고 흔쾌한 화답이 가능하게 된 것입니다. "내가 1971년 어느 날 믿게 된 것은 창세 전에 베푸신 하나님의 주권적 은혜 [선택과 예정] 때문이다."

3. 하나님의 은혜를 깨달은 이후의 유익/실효성

이렇듯 깨달은 하나님의 은혜는 구체적으로 나의 심령에서 힘을 발휘했고 실제적 능력을 현시했습니다. 나는 몇 년 전[2010년 10월] 개인적으로 큰 어려움을 당했습니다. 본인이 어떤 교회에서 전달한 강의안의 내용이 화근이 되어 몇몇 노회에서 문제를 삼았고, 급기야는 신학교 전체가 연대 책임을 져야 하는 사태로까지 비화(飛火)한 것입니다. 내 본의는 아니었음에도 불구하고 어쨌든 내용을 읽거나 전달 받은 이들에게 의혹과 의구심을 일으켰다는 것만으로도, 내 편에서의 실책과 실수는 막중한 것이었습니다. 그 당시 여러 사람들로부터의 비난, 비판, 힐문을 받으며 나는 매우 고통스러운 시간을 지내야 했습니다.

그러나 그 모든 사태를 뒤돌아보며 점점 더 뚜렷이 깨닫게 되는 것은, 하나님께서 "주권적 은혜"에 대한 신앙적 각성에 의해 이미 나를 준비시켜 놓으셨다는 사실입니다. 이제는 꼭 구원뿐만 아니라 비(非) 구원적 사태나 사건 하나하나가 모두 하나님의 주권적 의지 가운데 일어나는 것이요, 하나님의 주권적 은혜를 더욱 뼛속 깊이 배우도록 하기 위함임을 절감합니다.

그 사태가 발생한 이후 나는 상당한 기간에 걸쳐 수치, 굴욕감, 억울함 등을 겪었지만 그러한 나의 심리 상태에 초점을 맞추지 않고, "하나님께서는 이런 (원치 않는) 사건을 통해서 무엇을 깨닫게 하시려는가?" 하는 데에만 온통 심령의 귀를 기울였습니다. 나를 원망하고 비난하는 이들에 대해서 심리적으로나 실제적으로나 맞대응을 하지 않고, 오히려 그들을 공정하고 객관적인 태도로 보고 대하고 인정할 수 있기를 간구했습니다. 이 어찌 놀라운 하나님의 은혜가 아니었겠습니까?!

이 은혜의 순간들 가운데 하나님께서는 두 단계의 ― 평범할지 모르지만 무척 귀한 ― 교훈을 허락하셨습니다. 첫째, 하나님께서는 이런 기회를 사용하여 나를 사랑으로 징계하시고 거룩함에 이르도록 인도하신다는 것이었습니다. (이 당시 히브리서 12장 전반부의 내용이 뇌리에서 떠나지 않았습니다.) 나의 지적 오만, 사람들의 인식 수준과 형성 내용에 "목회적으로" 민감하지 못했던 영적 미숙성 등을 깨닫고 회개하며 돌이키게 하셨습니다. 그리하여 하나님께서는 궁극적으로 내 심령과 삶에 거룩이 꽃피게 하시고 그리스도의 고난을 아는 일에 바짝 다가서도록 조치하신 것이었습니다.

둘째, 한 걸음 더 나아가 좋은 것과 궂은 것이 모두 동일한 하나님의 손으로부터 온다는 사실이었습니다. 감히 욥의 경험에 견줄 수는 없지만 그러나 어쨌든 내 나름대로 "주신 이도 여호와시요 거두신 이도 여호와이심"(욥 1:21)을 절감하는 계기가 되었습니다. 내가 고통과 아픔을 겪지만 그런 것을 허락하신 하나님이 바로 내게 주권적 은혜를 베푸셔서 나를 구원하시고 아들의 모습을 온전히 닮기까지 자극하시는 사랑의 아버지시라는 것을 여러 번에 걸쳐 상기시키셨습니다.

감히 인간적 관점에서 말하건대, 하나님께서 이 사태 이전에 "하나님의 주권적 은혜"로 말미암은 신앙적 각성의 기회를 부여하지 않으셨더라면, 나는 상당히 다른 모습으로 (아마도 미숙하기 짝이 없게) 반응했을 것입니다. 생각만 해도 아찔한 느낌을 떨칠 수가 없습니다.

4. 하나님의 은혜: 여러분과 나

내가 깨달은 바 하나님의 은혜를 이처럼 속속들이 밝히는 데는 이유가 있습니다. 먼저 이유가 아닌 것부터 말하겠습니다. 하나님의 은혜에 대한 나의 경험을 나누는 것은 여러분 또한 나와 똑같은 신앙의 여정을 판박이로 가져야 한다고 강조하려는 것이 아닙니다. 즉, "나처럼 이런 과정을 겪지 않으면 '하나님의 주권적 은혜' 속에 깊이 들어갈 수 없다"라고 점잖은 강요나 으름장을 놓으려는 것이 아니라는 말입니다. 우리 각자는 모두 유일무이한 존재인고로 영적 성숙의 과정이나 영적 발전의 길 또한 각 사람마다 모두 다르게 겪습니다. 그러므로 여러분이 나와 똑같은 계기, 나와 똑같은 경험, 나와 똑같은 단계를 겪을 필요는 없습니다.

그럼에도 불구하고 우리가 개혁파 신앙을 강조하고 설교하고 생활화하기 원한다면, 우리 모두에게 공통적으로 요구되는 바가 있다는 사실을 직시해야 합니다. 즉 우리 모두는 "하나님의 주권적 은혜"가 무엇인지를 확실히 깨달아야 한다는 것입니다. "하나님의 주권적 은혜"가 우리의 신학적·이론적 원리로 자리 잡아야 할 뿐 아니라 그것이 또한 우리의 경건적·경험적 원동력 노릇을 해야 한다는 것입니다. 비록 우리 각자가 하나님의 주권적 은혜를 깨닫고 겪는 과정과 이에 연관된 사건(혹은 사태)의 양태는 다르겠지만, "하나님의 주권적 은혜"를 이론적·경험적으로 알아야 한다는 점에서는 동일하다는 것입니다.

나는 이제 하나님의 주권적 은혜와 더불어 미래를 내다봅니다. 지금까지 베풀어 주신 깨달음이 헛되지 않으려면, 무엇보다도 교만하지 말아야 한다는 생각을 하게 됩니다. 자신의 힘으로 뭔가 이룬 듯, 짐짓 자신이 무엇이라도 되는 양 태도를 취하는 것은 은혜를 깨달은 이들이 가장 조심해야 할 자기기만의 덫이라고 할 수 있습니다. 이 점에서는 뭐니 뭐니 해도 역시 바울의 표현이 ─ 이 또한 비록 맥락은 다르지만 ─ 매우 적실하다는 생각이 들곤 합니다. "내가 이미 얻었다 함도 아니요 온전히 이루었다 함도 아니라. 오직 내가 그리스도 예수께 잡힌 바 된 그것을 잡으려고 달려가노라"(빌 3:12).

이제 내 앞에는 주권적 은혜의 하나님과 더불어 살아갈 모험적 기회만이 기다리고 있습니다. 그러므로 이제 나는 그저 "푯대를 향하여"(빌 3:14) 달음질할 따름입니다.

이신칭의가 가져다준 축복들

로마서 5:1-15

이승구 (조직신학)

1. 로마서 1장-4장에 나타난 이신칭의

바울은 로마서 1장에서 이 편지를 쓰는 일에 대한 서론을 마친 다음에 그 뒷부분부터 4장 25절까지 우리가 오직 믿음으로 말미암아 칭의함을 받는다는 것을 아주 명백하게 선언을 합니다. 이것이 너무 명백하기 때문에 심지어 천주교 학자들 중에서 양심이 있는 분들은 이 앞부분에 이신칭의가 아주 분명히 나타난다고 선언할 정도입니다. 물론 그들도 나중에 설명하면서 또 다른 이야기를 하지요. 그러나 그 앞부분에서는 이신칭의가 아주 분명히 나타난다 하는 분들이 있습니다. 물론 다른 이야기를 하시는 분들이 더 많이 있습니다. 천주교인들뿐만 아니라 오늘날은 개신교인들이라고 하면서도 앞부분에 대해서도 다른 이야기를 하려고 하는 사람들이 점점 늘어가고 있습니다. 그러나 이 본문을 정말 자세하게 읽는다면 그 누구라도 우리가 믿음으로 말미암아서만 의롭다 하심을 얻을 수 있다고 하는 것을 생각하지 않을 수 없습니다.

신실했던 주의 백성들이 과거에 그러했듯이, 그들의 대표자로서 마틴 루터(Martin Luther)가 그랬듯이 '하나님의 엄위하심 앞에서 나 같은 죄인이 과연 설 수가 있느냐' 라고 존재 전체의 밑 부분으로부터 흘러나오는 질문을 가지고 '내가 과연 어떻게 하나님 앞에 설 수 있느냐? 내가 예수 믿기 전의 그 모습 가지고 설 수 있느냐?' 라고 질문했을 때 '결코 그럴 수 없다' 고 생각하게 되는 것입니다. 더 나아가서 예수님을 믿은 다음에 '자기가 자기 자신을 온전히 드린 삶이라고 하는 것, 다른 사람들보다 주 앞에서 더 열심히 살려고 하는 그 모든 것을 가지고도 나 같은 죄인이 과연 엄위하신 주님 앞에 설 수 있을까?' 라고 질문했을 때에 "그것 가지고도 안 된다"는 것이 바울의 가르침에 대한 루터의 깨달음이었습니다. 바로 여기서 로마서의 앞부분에 "의인은 없나니 하나도 없으며... 모든 사람이 하나님의 영광에 이르지 못하더니" 라고 하신 것이 절실하게 다가오는 것입니다.

그러니까 주 예수 그리스도께서 하신 일, 즉 주 예수 그리스도께서 십자가에서 이루신 일이 전부라고 할 수밖에 없는 것입니다. 예를 들어서, 로마서 4장 25절에 요약된 대로 "예수는 우리가 범죄한 것 때문에 내줌이 되고 또한 우리를 의롭다 하시기 위하여 살아나셨느니라" 는 말씀을 그대로 받는 것이지요. "예수 그리스도의 십자가 사건과 부활이 우리의 죄 문제를 해결하는 유일한 길이다. 우리는 이것을 믿는 수밖에 없다"고 반응하는 것입니다. 그래서 24절에 아주 간명하게 말하듯이, "의로 여기심을 받을 우리도 위함이니, 곧 예수 우리 주를 죽은 자 가운데서 살리신 이를 믿는 자니라." 주께서 믿는 우리를 위해서 이 일을 이루셨다고 하는 것입니다.

4장 앞부분에서부터 계속해서 아브라함의 예를 가지고 "아브라함이 의롭다 하심을 받은 것이 그가 순종했기 때문이냐? 그렇지 않고 그가 믿은 것 때문이다"는 것을 밝히고 난 다음에 바울이 "그에게 의로 여기셨다 기록된 것은 아브라함만을 위함이 아니라 의로 여기심을 위한 우리도 위함이다"고 말하고 있지 않습니까? 예수 그리스도를 죽은 자 가운데서 다시 살리신 이를 믿는 우리도 이제 엄위하신 하나님 앞에 나아갈 수 있게 되었다는 말입니다. 주께서 믿는 우리를 의롭다고 하셨다고 하는 것입니다. 그것이 로마서 앞부분의 이야기의 요약인 것이지요. 마음속에서 죄 문제로 진지하게 고민이 있는 사람만이 주께서 우리를 칭의하셨다는 것에 대해서 놀라면서 참으로 감사하게 됩니다.

이것이 정말 놀랍다고 생각하는 분들만이 5장 1절에서 하는 이야기를 더 감사하게 생각하게 됩니다. 왜냐하면 이 부분에서 바울은 이신칭의가 가져온 복들이 어떤 것인가를 이야기하기 때문입니다. 오늘 설교 말씀의 제목을 "이신칭의가 가져온 축복들"이라고 붙이면서, 제목을 그렇게 붙이는 것이 과연 좋을까 하는 마음의 생각이 있었습니다. 왜냐하면 한국 사람들로서 우리는 축복 그러면 벌써 딴 생각들을 하는 경우가 많기 때문입니다. 바울이 생각하는 것, 하나님께서 염두에 두신 것 외에 다른 것들을 생각하는 경향이 있지 않습니까? 물론 그런 것도 생각하지요.

그러나 "축복" 하면 주로 딴 생각이 나는 것입니다. 예를 들어서, 이 세상에서 믿는 우리들은 될 수 있으면 안 아파야 된다고 생각하고, 아팠다가도 금방 나아야 한다고들 생각하는 것입니다. 막 죽어가다가도 금방 나아야 되죠. 그런 것이 복이라고 생각하는 것입니다. 물론 그런 복도 있을 수 있어요. 주께서 원하시면 말입니다. 주께서 원하시면 여러분들이 갑자기 아팠다가도 그로부터 회복시켜 주실 수 있습니다. 우리는 한 번도 그것을 부인해본 일이 없습니다. 그러나 성경이 복에 대해서 말할 때는 그런 것들만을 복이라고 하지 아니하고 지금 오늘 이야기하는 것들이 축복이라고 하는 것들을 알아야 합니다. 이신칭의가 우리에게 어떤 복을 가져다줍니까?

2. 하나님과 더불어 화평을 누리는 복

5장 1절은 이렇게 시작을 합니다. "그러므로 우리가 믿음으로 의롭다 하심을 받았으니." "그러므로"라고 하는 말이 성경에 다 번역이 되어 있지는 않습니다. 특히 우리말 성경에서는 생략한 경우가 많이 있습니다. 그러나 때때로 아주 중요한 것들은 번역해 놓은 것이 있어요. 로마서 5:1이 그 중에 하나이지요. 좋은 설교자인 마틴 로이드 존스 (Martin Lloyd Jones)가 이렇게 이야기한 적이 있습니다. "나는 그리스도인 됨의 신비는 이 '그러므로'라는 말을 정확히 이해하는 데서 다 얻어질 수 있다고 생각한다." 설교자로서 할 만한 말입니다. 누구든지 그렇게 생각할 수 있습니다. 앞부분에서 한 이야기가 "우리가 믿음으로 의롭다 하심을 받았다." 수동적으로 받은 것입니다. 내가 노력해서 얻은 것이 아니라, 수동태로 되어 있습니다. "의롭다 하심을 받았다." 이미 그것이 우리에게 주어졌다. 그런즉 이제부터 언급되는 것들이 이신칭의가 우리에게 가져다 준 복들입니다.

첫 번째 축복은 "우리 주 예수 그리스도로 말미암아 하나님과 화평을...." 여기 번역에 문제가 있는데, 우리말 성경에는 "누리자"라고 번역하여 권면형으로 번역했습니다. 이렇게 된 사본들이 상당히 많이 있고, 그것도 굉장히 권위 있는 사본들이 있습니다. 그것을 따라서 우리말 성경이 이렇게 번역한 것이지요. 그러나 많은 사람들은 "누리자"라고 이렇게 번역할 것이 아니고, 우리가 "지금 화평을 가지고 있다"고 번역해야 된다고 생각합니다. 여러분이 잘 아는 단어인 "에코멘 에이레넨," 즉 우리가 지금 화평을 가지고 있다는 말입니다. 바로 이것이 이신칭의가 가져온 첫 번째 축복입니다. 이신칭의가 없으면 하나님과 화평하지 않고 있다는 것을 전제로 하면서, 그러나 이제 이신칭의를 가지고 있는 사람들은 하나님과 화평을 누리고 있다는 것입니다.

그러니까 이제 그것에 근거해서 그러니까 누리자라고 할 수도 있겠지요. 그런데 이것이 오해를 받을 수도 있어요. 그저 "누리자"라고 번역하면 그러면 앞부분을 잊어버리고 그렇게 말하면 안 되는 것입니다. 처음 전도를 할 때 이 말을 사용하는 경우라면 말이 안 되는 것입니다. 전도 상황에서 "하나님과 화평하십시오"라고 하면 안 된다는 말입니다. 아무나 하나님과 화평할 수 있는 것이 아니거든요. 전도 설교를 모아서 빌리 그래엄(Billy Graham) 목사님이 그런 제목으로 책을 내셨어요. 『하나님과 화평하라』 어떤 분이 그것에 대해서 막 야단을 치는 이야기를 들은 적이 있습니다. 그 때 처음에는 '뭐 그렇게까지 비판할 것 있나 그분도 좋은 의도로 한 것인데' 라고 생각한 적이 있습니다.

그러나 바울의 의도를 알고 나면 왜 그분이 그것을 야단치셨는지를 알게 됩니다. 왜냐하면 성경에 충실하게 생각해 보면, 이 세상의 아무한테나 "하나님과 화평하십시오"라고 말할 수 있는 것이 아니기 때문입니다. 성경에 의하면, 이 세상에 있는 모든 사람들은 모두 죄악 속에 있는 사람들입니다. 우리도 옛날에 그랬었어요. 하나님 앞에서 칭의함을 받지 못한 사람들은 바로 하나님과 원수 관계 가운데 있는 사람이에요. 그런데 이제 우리가 믿음으로 예수 그리스도 안에서 칭의함을 얻었기 때문에 죄가 없는 사람처럼 주께서 우리를 받아 주시고 예수 그리스도의 의를 옷 입혀 주셨기 때문에 이제 우리는 하나님과 화평을 누리고 있는 것입니다.

여기서 중요한 것이 내가 내 마음속에서 만들어내는 주관적인 화목이 아니라 하나님께서 이미 가져다 준 화평입니다. 이것이 굉장히 중요한 것입니다. 우리가 화평을 만들어 내는 것이 아닙니다. 화평은 주께서 예수 그리스도의 십자가 사건과 부활 사건으로 말미암아 믿는 우리들에게 주어진 것입니다. 이것은 그냥 우리의 영적인 문제에 대한 이야기만이 아닙니다. 이 세상의 모든 것에 대한 화평이 그런 것입니다. 예수 그리스도의 십자가 사건 없이 이 세상에 화평이 있을 수 없습니다. 그런데 오늘날 이에 대한 확신이 예수를 믿는 사람들에게서도 점점 없어져 가고 있습니다. 그래서 다른 데는 우리들이 화평을 얻으려고 노력을 할 수 있지만, 여기서 이야기하는 것은 우리 마음의 화평이라고 생각하려고 합니다.

그러나 그 정도라면 예수 그리스도만이 이 세상 모든 문제에 대한 유일한 해결책이라고 우리가 이야기할 근거가 없어집니다. 우리는 이 세상에 할 일이 없어서 예수를 믿고, 할 일이 없어서 이 복음의 도리를 이 세상에 전파하고 이것대로 살자고 하는 것이 아닙니다. 이것만이 이 세상이 진정 화평할 수 있는 길이기 때문입니다. 다른 길은 없기 때문입니다. 특별히 하나님과의 화평은 그리스도의 구속사건 밖에서는 있을 수 없습니다. 그리고 하나님과의 화평이 없으며, 사람들 사이의 화평도 없는 것입니다.

그러므로 성경이 말하는 진정한 화평은 우리가 만들어 낼 수 있는 화평이 아닙니다. 그런데 예수 그리스도께서 우리를 위하여 이루신 그 구속에 근거하여 믿는 우리를 칭의하셨기 때문에 우리는 이제 하나님과의 화평을 누리고 있는 것입니다. 그것에 대해서 감사하는 마음이 우리 속에 있어야 합니다. 그런데 이런 이야기를 많이 들어서 칭의에 대해서 별로 감사하는 마음들이 없는 듯합니다. 이것이 우리의 문제에요. 이것이 우리에게 이신칭의로 말미암아 온 첫 번째 축복이거든요. 그런데 많은 분들은 하나님과 화평을 누리는 것을 축복이라고 거의 생각하지 않습니다.

여러분이 어떻게 생각하는지 알기 위해서 예를 들어 봅시다. ① 이신칭의로 말미암아 하나님과 화평을 누리게 됐다는 사실 하나가 여기 있습니다. 그 옆에 ② 여러분한테 갑자기 10억이 생긴다는 사실이 있습니다. 이 둘 중에 어떤 것이 여러분에게 더 큰 기쁨을 줍니까? 10억! 그렇게 생각이 흘러가지요? 이런 데서 우리가 얼마나 세속적인가 하는 것이 딱 드러나는 것입니다. 하나님과 화평을 누리는 것이 10억보다 더 적다고 생각되는 것입니다. 이런 우리들은 매우 심각한 문제 가운데 있는 것입니다. 세속적인 것입니다. 그러나 오늘의 본문에 의하면, 이신칭의가 가져온 첫 번째 축복이 무엇입니까? "내가 지금 하나님과 더불어 화평을 누리고 있다"는 것이 첫째 축복입니다. 그게 얼마나 놀라운 것인지를 여러분들이 생각해 보셔야 합니다.

3. 주님의 존전에 있는 복

이신칭의가 가져온 두 번째 축복은 무엇입니까? "또한 그로 말미암아 우리가 믿음으로 서 있는 이 은혜에 들어감을 얻었다"(롬 5:2a). 여기 "들어감"이라고 번역되어 있는데, 이것은 "하나님께 나아감" 하고 같은 것입니다. 고대 사회의 다윗 왕을 한번 생각해 보세요. 다윗 왕이 이스라엘 백성인 당신을 오라고 한다고 해 봅시다. 다윗 왕이 밧세바와 범죄하고 그랬을 때 말고, 다윗 왕이 정말 왕 노릇을 잘하여 백성이 존중하고 할 때에 다윗 왕을 만나보러 간다고 생각해 보십시다. 그 때는 특별한 용어를 쓰지요? "왕을 알현(謁見)하러 간다" 그럽니다. 이것은 정말 놀라운 것이라고 생각합니다. 좋은 왕이 오라는데 안 갈 수가 없지요. 또 다른 예를 들어서, 우리가 정말 존경하는 분이 내가 평소에 좀 만나 뵙고 싶었는데, 그분이 나를 오라고 한다면 얼마나 좋겠습니까? 그분께 나아간다. 그것이 여기서 말하는 은혜입니다.

여기서는 하나님께 나아가는 것에 대해서 말하는 것입니다.

하나님께 나아간다는 이야기를 할 때 우리는 간혹 예배나 기도 같은 것만을 생각할 수가 있습니다. 그러나 사실 엄밀히 말하면 하나님께 나아감이라고 하는 것은 예배나 기도만을 뜻하지 않습니다. 물론 그것도 뜻하지요. 이신칭의를 받지 않은 사람이 그저 예배식에 참여할 수는 있어도, 진정으로 하나님께 나아가 예배할 수는 없습니다. 우리가 나와서 이렇게 예배한다고 하는 것은 이신칭의가 우리에게 주어졌다는 증거입니다. 물론 예수를 아직 안 믿는 사람도 예배식에 와야 합니다. 그래서 그 가운데서 복음을 듣고 그 사람들도 이제 이신칭의함을 받고 진짜 예배하기를 시작해야지요. 예배 의식에 안 믿는 사람도 와야 돼요. 그러나 그 사람에게는 그것이 아직 진정한 예배가 아닙니다. 예배는 구속함을 얻은 사람들이 하나님께 합당한 영광과 찬양을 올려드리는 것입니다. 물론 그것을 너무 강하게 이야기해서 "믿지 않는 사람은 오지 마시오"라고 말씀하시면 안 됩니다. 우리는 열려 있게끔 해야 됩니다. 예배에는 누구든지 와 있어야 돼요. 그러나 그 사람에게는 예배가 발생하지 않는다는 말입니다. 예배를 할 때 대다수의 사람들은 정말 구속된 사람으로서 예배답게 하나님 앞에 예배를 해야 합니다. 이것이 매우 중요합니다.

예배를 할 때 우리로서는 최선을 다해서 해야 합니다. 왜냐하면 너무 너무 감사한 일이 우리에게 주어졌기 때문입니다. 아무나 하나님께 예배할 수 없는데 주께서 우리를 구속하셔서 주 앞에 예배하고, 온 세상의 창조주하고 교제할 수 있게 만들어 주셨기 때문입니다. 그래서 우리로서는 최선을 다해서 예배해야 합니다. 그러나 이 예배가 주 앞에 받아들여지는 유일한 이유는 무엇입니까? 우리가 최선을 다해서 예배하기 때문이 아닙니다. 우리 예배가 주 앞에 받아들여진다고 하는 것은 우리 힘씀과 애씀과 노력 때문에, 내가 한 번도 안 졸고 정성을 다해서 주님의 말씀에 집중했기 때문에 주께서 이것을 받으시는 것이 아닙니다. 예배의 핵심은 주께서 예배를 받으시는 데 있는데, 이것을 주께서 받으시는 유일한 근거는 우리 주 예수 그리스도의 십자가의 공로 때문입니다. 그러니까 우리는 예배가 마쳐진 다음에 예배하러 올 때보다 훨씬 더 감사해야 됩니다. 그러니까 예배할 때마다 우리는 예수님께서 구속을 이루신 그 십자가에 의존하는 것입니다. 예수님의 구속의 공로가 없으면 예배가 받아 드려지지가 않는 것입니다. 우리는 예배 때마다 십자가에 의존할 수밖에 없는 것입니다.

천주교회적인 칭의 사상이 옳지 않다는 것이 여기서도 드러나게 됩니다. 최후의 심판대에서도 우리는 예수님의 구속의 공로를 붙들 수밖에 없습니다. 여러분들이 예수 믿은 다음에 열심히 주를 위해서 애쓰신 것을 가지고 최후의 심판대 앞에 서면 주께서 뭐라고 그러실까요? "착하고 충성된 종아" 그렇게 말씀하실까요? 그것 가지고는 부족할 것 같잖아요. 부족할 것 같으니까 백배 더 한다고 해봅시다. 우리가 지금 헌신한다고 하는 것보다 백배 더하면 최후의 심판대 앞에서 우리가 백배 더한 것 가지고 주께서 우리를 받아 주실 수 있을까요? 그럴 수 없다는 것을 우리는 압니다. 왜냐하면 "우리의 의는 다 더러운 옷 같다"는 이사야서의 말씀이(사 64:6) 우리 속에서 분명하기 때문입니다. 인간의 부패성이라고 하는 것이 예수 믿기 이전 사람의 마음만을 물들이는 것이 아니라, 예수 믿고 난 다음에 주를 위해서 애쓴다고 하는 것에도 부패성이 스며들어 있기 때문입니다. 그러므로 우리로서는 최선을 다하지만 이것 가지고는 안 된다는 것을 정말 주님 앞에 애쓴 사람들은 다 알게 됩니다. 그런데 천주교에서는 그렇게 생각 안 하는 것입니다.

요즘에 '바울에 관한 새 관점'을 이야기하는 사람들도 그렇게 생각하지 않는 것입니다. 그분들은 어떻게 생각합니까? 최후의 심판대 앞에서 주님 앞에서 여러분이 너무너무 감사해서 한 "삶을 다 고려해서 칭의하신다"는 것입니다. 그러나 그런 식으로 칭의하신다면, 우리 가운데 칭의함을 받을 수 있는 사람 한 사람도 없습니다. 그래서 이것은 사람들을 좀 많이 구원해 보려고 노력하지만 한 사람도 구원하지 못하는 이야기가 되고 맙니다. 사실 이 말은 알미니언주의에 대해서 벤자민 B. 워필드가 한 말이에요. 그런데 그것은 더 넓게 이런 알미니언주의보다 더 심각한 문제를 가진 천주교회의 생각을 이해하는 데도 적용이 돼요. 그러니까 우리는 예수님께서 십자가에서 이루신 구속의 공로를 매번 예배 시간에 필요로 할 뿐만 아니라, 최후의 심판대에서도 필요로 합니다. 누구나 그렇게 느껴야 돼요. 안 그렇게 생각하는 사람들이 잘못된 겁니다.

그런데 이 은혜의 자리에 들어감을 얻었다, 즉 하나님을 접견할 수 있게 되어졌다는 것은 그저 예배, 기도 시간만을 의미하는 것이 아닙니다. 우리는 언제든지 하나님 앞에 있습니다(coram Deo). 우리가 하나님의 존전(尊前)에 있는 것입니다. 언제 어디서나 그렇습니다. 이렇게 하나님 앞에 있는 것이 우리의 큰 복이라는 말입니다. 이신칭의가 우리에게 가져다 준 것이 무엇입니까? 우리의 존재 전체를 둘러싸고, 우리 안에, 그리고 우리 앞에 계신다는 것입니다. 항상 그것을 늘 의식하고 살아가는 사람이 진정한 그리스도인입니다.

하나님 앞에 있다는 것을 복으로 느끼십니까? 하나님 앞에 있으면 그 하나님의 엄위하심을 느껴야 합니다. 그러므로 하나님 앞에서 까불고 그럴 수가 없습니다. 우리의 생각이 정말 주님 앞에서, 내가 주님 앞에 있고 주님이 나를 바라보고 계시고 그러면 잘못된 생각을 했다가도 "이것은 틀렸습니다. 주님이 가르치시는 대로 가겠습니다" 하는 것입니다. 시편 기자들은 주님께서 우리를 바라보고 있다는 의식을 늘 가지고 있지 않습니까? 우리가 주님의 존전에 있나이다. 우리도 그런 의식을 가져야 합니다. 그러면 점점 더 주님이 원하는 사람이 되어 갑니다. 그것이 이신칭의를 얻은 사람의 두 번째 복입니다.

4. 환난 중에 즐거워하는 복

세 번째 것은 시간이 없어서 그냥 넘어가려고 하는데, 세 번째 복은 하나님의 영광을 바라고 즐거워한다, 즉 그것을 자랑한다는 것입니다. 하나님의 영광이 장차 나타날 것을 바라본다는 말입니다.

네 번째 복은 그것뿐만 아니라 우리가 환난 중에서도 즐거워한다는 것입니다. 그런데 이것이 이신칭의가 가져온 복 중에 하나라고는 생각해본 적이 별로 없을 것입니다. 그러나 이 본문을 읽으면 그것을 알게 됩니다. 왜 환난 중에 즐거워합니까? 여러 이유를 댈 수 있지만 이 본문이 이야기하는 이유는 이렇습니다. 환난은 인내를 우리에게 가져다줍니다. 하나의 덕을 우리에게 형성해 주는 것입니다. 어려움을 견뎌 나갈 수 있는 능력이에요. 그런데 그것은 또 다시 연단을 가져다준다고 합니다. 이 연단은 우리 인격을 완성시키는 것을 표현하는 것입니다. 그냥 단순하게 연단 정도가 아닙니다. 단련된 인격, 그런 의미를 지닌 것입니다. 인내라는 덕일 뿐만 아니라 단련된 인격을 만들어낸다는 것입니다.

그리고 그 단련된 인격을 소망을 이룬다고 합니다. 그래서 누군가는 이것을 완전한 원으로 비유했습니다. 한 바퀴 돌아온 것입니다. 왜냐하면 소망이 시작됐는데 그 소망이 부끄럽지 아니한 이유를 말하면서 이야기하기를 소망 중에 즐거워하는데 우리들이 이 세상에서 환난을 당할 때도 그 환난이 오히려 인내를 만들어주고, 그 인내가 우리의 인격을 완성시키고, 그것이 우리로 진정한 소망을 가져다주기 때문이라는 것입니다.

여기 진정한 선순환의 한 예를 보는 것입니다. 선순환도 좋은 의미의 서클인데 선순환 정도가 아니라 이것은 완전한 서클입니다. 우리를 더 온전하게 만들어 가는 것입니다. 그러니까 우리가 환난 가운데 즐거워할 수 있는 것은 이미 칭의가 우리에게 주어졌기 때문이다. 이 소망이 부끄럽지 아니한 이유를 말하는데 하나님이 우리에게 주신 성령으로 말미암아 하나님의 사랑이 우리 마음에 부은 바 되어졌기 때문이라고 합니다. 놀라운 이야기지요. 놀라운 이야기인 것만큼 이 구절에 대한 오해가 많습니다. 이것을 가장 오해한 사람들이 천주교인들입니다. 하나님의 사랑이 우리에게 부은 바 됨이니라. 여기서 그분들의 소위 은혜의 주입(infusion of grace) 사상이 나타납니다.

천주교에서는 사랑이 쏟아 부어졌으니까 그 은혜에 의해서 우리가 이제 선한 일을 할 것이고 그것이 공로가 될 수 있다는 것입니다. 물론 천주교인들끼리 논쟁을 합니다. 우리가 만들어내는 공로가 정말 지당한 공로냐? 아니면 하나님께 그냥 인정해 주시는 공로냐 이렇게 논쟁해요. 우리는 더 강하게 이야기해야 됩니다. 그렇게 인정해 주시는 공로도 안 된다고 말입니다. 그것만이 성경적 사실에 부합하는 것이지요.

그리고 그것이 아마 여러분의 경험에도 부합할 겁니다. 여러분이 여태까지 주를 위해서 애쓴 것 가지고 그게 정말 주를 위해서 공로가 될 수 있다고 할 수 있어요? 그래서 우리가 한 것 가지고 무엇을 건설한다, 그런 말을 안 쓰는 것입니다. 물론 우리가 열심히 해야 하지요. 그런데 그것은 모두 성령님으로 말미암아 주어진 것이니까 공로가 될 수 없는 것입니다. 우리가 이걸 분명히 해야 됩니다. 또한 우리는 완벽하진 않아요. 그래서 주님 앞에서 또 이것을 씻어 나가고, 주님이 원하는 사람답게 만들어 나가고 하는 일을 하는 것이지요. 우리는 늘 스스로에게 비판적일 수밖에 없어요. 그것을 우리는 "회개"라고 합니다. 우리는 공산주의자들이 자아비판 하는 것보다 훨씬 더 면밀하게 날마다 우리 스스로를 돌아보아야 합니다.

하나님의 사랑이 우리 마음속에 쏟아 부어졌다는 것은 그것입니다. 그게 사실이라면 우리의 마음이요 강퍅해질 수 없습니다. 예수를 믿어서 세월이 지날수록 더 못된 사람이 되어져 갈 수가 없어요. 주님의 사랑이 우리의 마음을 점점 변화시켜 나가는 겁니다. 그런데 점점 부어진다고 하지 않으시니 놀라운 일이에요. 이미 쏟아 부어졌다고 이야기합니다. 성경이 이야기하면 그걸 받아들이셔야 돼요.

오늘 우리는 이신칭의가 우리에게 가져다 준 축복의 몇 가지를 생각했습니다. 우리가 돌이켜 생각할 때 보통 짐작하는 축복은 하나도 없지요? 오히려 우리가 생각하는 축복하고 반대되는 이야기를 한 것입니다. 왜? 그 중에 환난이라는 게 우리 가운데 있다. 그런데 우리들은 미친 사람처럼 환난 중에도 기뻐한다는 것입니다. 즐거워한다는 것입니다. 그런데 그게 미친 사람이 아님을 우리는 압니다. 이 세상에 안 믿는 사람들이 여러분들이 별로 돈도 되지 않을 일을 위해서 몇 년 동안을 공부하고 애쓰고 하는 걸 볼 때 이해를 못하지요. 그러나 우리는 미친 것이 아니고 정말 이렇게 할 수밖에 없다는 것을 압니다. 우리는 이런 것이 기쁨이기 때문에 이 기쁨을 가지고 이신칭의를 받은 사람으로서의 삶을 이 세상에서 살아갈 수 있기를 바랍니다.

바른신학, 바른교회, 바른생활

고린도전서 4:1-5

김병훈 (조직신학)

우리가 도대체 누구입니까? 어떤 사람들입니까? 여러 가지 답이 나올 수 있습니다만, 질문을 바꾸어, 우리가 이 자리에, 합신이라는 울타리에 함께 앉아 있는 이 상황에 비추어, 우리는 어떤 사람들인가고 물어본다면, 그 대답은 '우리는 부름을 받은 자이다' 는 것이 한 가지 답이될 것입니다. 우리는 소명을 받은 사람들입니다. 그냥 각기 취미에 따라 온 것이 아니고 우리를 부르신 이의 뜻에 따라 이곳에 와 있습니다.

우리가 어떤 부름을 받고 있느냐? 어떤 부름을 받고 있기에 우리는 따라서 어떻게 해야 하고 무엇을 하여야 되는가? 이것에 대한 분명한 이해가 필요한 줄로 압니다. 우리는 복음의 사역자로 부름을 받고 있습니다. 복음의 사역자의 모습과 사역은 다양할 것입니다. 오늘 본문을 통해 살피고자 하는 것은, '복음의 사역자로 부름 받은 우리는 무엇을 어떻게 하여야 옳은 것인가?' 는 것과 관련한 답을 찾고, 특별히 구체적인 적용과 관련해서 우리가 같이 합신에 있다는 것이 어떤 의미를 주는 것인가와 관련한 교훈들입니다.

복음의 사역자: 그리스도의 일꾼

먼저 복음의 사역자는 어떠한 사람인가? 1절이 그 답을 줍니다. 1절 말씀 읽어 보겠습니다? "사람이 마땅히 우리를 그리스도의 일꾼이요 하나님의 비밀을 맡은 자로 여길지어다." 그리스도의 일꾼이다. 그렇습니다. 우리는 복음의 사역자로서 그리스도의 일꾼입니다. 이 그리스도인의 일꾼이라는 말의 의미는 단순한 취직을 해서 기업에서 일하는 회사원 이런 의미가 아니고 훨씬 더 강력한 의미입니다. 이 일꾼이라는 의미는, 여러분, 갤리선을 아십니까? 옛날에 전투할 때 썼던 큰 배입니다. 이 갤리선은 동력의 대부분을 바람에 의해 얻기보다 노의 힘으로 노 젓는 힘으로 얻습니다. 그러니까 수많은 배 밑창에 노예들이 있어야 됐고 그 노예들은 노를 열심히 저어야 합니다. 그리스도의 일꾼이라는 말 속에는 그리스도의 일꾼이란 이 갤리선의 밑창에 앉아 노를 져야 하는 노예와 같은 처지라는 의미가 담겨 있습니다. 그러니까 커다란 전투선인 갤리선을 움직여 가는 그 동력을 제공하면서 헌신해야 하듯이 예수 그리스도의 부름을 받아 그리스도의 사역을 위해서 그분만을 위해서 그렇게 일하도록 부른 자들이라는 아주 강력한 의미가 담겨져 있습니다.

배가 깨지면 다 죽습니다. 배가 살면 다 삽니다. 그리스도를 온전히 세움으로 내 생명이 유지되는 것이고 그리스도의 복음과 그의 존재됨과 그의 행하신 일에 그의 교회에 손해가 미치면 나도 죽는다. 그 삶과 죽음이 운명적으로 같이 묶여 있는 자라는 뜻이 이 안에 있고 또 임의로 행할 것이 아니요 오직 그리스도께서 명한대로 해야 될, 명령에 따라 행해야 될 존재임을 그 안에 담고 있습니다. 아주 강력한 의미가 그리스도의 일꾼이요라는 말 속에 함축되어 있음을 볼 수가 있습니다.

복음의 사역자: 하나님의 비밀을 맡은 자

동시에 또한 두 번째 1절에 나와 있는 또 다른 우리의 정체성을 말해주는 또 다른 표현이 뭐가 나옵니까? 하나님의 비밀을 맡은 자라. 하나님의 비밀이 무엇을 뜻합니까? 고린도전서 2장 7절을 보게 되면 이 비밀을 해석할만한 실마리가 나옵니다. 고린도전서 2장 7절 말씀을 한번 읽겠습니다. "오직 은밀한 가운데 있는 하나님의 지혜를 말하는 것으로서 곧 감추어졌던 것인데 하나님이 우리의 영광을 위하여 만세 전에 미리 정하신 것이라" 감추었다가 드러난 것, 하나님께서 우리를 위해 감추었다가 드러난 것, 그것이 하나의 비밀인데 이 드러난 비밀이 곧 누구이겠습니까? 예수 그리스도입니다. 그리스도의 복음이라는 말씀입니다.

그리스도의 복음을 우리에게 맡겼다고 그랬습니다. 맡겼다는 이 말은 복음을 우리가 어떻게 해석하고 어떻게 가르치느냐에 따라서 복음이 온전한가? 그렇지 못한가? 결정될 수 있다는 사실을 얘기합니다. 책임을 맡겨 주신 것입니다. 이 맡긴 자라는 것은 집사와 같은 자입니다. 주인이 재산 관리를 위탁했다. 그가 어떻게 관리하느냐에 따라서 주인의 재산이 축날 수 있고 늘어날 수가 있는 것입니다. 복음 자체가 주께서 행하신 구원 사역에 있어서 온전하게 드러날 것이냐 아니면 망가져버릴 것이냐. 이 일에 대한 책임이 우리에게 주어졌다. 이렇게 말씀하는 겁니다.

결국 교회에서 복음 사역자로 부름 받았다는 위치는 매우 중요합니다. 매우 중요한 것은 그 사역적 성격이 복음을 맡은 자이기 때문에 중요하고 그러나 복음을 맡았다 하여 그 사역의 중요성 때문에 자기가 교회의 주인 행세를 할 수가 없습니다. 왜냐하면 그리스도의 일꾼으로 부름 받았을 뿐이기 때문에 그렇습니다. 이것이 나갈 우리에게 주어진 사역이고 부름의 목표요 초점이고 또 평생 동안 힘써야 될 더 이상 버틸 수 없이 버틸 힘이 없이 진력을 다해 힘써야 될 유일한 사명입니다.

복음의 사역자: 주인의 뜻에 충성함으로 감당하라

이걸 어떻게 감당하여야 주님께 칭찬을 받겠습니까? 2절에서 이 일과 관련해서 사도바울은 중요한 교훈을 줍니다. 2절 말씀을 읽어 보면 맡은 자들에게 구할 것은 뭐라고 돼 있습니까? 충성이라. 충성을 한다는 것이 암시하고 있는 말은 임의로 하지 말라는 것입니다. 자기 소견대로 열심만 있으면 된다는 것이 아니고 무엇을 어떻게 하느냐는 것과 관련이 됩니다. 즉 누구의 뜻에 따라 해야겠습니까? 주인의 뜻에 따라 해야 한다는 교훈을 우리에게 전제해줍니다.

충성되다 하는 것은 열심을 뜻합니다. 그러나 열심 자체보다 더 중요한 의미는 그것이 주인의 뜻에 일치하는가에 있습니다. 충성의 의미가 무엇인가를 우리에게 잘 얘기해주는 비유가 마태복음 25장의 달란트 비유에 있습니다. 주인이 다섯 달란트 또는 두 달란트 또 한 달란트를 맡겼습니다. 주인이 떠나고 난 뒤에 다섯 달란트와 두 달란트 받은 사람은 장사하여 받은 분량만큼 이익을 남겨서 주인에게 주었습니다. 주인이 그에게 뭐라고 칭찬했습니까? "잘 하였도다 착하고 충성된 종아." 그들이 이익을 남겼다는 사실은 충성에 대한 증거가 됩니다.

그러나 이익을 남기지 못했어도 충성될 수가 있습니다. 즉 이익은 충성을 보여주는 하나의 증거일 뿐입니다. 그 이익을 남기고자 했던 열심의 노력이 결과가 있어서 이익을 남길 수가 있었는데, 정말로 놓쳐서 안 되는 중요한 사실은 그들이 장사를 한 이유입니다. 그들은 왜 장사를 했습니까? 답은 이익을 남겨 주인을 기쁘게 해야겠다는 생각 때문에 그런 것입니다. 그러니까 주인이 이것을 나에게 맡겼을 때 이것을 나에게 맡긴 뜻을 헤아려 그 뜻에 합당하도록 이익을 남겨야겠구나 생각하고, 그러면 어떤 방법이 좋을 것인지를 헤아린 다음, 그들이 선택한 것이 바로 장사였던 것입니다. 장사하여 그 결과물로 이익을 남김으로써, 그들은 자신들이 과연 충성된 자임을 증거한 것입니다.

이 달란트가 뭐겠습니까? 이것은 우리가 갖고 있는 은사이기도 하겠지만 은사에 따른 책임이 있으니 주의 몸된 교회에 각각 우리가 해야 될 책임이요, 직분을 감당할 은사요, 그 모든 것이 바로 이 달란트라 할 것입니다. 즉 우리에게 맡겨준 책임을 통하여 주께서 기대하는 열매가 있다는 말씀입니다. 주께서 우리에게 맡기심으로 우리에게 기대하는 사역이 있다 그 말입니다. 그 사역이 우리를 통해 이루어져야 할 터인데 그 일이 이루어졌으면 충성된 종이 되는 것이요, 맡겨서 기회를 주었는데 그 일이 되지 아니하면 결국은 무익한 종이 되고 마는 것입니다.

한 달란트 받은 사람은 그것을 땅에 묻었습니다. 그리고 주인이 오자 그것을 꺼내서 다시 줬습니다. 그리고 그 사람이 설명을 합니다. 주인이 자신을 어떻게 평가할까를 염려한 듯이, 한 달란트 내 놓은 이유를 장황하게 설명합니다. 뭐라고 설명합니까? '주인이 심지 않아도 거두고 헤치지 않아도 뿌리지 않아도 모으는 사람이니 내가 그리하여 땅에 묻었다가 두었나이다. 행여나 내가 손실을 보면 주인이 얼마나 해가 되겠습니까? 그리하여 내가 묻었다가 꺼낸 것입니다' 하고 얘기했어요. 주인이 그 이유의 설명을 듣고 충성되지 않다고 판단합니다. 적어도 충성되었다면 주인의 뜻이 무엇인가 분별하였다면 그리하여 장사의 방법이 혹시라도 손해가 될까 염려했다면 그리하여 땅에 묻을 생각을 미리 했다면 그러나 뻔한 사실을 어찌하여 몰랐는가? 말하는 것입니다. 은행에 맡기면 이자라도 붙을 것이 아니냐? 안전하게 보관하여 이자를 얻을 것인데 그것은 네가 지혜롭지 아니한 것이요, 그 지혜롭지 못한 행동의 결정은 본래부터 주인의 뜻을 고민하며 섬겨야 하는 진실함 충성됨이 없었다고 책망을 합니다.

주님의 뜻을 마음에 새기고 그 뜻을 실행해야지 생각하면서 주님이 내게 맡겨준 책임이 무엇일까를 진실하게 받고 고민하면, 어떻게 해야 좋을 것인가와 관련한 실천적 지혜도 나온다는 교훈입니다. 방향을 몰라서, 행할 바를 몰라서, 하지 않은 것이 아닙니다. 한 달란트 받은 자에게는 주의 뜻을 살피지 않은 진정성의 문제가 있음을 주인은 지적한 것입니다. 변명은 통하지 않게 됐습니다. 결국 주인에게서 악하고 게으른 자라는 책망을 듣게 되었습니다. 복음사역자가 해야 될 주인의 뜻이 무엇이겠습니까? 우리는 주님의 마음을 잘 헤아려서 충성되게 해야 될 터인데 주님의 마음 그 뜻을 어디에서 우리가 알 수 있습니까? 주께서 우리에게 맡기신 명령과 사명에서 알 수 있습니다.

복음 사역자의 할 일: 교회의 표지를 실행함으로 제자를 삼으라

주님이 모든 민족에게 가서 무엇을 하라 그러셨습니까? 제자를 삼으라 그러셨습니다. 그리고 아버지와 아들과 성령의 이름으로 세례를 주라 하셨습니다. 그리고 내가 너희에게 분부한 모든 것을 가르쳐서 무엇을 하라고 그러셨습니까? 지키라고 말씀하셨습니다. 그것이 우리가 행해야 될 중요한 주인의 뜻입니다.

그러니까 모든 민족을 제자를 삼는다. 제자를 삼는 것이 주께서 우리에게 기대한 일입니다. 그러면 제자 삼는다는 것은 어떻게 행하는 것입니까? 하나는 세례를 주는 것입니다. 그러면 세례를 주려면 무엇을 해야 합니까? 복음을 전해야 합니다. 복음을 전하고 복음의 신앙 고백을 받아내고 그리하여 세례를 주는 것입니다. 그러니까 세례가 목적이 아니요 신자 됨이 이루어지도록 계속 가르쳐서 주의 교훈이 순종으로 일어날 수 있도록 계속해서 가르치는 것, 이것이 주님의 뜻입니다. 이 주님의 뜻이 결국에 무엇인가 하면 교회를 섬기는 것 외에 다른 것이 아닙니다.

교회는 교회임을 드러내는 표지가 있습니다. 그 교회의 표지가 무엇입니까? 말씀의 바른 선포요, 성령의 바른 시행이요, 덧붙여 말해서 성도의 삶이 정결하고 거룩할 수 있도록 다루는 일, 곧 권징이 교회의 참된 표지입니다. 이것은 결국 말씀을 가르치는 사역으로 요약이 됩니다. 왜냐하면 세례를 주기 전에 해야 될 사역도 말씀사역이며, 가르쳐 순종으로 이끄는 사역도 말씀을 가르치는 사역에 의하여 실행이 되기 때문입니다. 분명하게 가르치는 사역을 감당하라는 것이고 그리하여 그가 성도로 교회 회원으로 설 수 있도록 성례를 집행하여 세례주고 성찬을 베풀어 그들의 믿음을 견고하게 해야 될 것이라는 말씀인 것입니다.

다른 사람의 판단을 괘념치 말고, 다른 사람을 판단하지 말라

복음 사역자의 일은 교회를 교회사에서 말하는 대로 원리적으로 가르치는 대로 교회 표지를 분명하게 드러나도록 하는데 힘을 쓰면 그러면 충성된 일을 감당할 수가 있습니다. 누가 잘하는지 못하는지 어떻게 알 수가 있겠습니까? 잘하고 있는지 못하고 있는지 누가 판단해주겠습니까? 오늘 본문의 말씀 가운데 3절 말씀을 보시기 바랍니다. 함께 읽겠습니다. "너희에게나 다른 사람에게나 판단 받는 것이 내게는 매우 작은 일이라 나도 나를 판단하지 아니하노니" 아마 달란트를 받은 종들은 서로 얘기를 했을 것입니다. "아 난 장사해야겠다. 아, 장사하게? 두 달란트 받은 자가 다섯 달란트 받은 자에게 말합니다. 그런 나도 좀 해볼까? 그런데 한 달란트 받은 사람이 얘기합니다. 난 하나 밖에 없어서 이거 장사하다 잃어버리면 큰일 나는데 너는 다섯 달란트 받았으니까 됐고. 너는 두 달란트 받았으니까 됐고 나는 한 달란트 받았으니까 안 될 것 같은데. 장사 그건 위험한 일이요." 혹시 자기들끼리 어떤 이야기를 했는지 모릅니다. 누가 주인에게 충성될 것인가? 서로 비교하고 칭찬을 먼저 받으려고 했을지 모릅니다.

오늘 본문에 중요한 일은 이것입니다. 우리가 주님 앞에 충성된 종이냐 아니냐의 판단은 누구의 입을 통해서 받는 것이 아닙니다. 다른 사람의 판단에는 괘념할 필요가 없습니다. 우리는 단지 성경이 그리고 우리가 믿는 신학에 따라서, 또 우리가 아는 바에 대한 모든 목회와 사역의 교과서에 따라서 행할 따름입니다. 공개적으로 행하였던 모든 고백과 신학의 가르침 속에 주어진 바대로 내가 과연 신실한가? 이것을 통하여 하나님 앞에서 판단 받을 것이지 내가 다른 사람에게서 옳다함을 받는 것이 아닙니다. 이 사실은 굉장히 중요한 교훈입니다. 이것은 뒤집어 얘기하면 내가 다른 사람이 어찌하는가를 판단할 필요도 없다는 사실을 의미합니다.

또한 다른 사람들을 판단하고 비판하거나 정죄하는 일도 우리에게 합당치 않다는 사실을 의미합니다. 다른 사람에게 판단하지 않는다는 말은 4절에 가게 되면 이렇게 이어집니다. "내가 자책할 아무것도 깨닫지 못하나 그러나 이를 인하여 의롭다함을 얻지 못하노라. 다만 나를 판단하실 이는 주시니라" 내가 다른 사람의 어떤 판단은 신경 쓰지 않겠다. 나는 주 앞에 내 길을 간다라고 할 때, 그 태도가 내가 자책할 아무것도 얻지 못한다는 4절의 말을 듣는 순간에 어 이거 좀 교만한 말이 아닌가? 이런 생각을 할 수가 있습니다. "주님 앞에서 어떻게 자책할 아무것도 얻지 못할 수 있는가? 다 부족하지 않은가?" 이 말의 의미는 사실 3절의 말씀과 이어집니다. 우리가 바라며 지향할 충성의 척도는 무엇입니까? 내가 하나님 앞에 성경의 교훈과 신학의 가르침 앞에 얼마만큼 진실한가? 내 양심에 비추어 그 진실성에 거리낌이 없는가? 이걸 살피는 것이 중요한 일이요, 그리하여 내가 아무 거리낌이 없다고 할 때 그것에 내가 족하다 여기에 초점을 맞춰야 하는 일입니다. 나는 거리낌이 없고 너희는 잘못이 많다 이런 상대적 비교적 우위를 판단하고 있는 말은 아닙니다.

내가 자책할 아무것도 깨닫지 못한다, 내가 하나님 말씀과 그리스도의 교훈에 신실하다, 그러나 이로 인하여 의롭다함을 얻지 못한다 했습니다. 그렇다고 한들 그것이 내가 그러므로 주님 앞에 나의 의로움과 옳음을 증거할 수 있겠는가? 증명할 수 있겠는가? 나는 다만 종으로 신실할 뿐 판단하실 이는 오직 주님 아니시겠는가? 여기에서 사역에 임하는 바울 사도의 진실한 겸손을 볼 수가 있습니다.

이와 같은 모든 일을 하면서 겸손히 하나님께서 판단하실 것이라 생각하고 내가 오직 충성된 일꾼이 되기 위하여 주께서 내게 맡겨주신 사역과 그 행할 방편을 주 앞에 엎드려 구하며 지혜롭게 해나갈 때 이 모든 힘든 수고에 우리를 돕는 또는 우리가 힘을 얻어갈 길은 무엇이겠습니까? 그것이 5절 말씀에 나옵니다. "그러므로 때가 이르기 전 곧 주께서 오시기까지 아무것도 판단하지 말라. 그가 어두움에 감추인 것을 드러내고 마음의 뜻을 나타내시리니 그 때 각 사람에게 하나님께로부터 칭찬이 있으리라" 하나님께 판단을 받겠다는 말은 하나님께로부터만 칭찬을 구하겠다는 것입니다.

여러분 주님이 칭찬하십니다. 여러분의 수고와 주를 향한 신실한 믿음의 노력 하나를 다 주님이 기억하십니다. 왜냐하면 우리가 가운데 주를 향한 모든 신실한 충성심은 본래 우리 것이 아니기 때문입니다. 본래 우리의 모습으로 우리가 어떻게 주를 예수의 이름을 부르고 그리스도의 교훈을 위하여 육체에 유익한 것도 버려 버리고 복음의 유익한 것을 찾겠다고 하여 어떻게 나갈 수가 있겠습니까? 그런 영적 가치와 선택이 우리 안에 어떻게 이루어질 수가 있어요? 이 모든 선택과 가치의 결정은 전혀 우리로부터 온 것이 아니고 하나님께서 주신 것입니다. 성령 하나님께서 내 안에 역사하여 주신 큰 선물이요 내가 누리는 복이니 그 복 주신 그 이가 그 주님께서 그 날에 일일이 다 기억하시고 자신이 하신 일을 우리에게 낱낱이 기억하시어 그 날에 우리를 칭찬해 주시는 것입니다. 신자란 그러한 소망을 바라고 사는 것입니다. 주님 오실 그 날에 받을 칭찬을 바라고 사는 것입니다. 오직 예수 그리스도의 칭찬만을 바라는 그 소망이 우리 안에 있을 뿐이며, 사람의 판단을 구하지 않는 것이요, 상황에 흔들리지 않는 것이요, 주의 말씀에 초점을 두고 그대로 가는 것입니다.

합신의 세 가지 이념: 바른 신학, 바른 교회, 바른 생활

우리가 이와 같은 복음 사역자로 부르심을 받고 그 일을 행함에 있어서, 합신 공동체에 같이 있다는 것이 우리에게 어떤 의미를 줍니까?

무엇이 우리가 이 충성된 복음 사역자의 일을 해나가는 일에 있어 잣대가 되겠습니까? 서로를 바라보면서, 자 우리 이렇게 하자 서로 권면할 공동체적인 복음 사역자의 부르심의 지표는 무엇입니까? 서로를 향한 권면의 기준은 없겠습니까? 그것이 우리의 갖고 있는 독특한 유익이요 함께하고 있음에 대한 하나의 자랑일 텐데 그것이 없겠습니까? 있습니다. 그것이 바로 이 학교에 주어지고 고백되어진 세 가지 이념입니다. 바른 신학이요 바른 교회요 바른 생활입니다. 우리에게 있어서 복음 사역자로 충성된다는 것은, 다름 아니라, 바른 신학을 배워가는 일에 충성되는 것이요, 바른 교회를 세워가는 일에 충성되는 것이요, 바른 생활을 이뤄가는 일에 충성되는 것입니다.

바른 신학과 바른 교회

바른 신학을 공부하지 아니하면 성경적 교훈대로 주님의 교훈에 신실한 충성된 종의 사역을 도무지 할 수가 없습니다. 신학을 공부한다는 것은 사변의 지식을 넓혀가는 것이 아닙니다. 신학은 우리가 무엇을 말해야 되는지, 그리스도에 관해 무엇을 말해야 되는지, 믿는 바의 도리에 대해서 어떻게 무엇을 가르쳐야 되는지에 대한 모든 것을 결정해 줍니다. 신학이 우리에게 없다면 우리가 말하는 것은 도대체 무엇이 되겠습니까? 하나님의 성경에 합당한 교리를 어떻게 풀어낼 수 있겠습니까? 그러니 성경을 폈을 때 임의적인 소견을 말할 따름이면 그것이 바른 교회를 섬겨가는 바른 신학을 섬겨가는 바른 생활을 할 수 있는 충성된 종의 사역을 감당하는 것이라고 말할 수 있겠냐 그 말입니다. 신학은 여러분의 생명입니다. 여러분이 많이 경험했을 것입니다. 여러분이 강단에서 말씀을 전하기 시작할 때 여러분이 전하는 모든 말은 다 신학적 작업입니다. 성경 말씀을 풀어 가르치는 것이 그렇고 여러분 성도들의 영혼을 살쪄가는 모든 일에 기초를 놓는 하나의 토대를 놓고 연결해 가는 마디마디마다 신학이 없으면 전부 기형적인 신앙을 낳게 될 겁니다. 신학이 올바르면 비로소 교회가 온전한 정형성을 갖고 세워져 갈 수 있습니다. 그렇지 않으면 그저 종교 집단일 뿐입니다. 구원의 능력이 현저히 약해진, 복음의 부요함을 맛보거나 향기조차 느낄 수 없는 메마른, 하나님을 믿는 것은 동일한 것 같은데, 살이 없으며, 뼈다귀만 앙상할 뿐, 숨만 할딱할딱하여, 이제 거반 죽은 것이 아닌가 싶게 됩니다. 그러한 자에게 하나님의 영광을 어떻게 구할 수 있겠습니까? 살이 붙고 뼈에 골조도 만들어진 정형성이 있고 그 안에서 힘 있게 살이 붙어 있고 그 심장에 그리스도의 심장이 벌떡벌떡 뛰어야 그 안에 있는 교회의 구원의 능력과 영적 능력이 풍성해져서 우리가 목회하는 모든 교회의 신자들이 구원을 이루지 않겠습니까? 그래야 하나님의 영광을 이루지 않겠습니까?

그런데 신학이 없으면 교회가 점점 파리해져가는 위험에 빠집니다. 마른 뼈다귀에 거죽이 붙어 있고 숨만 겨우 할딱할딱하게 됩니다. 강단은 무슨 말을 하도록 주어진 것입니까? 예수 그리스도의 복음 외에는 어떤 말도 해선 안 됩니다. 목사가 강단에 섰다는 것은 예배자리 앞에 섰다는 것이니 하나님께서 맡기신 은혜의 말씀을 전하는 수단과 도구로 서 있는 것입니다. 한 달란트든 다섯 달란트든 설교자의 신학 지식의 부요함이 차이가 있을 수 있습니다. 은사에 차이가 있을 수 있습니다. 그러나 그러한 차이보다 더 중요한 것이 있습니다. 주께서 원하시는 강단의 모습은 충성됨이며, 그의 뜻을 전하는 것 외에 다른 것이 없으니 신학에 합당한대로 말을 하는 것이 무엇보다 중요합니다. 즉 성경에 합당한대로 전하라는 말입니다. 강단은 자기 소견을 말하는 자리가 아니라는 그 말입니다. 강단에서 교회가 건축을 해야겠으니, 건축에 동참하라고 말합니다. 강단을 통해서 건축하기 위한 동력과 동기를 부여하고자 애를 씁니다. 이러한 것은 얼른 보기에는 교회를 위한 일이므로 당당하게 말할 수 있다고 생각하는 듯합니다. 그러나 그것은 광고 때 해야 할 말입니다. 건축은 필요한 일일 것이며, 그 말을 전할 필요도 있지만, 그것은 광고 때 얘기하고. 주의 말씀을 전하는 이 순간에 엄숙한 순간에는 복음을 전하라 그 말입니다. 복음을 말하는 것 이외에 목사는 다른 것을 말할 권한을 받지 않았습니다. 여러분이 신학교에서 교육을 받고 예배 자리에 설교단에 세우는 까닭은 오직 이 한 가지 목적을 위한 것입니다. 만일 다른 얘기를 들을 것 같으면, 여러분을 왜 강단에 세웁니까? 여러분의 교회에 훌륭한 교수도 있을 거고 소설가도 있을 것이고 정치가도 있을 것이고 의사도 있을 텐데 그분들이 서서 더 잘하지 않겠습니까? 목사의 입에는 재갈이 물려 있습니다. 목사란 오직 예수 외에는 다른 말을 할 수 없게끔 제한을 받고 있는 사람들입니다.

여러분, 이런 분별력이 어디서 옵니까? 그건 신학입니다. 신학이 서야 교회에서 도대체 심방은 왜 하는 것인지, 가서는 무엇을 묻고 어떻게 기도해야 하는 것인지 그것도 분별하게 되는 것이고 예배 순서를 어떻게 구성해야 하는 것인지 그것도 바르게 판단할 수 있는 것이고 그 모든 일에 있어서 하나하나 분별력에 세워져서 교회가 서 갈 수가 있는 겁니다.

바른 생활

우리의 학교에 속한 충성된 종으로 살아야 될 또 다른 지표는 바른 생활입니다. 그런데 이 바른 생활은 너무 중요합니다. 바른 신학과 바른 교회의 필연적인 열매는 바른 생활로 나타나야 하기 때문에 그러합니다. 이 바른 생활은 단순히 도덕적 생활만을 말하는 것이 아닙니다. 이 바른 생활은 인간 사회의 도덕적 생활을 넘어서 하나님을 바르게 경배하는 영적 생활까지를 포함합니다. 다시 말하면 하나님을 사랑하고 이웃을 사랑하는 율법의 강령, 그것이 바로 우리의 바른 이념 마지막 생활이라 할 수 있습니다.

신앙생활이란 도대체 무엇입니까? 신앙생활이 무엇이냐고 물어보면 무엇이라고 답을 하십니까? "주일날 교회 나오는 거야." 이것으로 충분합니까? "그냥 목사님 말씀 잘 듣고 가르치는 대로 따라 행하면 되는 거야." 이런 식의 답변이 신앙생활을 설명하는 하나의 답이 될 수 있습니다. 그러나 신앙생활의 참된 모습을 설명하는 것은 아닙니다. 신앙생활에 대한 올바른 이해는 "죄를 회개하는 것"으로 시작되어야 합니다. 이것이 답이 돼야 합니다. 죄를 회개하고 회개하는 자를 무한한 긍휼로 용서하시는 하나님의 사랑을 믿고 경험하고 아는 것이 신앙입니다. 하나님께서 그리스도의 십자가로 말미암아 얼마나 큰 용서를 베풀었는가? 그것을 죄를 회개하며 새롭게 깨닫고 믿고 경험하여 그 은혜 앞에 감사함으로 주 앞에 사는 것, 그게 바로 신앙생활이라고 설명할 수 있어야 합니다. 그러면 하나님을 예배한다는 것이 얼마나 즐거운지, 하나님을 알아간다는 것이 얼마나 즐거운지 그 하나님께 영광을 돌리며 산다는 것이 얼마나 가슴 뛰는 일인지. 그것을 알게 됩니다. 그것이 바로 신앙생활입니다. 요약하면 하나님과 언약의 방식에 따라 교제하는 것입니다.

바른 신학을 자랑하는데 바른 교회를 자랑하는데 바른 생활이 없으면 그것이 껍데기일 뿐입니다. 우리가 아는 바른 신학은 사변적 신학에 머무는 것이 아니라 실천적 지식임을 명심하여야 합니다. 예수 그리스도에 관한 모든 복음적 지식들은 전부 실천적이기 때문입니다. 실천을 요구하고 실천을 강요합니다. 성경에 합당한 지식은 개혁신학은 하나님 말씀 앞에 주를 사랑하고 즐거워하며 서로 사랑하고 용납하는 모든 일을 요구할 뿐 아니라 강요하는 성령의 역사입니다. 그러한 책임의 부담을 떨치거나 외면할 수가 없는 겁니다.

신실한 복음사역자는 성령의 열매를 맺어가야 합니다. 성령의 아홉 가지 열매가 무엇입니까? 사랑과 희락과 화평과 오래 참음과 자비와 양선과 충성과 온유와 절제가 아닙니까? 여러분, 충성이 성령의 열매 가운데 하나임을 기억하시기 바랍니다. 또한 충성은 사랑의 한 가지 표현임을 기억하시기 바랍니다. 그래서 신실한 종은 결국 사랑의 역사, 하나님을 사랑하고 사람을 사랑하는 그 모습으로 궁극적 열매를 맺게 되는 것입니다. 그 사랑의 역사로 충성된 신자이면서 사역자인 자는 희락이 있고 화평하고 오래 참습니다. 오래 참는다고 할 때, 누구를 향해, 무엇을 향해 오래 참는 것을 말하는 것입니까? 고난과 아픔입니다. 또한 용납함과 관용하는 일에 오래 참습니다. 자기를 절제하면서 결국 오늘 사도 바울이 말한 대로 사람 앞에 자기 의를 드러내지 않는 것, 하나님 앞에 판단을 구하는 지극한 겸손이 성령의 열매로 있는 겁니다.

주님께서 말씀하시기를 너희가 서로 사랑하라. 이로써 세상이 사람들이 너희가 내 제자인줄 알 것이라 그러셨습니다. 고린도 교회의 문제가 무엇이었습니까? 서로 다툼과 시기와 비방하는 일이었지 않습니까? 무엇 때문에 그런 일이 이러났습니까? 서로 자신들의 의를 주장했기 때문입니다. 아볼로 파요 게바 파요 등으로 나뉘었습니다. 성경은 이러한 고린도 교회를 향하여 서로 대적하여 교만한 마음을 갖지 말라고 말합니다. 바른 신학과 바른 교회를 세워가는 일은 이와 같은 바른 생활이 따르지 아니하면 다 소용이 없습니다. 그리스도의 충성된 교회를 세워갈 신실한 신자로 서지 못합니다. 너희 가운데 시기와 분쟁이 있으니 어찌 육신에 속한 사람을 따라 행함이 아니겠느냐고 말씀하였습니다. 내가 복음으로 너희를 낳았지 않느냐? 교만한 자의 말이 아니라 그 능력을 보겠으니 하나님 나라는 말에 있지 않고 능력에 있다고 교훈하였습니다. 교회 사역의 목적은 교회 자체가 아닙니다. 가시적 교회의 유형적인 모습과 성장은 하나님 나라의 임재와 확장을 전하기 위하여 필요한 것이지만, 지교회의 하나의 성장 자체가 복음 사역의 목적이 되는 것은 아닙니다. 하나님 나라가 그 안에 있어야 하는 것입니다. 거룩과 화평 그것이 없으면 아무도 주를 보지 못한다 하였으니 실로 바른 신학의 바탕 위에서 바른 교회를 세워가는 것, 그리하여 충성된 종이라는 것은 바른 생활이라는 실천적 열매를 맺는 것은 더 없이 중요하며, 이것이 복음사역의 목적이 되어야 합니다.

　이것이 우리 마음의 소망이어야 합니다. 그리스도의 진리로 부름받은 사람은 그 마음이 주 앞에 있으니, 그 심장을 예수께 드렸으니, 예수님의 뜻을 받은 그 심장 속에는 결국 이와 같은 성령의 열매들을 맺어 하나님을 영화롭게 하고 그래서 하나님과 교제가 즐거운 그 모습으로 나가야 합니다. 여러분이 재학 중에 배우는 바른 신학 바른 교회 바른 생활은 여러분이 그리스도 앞에서 신실한 종인가를 가늠케 해주는 중요한 구체적이고 실천적인 이념 지표입니다.

세 가지 이념은 우리의 부족을 들어내는 지표

그런데 주의할 점이 있습니다. 그것은 이 세 가지 이념을 갖고 있다는 사실이 우리가 이루었다는 뜻을 말하는 것은 아니라는 사실입니다. 이 세 가지의 이념을 갖고 있다는 것은 실로 훌륭한 일이지만, 이 이념 앞에서 이것이 생각날 때마다 어떤 태도를 가져야 그리스도의 신실한 일꾼일 수 있을까를 늘 생각해 보아야 합니다. 세 가지 이념이 우리의 의를 정당화하는 것일 수 있겠습니까? 아닙니다. 율법을 손에 들고 있다하여 그것이 우리의 율법의 의를 이룬 듯 자랑할 근거가 되지는 못합니다. 우리가 비록 세 가지 이념을 바르게 설정하고 소유하고 있으나, 이 세 가지 이념이 우리의 옳음을 말해주는 증거가 아니라 오히려 우리의 부족을 드러내주는 기준이 된다는 점을 돌아보아야 합니다. 우리의 신학이 얼마나 부족한지를 돌아보아야 합니다. 우리가 개혁신학을 입에 올리면서도 얼마나 하나님 말씀에 철저하지 못한가를 돌아보아야 합니다. 바른 신학, 바른 교회, 바른 생활의 세 이념들은 우리가 현재 얼마나 신학적으로 부족한가를 일깨우는 것이어야 하며, 교회를 세워가면서 얼마나 연약한가를 일깨우는 것이 되어야 하고, 우리의 생활이 얼마나 무질서한가를 일깨우는 반성적 지표가 되어야 합니다. 우리가 이 반성적 지표로 세 가지를 온전히 사용하면 율법의 정죄가 있는 자가 주의 긍휼을 구하듯, 우리가 구할 것은 이 세 가지 옳은 지표에 따라 우리가 행할 수 있도록 주께서 우리를 불쌍히 여겨 주시기를, 합신 공동체와 교단을 불쌍히 여겨 주시기를 기도하지 않을 수가 없는 것입니다. 따라서 우리가 다른 사람을 비방하거나 정죄하거나 흉볼 틈이 없는 것입니다. 용서를 구해야 될 긍휼을 구해야 될 우리가 그 잣대로 남을 비방할 처지가 못 된다는 것을 잘 알기 때문입니다.

그런데 어떤 사람들은 우리가 바른 신학 바른 교회 바른 생활의 이념을 가지고 부족해서 남을 판단하는 실수들이 많이 나타나니까 그것 때문에 그걸 이제는 버려야 한다고 말씀하는 분도 있는 듯합니다. 아닙니다. 율법으로 자기 의를 드러내는 사람이 있다하여 하나님의 거룩한 율법이 없어져야 하는 것이 아닌 것과 같습니다. 충성된 그리스도의 일꾼으로 부르심을 받은 합신의 공동체가 예수의 일꾼이요 복음의 비밀을 맡은 자로서 하나님 말씀을 바르게 가르치는데 어떻게 바른 신학을 버릴 수가 있으며 복음의 비밀을 맡은 자로 세워갈 그리스도의 교회를 위하여 바른 교회라는 이념적 지표를 어떻게 포기할 수 있으며 그 모두를 충성되게 해야 될 것은 성령의 역산데 어떻게 바른 생활을 포기할 수 있겠습니까? 이것은 포기할 것이 아니라 주님께 더욱 더 은혜를 구하여야 할 것입니다. 예수 그리스도라는 배에 그 밑창에서 노를 열심히 젓는 종으로 부름 받은 우리는 오직 그리스도의 배가 계속해서 항진해 나갈 수 있도록 그 그리스도의 교회가 그리스도의 복음이 전진해갈 수 있도록 양떼를 불러 모으고 모은 양떼들을 가르쳐 지키는 그 일에 지표 삼아 충성되게 해 나가야 할 따름입니다.

할 바를 다하고 주님의 판단 앞에 겸손히 엎드려야 할 것

우리가 나갈 바는 사도 바울이 4절에 말한대로 내가 자책할 아무 것도 깨닫지 못하나 이 일이 우리 안에 이루어지기를 기도해야겠습니다. 신실한 양심에 비추어 내가 부르신 대로 충성되게 했다 이런 고백을 할 수 있도록 그러나 그렇지 못한 모든 일이 있을 수 있으니 주의 판단을 겸손히 기다리는 마음을 가져야 합니다. 우리는 다 하나님의 긍휼을 입은 자들입니다. 연약성은 우리의 다 허물이며, 이 세상에서 사는 동안 우리에게 떼어 낼 수 없는 것들입니다. 그러니 연약한 우리가, 그러한 우리가 이념 지표를 가지고 남을 판단할 것이 아닙니다. 다만 우리를 돌아보며, 복음의 위대한 용서를 믿으니까 도덕적 허물을 용서하심을 행위가 아니라 믿음으로 베푸시는 것을 아니까, 더욱 더 기도로 은혜를 구하며 나가야 할 것입니다.

　우리가 신학적으로 부족해도 주님은 구원의 용서를 베푸시는 분이신줄 알고 십자가의 용서 아래, 피차 허물을 덮고 오직 책임을 다하는 신자요 사역자가 될 수 있도록, 신앙 양심을 더욱 더 곧게 세워가야 할 것입니다. 긍휼을 입은 자에게 있어서, 율법이 마치 신자의 삶의 감사의 규범이 되듯이, 이 세 가지 이념을 평생 동안 사역의 자리 속에서 기억하고 함께 마음을 모으며 서로 격려하며 나가는, 따뜻한 믿음 생활이요 동역의 생활이 우리 합신 가운데 풍성하기를 바랍니다. 그것이 우리가 나갈 하나님 은혜를 아는 참된 성도요 성령 안에 있는 바른 신학과 바른 교회와 바른 생활의 열매일 것입니다.

선한 목자

요한복음 10:1-18

이남규 (조직신학)

요한복음 10장은 여러분이 잘 아시는 선한 목자에 대한 말씀이 있는 장입니다. 왜 예수님께서 선한 목자에 대한 말씀을 하실까요? 9장에서 이스라엘의 지도자들이 이스라엘을 잘못 인도하면서도 자신들이 목자인 척하고 있기 때문입니다.

1. 목자 없는 양떼의 불쌍한 정형

요한복음 9장에서 주님께서는 날 때부터 소경인 자를 고치셨습니다. 침을 땅에 뱉어 진흙을 이겨 눈에 바르고 실로암 못에 가서 씻고 눈이 떠서 왔습니다. "누가 눈을 뜨게 했는가?"로 한참 소동이 벌어지고, 예수 그리스도께서 하신 일로 드러났습니다. 정말 예수님께서 하신 일인 것이 되자, 어떻게 그런 기이한 일을 하시는지 논란이 있게 되었습니다. 그런데 그 결과는 이상하게도 눈 뜬 자를 출교하는 것이었습니다. 내어 쫓긴 이 소경이었던 자는 그만 유대 공동체로부터 소외된 자가 되었습니다. 그를 쫓아낸 유대 공동체의 지도자는 바리새인과 서기관이었습니다. 그들은 자신들이 유대 공동체의 목자처럼 행사했고, 나사렛 예수를 따르는 자는 쫓겨날 것이라고 했습니다. 그리고 눈 뜬 자는 유대인들 앞에서 예수 그리스도에 대해 이런 고백을 했습니다. "이 사람이 하나님께로부터 오지 아니하였으면 아무 일도 할 수 없으리라." 바리새인들은 이 고백을 감당할 수 없었습니다. 그래서 유대 공동체에서 출교한 것입니다.

그가 쫓겨나자 선한 목자이신 주님께서는 그를 찾아오셨습니다. 주님께서는 유대 공동체의 지도자들의 눈이 어두움을 지적하셨습니다. 그리고 이제 계속해서 그들이 유대 공동체의 목자인 척하고 있으나, 그들의 부당함을 지적하시고, 선한 목자가 어떤지, 주님께서 어떤 선한 목자이신지 가르쳐 주십니다. 유대인들 무리의 지도자들이라 하는 사람들은 자신들의 기득권만 지키는 목자이지 참목자가 아니었습니다. 그래서 주님께서는 이스라엘 백성을 보고 "목자 없는 양 같음으로 인하여 불쌍히 여기셨다"(마 6:34)고 하십니다.

이스라엘에게 목자가 없다는 것은 참 불행한 일이지요. 그들에게 바리새인도 있고 서기관도 있었습니다. 그런데 주님께서는 그들을 도둑과 강도로 비유하십니다. 1절 말씀을 보면 도둑질하고 강도질하는 자들은 문으로 들어가지 않습니다. 왜냐하면 문에는 문지기가 있기 때문입니다. 10절에 보면 그들이 하는 일이란 죽이고 멸망시키는 것입니다.

도둑질하고 강도질하는 자들은 바로 유대 종교 지도자들입니다. 그들은 이스라엘 백성들이 눈을 떠서 예수 그리스도에게 가는 것을 원하지 않았습니다. 그들이 정직했다면 예수 그리스도를 인정했어야 합니다. 그러나 오히려 그들은 시기와 질투로 넋이 나갔습니다. 그들은 양을 치는 자들이 아니라 양을 부당한 방식으로 탈취하여서 자기들의 명예를 추구하는 자들이었습니다. 그래서 도둑과 강도들이란 종교 장사꾼들입니다. 하나님과 하나님의 나라라는 명분을 자신들의 명예와 이득을 위해서 이용했기 때문입니다. 그들은 문으로 들어가지 않습니다. 도둑과 강도는 자기 욕심에 이끌려 담을 넘습니다.

2. 선한 목자가 양무리를 인도하는 방식

주님께서는 자신이 도둑과 강도가 아니라 선한 목자라고 하십니다. 주님께서는 자신이 선한 목자로 오셨음을 그들에게 보여 주십니다. 선한 목자로서 어떤 일을 하시는지 가르쳐 주십니다. 오늘 본문을 통해 저는 오늘 여러분께 우리 주님의 선한 목자 되심의 세 가지 면을 말씀드리려 합니다.

첫째, 우리의 선한 목자는 그 음성으로 양무리를 인도합니다. 3절 말씀을 보면 "문지기는 그를 위하여 문을 열고 양은 그의 음성을 듣나니 그가 자기 양의 이름을 각각 불러 인도하여 내느니라"고 했습니다. 그 상황을 본문말씀을 보면서 생각해볼 수 있습니다. 밤 새 우리 안에서 있으면서 양들을 지켰던 문지기가 목자가 오면 문을 열어

줍니다. 그러면 놀라운 일이 벌어집니다. 문을 열어달라는 목자의 음성을 양들이 벌써 듣고 반가워합니다. 목자는 양들을 하나하나 불러냅니다. 모든 양들을 인도합니다. 모든 양이 목자의 음성을 듣고 따라갑니다. 목자는 다른 이의 음성은 따라가지 않습니다. 왜냐하면 타인의 음성은 알지 못하기 때문입니다. 오히려 도망갑니다. 오직 목자의 음성에만 반응합니다.

목자가 양을 인도하는 모습은 참 아름답게 묘사되곤 합니다. 우리는 여러 그림에서 목자와 양이 함께 있는 그림, 목자가 양을 인도하는 그림을 본 적이 있습니다. 그런데 그림에는 없는 것이 하나 있습니다. 그것은 목자의 음성입니다. 목자가 양떼를 인도하는 목소리는 그림에 없습니다. 양들이 목자의 음성을 듣는 것은 그림에는 나타낼 수가 없습니다. 오늘 본문에 나타나는 선한 목자가 하는 중요한 첫 번째 일은 그의 목소리로 양을 하나하나 불러내어, 그의 목소리로 그 양을 인도하시는 겁니다. 선한 목자는 예수 그리스도시요 양은 우리들입니다. 그러면 선한 목자의 음성은 무엇입니까?

마태복음 6:34 말씀에 보면, 이렇게 기록되었습니다. "예수께서 나오사 큰 무리를 보시고 그 목자 없는 양 같음으로 인하여 불쌍히 여기사 이에 여러 가지로 가르치시더라"(막 6:34). 주님 보시기에 그들은 불쌍했습니다. 그들의 수가 작았기 때문이 아닙니다. 그들은 큰 무리였습니다. 큰 무리였지만 불쌍했습니다. 무리의 수가 크던 작던 그것은 불쌍한가 아닌가의 기준이 아니었습니다. 그들은 목자 없는 양 같았기 때문에 불쌍했습니다. 그들에게 목자 역할을 한다는 유대인의 지도자들이 있었지만 그들은 목자가 없었습니다. 목자 없는 양

같다는 것은 무엇을 말합니까? 그 다음의 말씀을 통해 알 수 있습니다. "이에 여러 가지로 가르치시더라." 저들이 불쌍한 것은 즉 저들이 목자 없는 양 같았던 것은 가르침이 없었기 때문입니다. 참된 목자의 말씀이 없었기 때문입니다.

목자 없는 양처럼 불행한 양은 없을 것입니다. 양에게 가장 필요한 것은 목자의 음성입니다. 곧 말씀입니다. 그 음성을 듣고 가야 할 길과 가지 말아야 할 길을 가늠하는 것입니다. 목자의 음성을 따라 어디에 먹을 풀이 있는지 따라갑니다. 목자의 음성을 듣지 않으면 구덩이에 빠질 것입니다. 자칫하면 낭떠러지에 떨어져 멸망하고 말 것입니다.

"주의 말씀은 내 발의 등이요 내 길의 빛이니이다" 라고 했습니다. 어두운 길을 가는 것은 항상 무섭고 위험합니다. 등과 빛이 있어야 합니다. 등과 빛이 없으면 낭떠러지에 떨어져 큰 위험에 처할 것입니다. 그런즉 말씀은 얼마나 중요합니까? 하나님의 말씀을 바로 전하는 것은 얼마나 중요한지 모릅니다. 함부로 대할 수 없는 것입니다. 우습게 접근할 수 없는 것입니다. 자칫 잘못하면, 소경이 소경을 인도한다고 했는데, 혼자만 위험에 처하는 것이 아니라, 자기가 인도하는 전체 무리와 함께 위험에 처하는 것입니다. 혼자만 낭떠러지에 떨어지는 것이 아니라, 백 명, 또는 천 명, 또는 만 명이 다 낭떠러지에 떨어지는 것입니다. 큰 무리일지라도 빛이 되는 참된 말씀이 없다면 참으로 불쌍한 것입니다. 자기네끼리 "야! 큰 무리다", "우리가 세력이 있다" 할지 모르지만, 말씀이 없으므로 목자 없는 양과 같아 항상 위험한 상태에 있는 것입니다.

그러므로 우리는 선한 목자 우리 주 예수 그리스도의 말씀을 듣고 따라가야 합니다. 인도함을 받는 양이 가만히 있는 것이 아닙니다. 아침이 되어 목자가 와서 문지기에게 문을 열어 달라고 할 때, 그 목소리를 벌써 듣는 것이 양입니다. 하나하나 부를 때에 응답하여 따라가야 합니다. 목자가 그 음성으로 인도할 때에 듣고 가야 합니다. 양은 목자의 음성을 듣기 원하며 항상 민감하게 반응해야 합니다.

양은 타인의 음성을 듣지 않는다고 했습니다. 만일 다른 음성이라면 그 음성이 나는 곳을 오히려 멀리하고 도망쳐야 합니다. 다른 사람은 양을 잡아가 자기 욕심을 채우려고 양을 잡을 자일지도 모르기 때문입니다. 곧 양의 옷을 입고 나아오는 노략질하는 이리도 있습니다. 성경은 이런 자들을 거짓 선지자라 이름 붙였습니다.

선지자는 하나님의 말씀을 맡은 자를 말합니다. 만일 선지자가 하나님께서 전하라고 명령하지 아니한 말을 제 마음대로 하나님의 이름으로 전하든지 다른 신들의 이름으로 말하면 그 선지자는 죽임을 당하리라고 하셨습니다(신 18:20). 얼마나 무섭습니까? 이스라엘의 멸망은 선지자의 타락이 그 출발이었습니다. 예레미야 선지자는 "선지자들은 거짓을 예언하며 제사장들은 자기 권력으로 다스리며 내 백성은 그것을 좋게 여기니 마지막에는 너희가 어찌 하려느냐?"(렘 5:31)라고 말씀합니다.

거짓 선지자는 위험합니다. 왜냐하면 양의 탈을 쓰고 다가오기 때문입니다. 그들은 눈에 띠어서 거짓 선지자라는 것을 나타내지 않습니다. 그들은 속이는 자들입니다. 우리 주위에 있는 많은 이단들이 거짓 선지자로서 활동하고 신자들을 속이고 빼앗아 가려고 할 것입니다. 한국에 자칭 재림 예수라 하고 자칭 성령이라 하는 사람들이 있으니 그들은 엄위하신 하나님으로부터 진노를 받을 것입니다. 그런 이단들뿐 아니라, 하나님의 말씀의 권위를 파괴하는 흐름이 일어났습니다. 성경의 권위를 의심하고 공격해서 성경의 권위를 빼앗으려는 시도들이 있습니다. 성경을 다 분해하고, 다 찢고, 인간의 책이라고 쓰레기통에 던졌습니다. 많은 사람들의 믿음에 의심이 일어나고, 흔들리고, 신앙이 약해져 버리고, 병들었습니다.

그러나 여러분, 하나님의 말씀과 그 권위를 파괴하려고 아무리 애를 써도 파괴하지 못합니다. 하나님의 말씀의 능력과 권위는 파괴되지 않습니다. 사람들이 아무리 우습게 여기고, 그것을 밟고 집어던지고 조소를 던져도, "하나님의 말씀은 살았고 운동력이 있어 좌우에 날선 어떤 검보다도 예리하여 혼과 영과 및 관절과 골수를 찔러 쪼개기까지 하며 또 마음의 생각과 뜻을 감찰합니다"(히 4:12). 사람들의 시선과 사람들의 태도에 하나님의 말씀은 매이지 않습니다.

이 위험한 시대에 하나님의 말씀을 맡았다 하는 자들의 부패와, 여러 거짓 선지자들의 행태 가운데서도 우리는 하나님의 말씀의 능력 때문에 위로를 얻습니다. 말씀의 주인이 우리의 선한 목자 예수 그리스도이시기 때문입니다. 아니 그 분 자신이 말씀이십니다. 모든 말씀의 근원이시고, 진리의 시작이시고, 선지 사역의 주인이십니다. 예수 그리스도께서 어떤 사람은 사도로, 어떤 사람은 선지자로 삼으셔서 일하셨고, 지금도 어떤 사람은 복음 전하는 자로 어떤 사람은 목사로 어떤 사람은 교사로 삼으시사, 자기 양떼를 부르시며, 자기의 음성을 전하셔서, 우리를 인도하십니다.

여러분은 지금 이 일을 위하여 준비되는 것입니다. 선한 목자의 음성을 전하는 자로 부름 받지 않았습니까? 이 일이 얼마나 중한 일입니까? 복음 전하는 자와 목사와 교사가 하나님의 말씀을 그들의 강대상에서 전하였을 때, 그것은 하나님의 말씀이요 선한 목자 우리 주 예수 그리스도의 음성을 전한 것입니다. 왜냐하면 "주 예수를 믿으라 영생이 있으리라"고 한 예언은 성취되어 믿는 자에게는 과연 영생이 있을 것입니다. "믿지 않는 자에게 진노가 있으리라"는 예언 또한 성취되어 믿지 않는 자에게는 영원한 진노가 과연 있을 것입니다.

우리는 부패해서, 영적으로 말한다면 사망한 자와 같습니다. 선한 목자가 불러도 듣지 못하는 자입니다. 그러나 우리의 선한 목자 예수 그리스도는 말씀의 종인 목사를 통하여 우리 밖에서 말씀하실 뿐 아니라, 성령을 통하여 우리 안에서도 말씀하십니다. 그래서 엠마오로 가는 제자들에게 나타나 그들의 마음을 열어 성경을 깨닫게 하신 선한 목자 예수 그리스도는 지금도 우리의 마음을 열어 깨닫게 하십니다. 이렇게 그 말씀을 우리 밖에서 들려주시고 또 안에서 깨닫게 해주시사 모든 하나님의 백성들이, 곧 창세전부터 주께서 정하신 자들이 다 한 우리 안에 모이게 됩니다. 16절에서 주께서 말씀하십니다. "아직 이 우리에 들지 아니한 다른 양들이 있어 내가 인도하여야 할 터이니 저희도 내 음성을 듣고 한 무리가 되어 한 목자에게 있으리라."

그러니까 아버지께서 아들에게 주신 이들, 아직 우리에 들지 않은 이들이 다 한 가지 방법으로 이 무리에 있게 되는데, 곧 목자의 음성을 듣는 것입니다. 곧 주의 말씀을 들려주시고 그리스도의 영이 그를 부르사 양은 그 무리에 있게 됩니다.

3. 선한 목자의 독특한 중보 사역

둘째로, 우리의 선한 목자는 우리를 위하여 죽으신 분입니다. 선한 목자는 양들을 위하여 목숨을 버린다고 말씀하십니다. 이에 관하여서 11절 "나는 선한 목자라 선한 목자는 양들을 위하여 목숨을 버리거니와", 15절에서 "아버지께서 나를 아시고 내가 아버지를 아는 것 같으니 나는 양을 위하여 목숨을 버리노라", 17절, "내가 내 목숨을 버리는 것은 그것을 내가 다시 얻기 위함"이라고 합니다. 18절에서 "이를 내게서 빼앗는 자가 있는 것이 아니라 스스로 버리는 거라"고 말씀하십니다.

먼저 말씀드릴 것은 목자가 아무리 양을 좋아해도 양을 위해서 목숨까지 버리는 것이 정상적인 일은 아닙니다. 그러니까 여기서 목자가 양을 위해 의도적으로 목숨을 버리는 것은 기이한 것으로서 그 의도성이 드러나는 일입니다. 그러면 지금 주님께서 목숨을 스스로 버린다고 하신 말씀은 무엇이겠습니까? 우리 주 예수 그리스도께서 하시려는 특별한 사역을 염두에 두고 하시는 말씀입니다.

자기의 목숨을 버리되, 17절에 "다시 찾을 것이다"라고 하신 것은 부활을 말씀하신 겁니다. 그리고 18절에서 "이를 내게서 빼앗는 자가 있는 것이 아니라 스스로 버리는 거라"고 말씀하십니다. 이렇게 목숨을 버리는 것은 어쩔 수 없는 사고나 능력이 없어서 당하는 일이 아니라, 스스로 그렇게 하신 것임을 우리에게 알려주십니다. 우리가 다 알듯이 목숨을 버리신다는 것은 그리스도께서 우리의 죄를 위해 자신을 희생 제물로 드리는 일을 의미합니다. 그는 세상 죄를 지고 가는 어린

양이라고 말씀합니다. 단번에 자기를 대속 제물로 드리셨다고 히브리서가 우리에게 말해줍니다. 우리의 선한 목자는 참 대제사장이기 때문입니다.

구약의 제사장들이 소와 양으로 희생 제물을 드렸습니다. 그러나 이것들은 다 그림자입니다. 실체는 우리 주 예수 그리스도입니다. 구약의 제사장들은 다른 동물들로 희생 제물로 제사를 드렸지만, 우리의 대제사장은 자기 자신을 제물로 드렸습니다. 왜냐하면 우리의 중보자이시기 때문입니다. 아무나 대신 죽는다고 죄의 값을 갚을 수 있는 것은 아닙니다. 중보자는 틀림없이 의인이어야 합니다. 죄인은 자신을 위하지도 못하기 때문입니다. 또한 중보자는 온 세상 죄를 향한 하나님의 진노를 감당할 수 있어야 합니다. 죄에 대한 하나님의 진노를 감당할 수 있는 것은 하나님의 능력을 가진 자밖에 없습니다. 그래서 우리의 중보자는 하나님이시며 사람이신 예수 그리스도이십니다. 예수 그리스도는 선한 목자로서 자기 양떼를 위하여 자신을 제물로 드렸습니다. 양을 위하여 스스로 목숨을 버리셨습니다. 이 놀라운 사실을 전하는 것이 우리의 존재이유입니다. 그리스도의 이 놀라운 속죄사역을 전해야 합니다.

4. 선한 목자의 보호와 인도하심

마지막으로 셋째, 우리의 선한 목자 예수 그리스도는 양들을 풍성히 먹이시고 보호하시고 지키시는 선한 목자의 모습을 봅니다. 양을 지키는 자들에게 사나운 맹수가 나타는 것은 위험한 일입니다. 주님께서는 이런 상황을 빗대어 말씀하십니다. 12절 이리가 나타났을 때, 삯군의 반응입니다. 삯군은 달아납니다. 왜냐하면 자기 목숨을 지켜야 하기 때문입니다. 그들은 양들을 참으로 위하던 자들이 아닙니다. 양들이 자기의 소유가 아니기 때문에 도망가는 것이 삯군의 모습입니다.

그러나 선한 목자는 그렇지 않습니다. 다윗이 골리앗과 싸우겠다고 할 때에 사울이 말립니다. 너는 그저 작은 아이이고 그 사람은 어려서부터 쌈꾼인데, 싸움 상대가 안 될 것이라고 말합니다. 이 때 다윗이 이렇게 말합니다. "주의 종이 아비의 양을 지킬 때에 사자나 곰이 와서 양떼에게서 새끼를 움키면 내가 따라가서 그것을 치고 그 입에서 새끼를 건져내었고 그것이 일어나 나를 해하고자 하면 내가 그 수염을 잡고 그것을 쳐 죽였었나이다 주의 종이 사자와 곰도 쳤은즉 사시는 하나님의 군대를 모욕한 이 할례 없는 블레셋 사람이리이까 그가 그 짐승의 하나와 같이 되리이다"(삼상 17:34-36).

이 모습이 선한 목자의 예입니다. 사자나 곰이 와서 양떼에게서 새끼를 움키면 목자가 따라가서 그것을 치고 그 입에서 새끼를 건져내는 것입니다. 다윗의 양들은 얼마나 든든하고 안전함을 느꼈을까요? "우리 목자는 다윗이야, 곰이 와도 문제가 없어, 사자가 와도 문제가 없어!" 이랬을 겁니다.

삯군은 자기 소유가 아니지만 목자는 자기 소유이기 때문에 양에 대한 애착이 남다릅니다. 애착이 얼마나 큰지 목숨을 내놓고 양을 지킵니다. 주님께서 우리를 소유 삼으셨다는 것은 단순한 차원이 아닙니다. 마치 자기 자신과 그 양을 하나로 보듯이 그렇게 일체화시킵니다. 사도 바울이 회심하기 전, 그래서 그리스도인들을 핍박할 때가 있었습니다. 다메섹으로 그리스도인들을 핍박하러 갈 때, 예수님께서 나타나셨습니다. 그 때 이렇게 말씀하십니다. "사울아 사울아 왜 나를 핍박하느냐?" "왜 내 사람들을 핍박하느냐"가 아닙니다. "왜 나를 따르는 사람들을 핍박하느냐"가 아니라, "왜 나를 핍박하느냐?" 우리의 선한 목자 예수 그리스도는 그의 양들과 하나인 것처럼 그렇게 우리를 사랑하여 주십니다.

선한 목자 예수 그리스도는 우리를 사랑하심으로 우리를 보호하시길 원하시며 지키시길 원하십니다. 그리고 우리의 선한 목자는 그럴 능력이 있습니다. 하늘과 땅의 모든 권세를 지니셨기에, 우리의 원수들에 대항해서 싸우시며 우리를 지키십니다. 그는 교회의 왕이시자 만물의 왕이십니다. 그가 만물을 다스리시는 것은 만물 그 자체가 아니라 교회가 목적입니다.

하나님께서 사역자를 교회에 주셨는데, 사역자 때문에 파가 나뉘고 싸움이 났습니다. 고린도 교회에 바울파 아볼로파 베드로파 등 갈등이 있자 그들에게 이렇게 말합니다. "만물이 다 너희 것임이라 바울이나 아볼로나 게바나 세계나 생명이나 사망이나 지금 것이나 장래 것이나 다 너희의 것이요 너희는 그리스도의 것이요 그리스도는 하나님의 것이니라"(고전 3:21-23).

그리스도께서 자기의 양떼를 인도하시기 위해 만물을, 복음의 일꾼과 생사화복과 현재와 과거를 다 사용하신다는 말씀입니다. 우리는 수단이 목적인 것처럼 매달리지만, 주님은 말씀하십니다. "네가 목적이다. 네가 목적처럼 매달리는 그것은 너를 위한 수단이다." 사랑하는 여러분! 얼마나 놀라운 일입니까? 최종적인 목적은 하나님의 영광입니다. 그리고 하나님의 영광을 위한 그 다음 목적은 하나님의 백성의 구원입니다. 그리고 우리가 목적처럼 매달리고 안타까워하는 다른 일들은 다 그것들을 위한 수단입니다.

그러므로 우리의 눈을 더욱 하나님께, 하나님의 뜻에 붙들어 매어야 할 것입니다. 우리의 선한 목자 주 예수 그리스도께서 만물의 주권자이시니 어떤 목자보다 강하신 분인 것을 항상 기억하십시오. 그래서 이렇게 말씀하십니다. 28절 말씀에 "내가 저희에게 영생을 주노니 영원히 멸망치 아니할 터이요 또 저희를 내 손에서 빼앗을 자가 없느니라." 사도 바울은 이런 확신 가운데 이렇게 말씀합니다. "사망이나 생명이나 천사들이나 권세자들이나 현재 일이나 장래 일이나 능력이나 높음이나 깊음이나 다른 아무 피조물이라도 우리를 우리 주 그리스도 예수 안에 있는 하나님의 사랑에서 끊을 수 없으리라"(롬 8:38-39).

정리합니다. 우리의 선한 목자는 음성으로 양떼를 인도하는 목자처럼, 말씀으로 우리를 가르치시는 선지자입니다. 자기 양을 용감하게 맹수들로부터 지켜내는 선한 목자처럼, 우리의 선한 목자 예수 그리스도는 자기 백성을 지키시는 왕이십니다. 또 우리의 선한 목자는 자신을 제물로 드리는 대제사장이십니다. 선지자, 왕, 제사장, 이렇게 세 직분을 수행하시는 그리스도이십니다.

주님께서는 하늘 위에서 자기 양떼를 위하여 지금도 이 직분을 수행하십니다. 말씀을 수종드는 자들을 보내서 말씀하시고 내적으로 성령으로 역사하시게 하시면서 선지자직을 수행하십니다. 성령으로 교회를 다스리시고 모든 원수들로부터 보호하시면서 왕직을 수행하십니다. 자신을 희생 제물로 드려 얻어낸 구속의 효과들을 적용하시기 위해서, 곧 선택받은 자들을 불러 믿음을 선물로 주셔서 구속의 효과가 그들에게 미치게 하여서 주님의 백성의 양 우리에 불러 모으십니다. 우리의 선한 목자를 통해 이런 큰 은혜를 받고 우리가 살아가니 우리는 감사와 찬양을 드릴 뿐입니다.

사랑하는 학우 여러분! 이 땅을 살아가는 우리는 날마다 우리의 약함을 확인하며 살아갑니다. 또 때로는 우리가 얼마나 약하며 죄악 된지를 잊어버리거나 망각하는 그런 약한 자들입니다. 그래서 선한 목자 없이는 눈이 어두운 양과 같아서 쉽게 구덩이에 빠지거나, 낭떠러지에 떨어져 멸망한 자들처럼 참으로 무능하고 약한 처지에 있습니다. 비록 우리가 믿음이 있다 하나 이 믿음마저도 우리에게서 출발한 것도 아니고, 주님께서 선물로 주신 것입니다. 나아가 이 믿음도 우리 능력으로 유지되는 것도 아니고, 우리 선한 목자 되신 예수 그리스도께서 성부의 뜻을 따라 성령의 능력으로 붙잡으실 때에야 비로소 유지되는 것입니다. 이 사실을 기억할 때마다 우리는 우리를 붙들어 주시는 삼위일체 하나님의 은혜에 감사와 찬양을 드릴 것입니다.

유다의 범죄

창세기 44:16

안상혁 (역사신학)

1. 창세기의 유다와 복음서의 가룟 유다

오늘 제시된 설교 제목이 "유다의 범죄" 입니다. 성경에 보면 두 유다의 큰 범죄가 나옵니다. '복음서의 가룟 유다를 말씀하는 건가? 아니면 창세기의 유다인가?' 본문으로 창세기를 읽었으니까 후자라고 생각하실 것 같지만, 사실 가룟 유다 이야기로 시작을 하려고 했습니다. 성경의 두 유다의 이야기를 비교해보면 상당히 흥미롭습니다. 둘 다 범죄한 사람의 이름이 유다이고, 누구에게 범죄를 했느냐 생각할 때 구약에 계시된 예수 그리스도의 대표적인 모형으로서 요셉을 생각한다면 창세기의 유다도 예수님을 예표하는 인물에게 범죄를 한 것이고 복음서의 유다도 예수 그리스도께 범죄를 한 것이지요. 은전을 한 사람은 20냥을 받고, 다른 한 사람은 30냥을 받은 것도 비슷합니다. 배신의 죄를 범한 것도 비슷합니다.

그러나 우리가 알다시피 두 사람의 결론은 굉장히 판이합니다. 창세기의 유다는 회개와 사죄의 은총을 누린 반면에, 복음서의 유다는 참 회개와 용서의 자리에까지 나아가지 못하고 자멸하고 말았습니다. 이 차이를 두고 몇몇 주석가들은 어디서 이런 차이가 비롯되었는지에 대해 말합니다. 창세기의 유다는 하나님 앞에서 회개했던 반면 복음서의 유다는 자기의 죄를 인식하고 후회를 했지만 그것이 하나님께로 나아가는 진정한 회개는 아니었다고 기록하고 있습니다. 창세기의 유다는 오늘 본문에서 읽은 것처럼 죄책감을 느낄 때 하나님께서 종들의 죄악을 찾아내셨다고 고백을 하고 있습니다. 창세기 유다에게 있어서 예수 그리스도는 모형으로서 제시됩니다. 비록 모형이지만 진짜 모형입니다. 한편 복음서의 유다는 진짜 예수님을 직접 보고 있었습니다. 그러나 그에게 예수님은 단지 사람이었습니다. "무죄한 사람" 일 뿐이었습니다. 가룟 유다가 예수님을 하나님의 아들로 고백했다는 내용이 없습니다. 마태복음 27장 4절에 보면 "내가 무죄한 피를 팔고 죄를 범하였도다"고 말하고 있습니다.

오늘 설교 말씀의 주제는 창세기의 유다입니다. 유다는 하나님의 백성, 택한 백성에 속해 있었습니다. 그러나 유다는 죄인이었습니다. 성경은 유다를 죄인의 실존을 대표하는 모습으로 그려냅니다. 죄인이라는 측면에서 창세기의 유다와 복음서의 유다 사이에는 차이가 없습니다.

J. I. 패커(Packer)를 아시지요? 1926년생으로 연세가 많이 드신 분인데, 이번에 청교도 세미나 수업 시간에 패커의 글을 두 번이나 학우들과 나누었습니다. 청교도 연구에 있어서 대가라고 말할 수 있기

때문에 연구자들은 그를 피해갈 수가 없는 분이지요. 그런데 이분이 그런 말씀을 하세요. 왜 자기가 청교도 연구에 빠지게 되었고 일평생 이 분야에 헌신하게 됐는가? 패커는 10대 후반에 분명한 회심의 체험을 하셨답니다. 그래서 아주 뜨겁게 교회 생활을 열심히 하기 시작했는데 얼마 지나지 않아 굉장히 큰 회의를 느끼셨답니다. 주일날 교회 갈 때마다 패커는 강단에서 선포하는 성도의 영광스러운 모습에 대해 배우게 되었습니다. 특히 젊을 때 회심했기 때문에 그는 크리스천의 거룩한 삶에 대한 큰 환상을 가지고 있었습니다. 그런데 강단에서 선포되는 영광스러운 성도의 모습과 자신의 죄악된 실존의 모습이 너무나 달랐다는 겁니다. 예수 믿고 나면 진짜 모든 것이 변할 줄 알았는데 자기 안에 여전히 내재해 있는 죄의 문제를 발견하게 된 것이죠. 이런 것을 어디 가서 상담을 하고 싶어도 예배당에 있는 목회자들도 너무 거룩하게만 보이고 자기의 삶과는 매우 다르다고 느끼셨던 것 같습니다. 그래서 급기야, "내가 정말 10대 후반에 회심한 것이 맞는가?" 자신의 회심을 의심하게 되고, 마침내 구원의 확신을 잃게 됐다고 합니다.

그러다 어느 날 우연한 기회에 이분이 책 하나를 들고 읽게 됐습니다. 그것은 바로 존 오웬의 저작, Mortification of Sin in Believers (신자들의 죄 죽이기), 우리나라 말로는 『내 안의 죄 죽이기 (브니엘, 2014)』로 번역된 저서였습니다. 그런데 포인트가 "죄 죽이기" (mortification of sin)에 있는 것이 아니라 그 다음에 있었습니다. 바로 신자들의 삶 가운데(in believers) 죄가 있었다는 사실입니다.

오웬은 죄 죽음의 교리를 지금 "신자들에게" 가르치고 있다는 것이죠! 패커는 갑자기 눈이 번쩍 뜨여서 그 책을 탐독했다고 합니다.

이것은 존 오웬의 1656년 작품입니다. 책 전체가 로마서 8장 13절의 주해라고 볼 수 있습니다. 로마서 8장 13절이 이렇게 시작합니다.

"너희가 육신대로 살면 반드시 죽을 것이로되 영으로써 몸의 행실을 죽이면 살리니." 존 오웬의 주해는 이렇게 시작합니다, 여기서 말하는 "너희"가 과연 누구냐는 거지요. 몸의 더러운 행실을 죽이라고 사도 바울께서 말씀하실 때 그 청중이 누구인가? 로마서 8장 1절에, "너희"와 같은 더 이상 정죄함을 받지 않는 "신자들" 아닌가? 또한 더 이상 육신에 있지 않고 "영에 속한 사람들" 아닌가? 그 다음에 그리스도의 영에 의해 살려진 "중생한 자들"이 아닌가? 요컨대 바울이 대상으로 삼고 있는 자들은 소위 "거듭난 신자들"이었다는 것입니다. 이들을 향해서, 성경은 "죄와 더불어 싸우라!" 이렇게 명령한다는 것이지요. 신자의 실존이 죄악 덩어리라는 것을 전제하지 않고는 시작되지 않는 명령이라고 볼 수 있습니다. 그리고 나서 보니까 과연 성경말씀은 거듭난 신자의 실존이 죄가 야기하는 불안, 고통, 의심, 좌절로 특징지어질 수 있다는 것을 지극히 자연스럽게 생각한다는 것에 패커 목사님이 굉장히 큰 충격을 받았던 것입니다.

비단 오웬만이 이런 이야기를 한 것이 아니었습니다. 다른 청교도의 저작들을 살펴보니까 공통적으로 그러한 요소들이 발견되었습니다. 예를 들어, 이번 학기에 저희 클래스에서 읽었던 리처드 십스의 『꺼져가는 심지와 상한 갈대의 회복(지평서원, 2012)』을 생각해 볼 수 있습니다. 이것 역시 책 한 권 전체가 성경 한 구절에 대한 주해입니다. 마태복음 12장 20절 "상한 갈대를 꺾지 아니하며 꺼져가는 심지를 끄지 아니하기를 심판하여 이길 때까지 하리니"입니다. 십스의 주해에 따르면 본문은 신자의 회심 이전의 상황만을 이야기하는 것이 아닙니다. 회심 이전에도 우리가 우리의 실존을 상한 갈대요, 꺼져가는 심지라고 규정할 수 있지만, 회심한 이후로도 신자의 실존은 꺼져가는 심지요, 갈대도 그냥 갈대가 아니고 상한 갈대, 참나무가 아닌 상한 갈대입니다. 신자의 일상을 살펴보면, 범죄한 베드로, 낙망한 다윗과 같은 모습이 그들 삶의 상당 부분을 차지하고 있다는 것이지요. 그런데 십스가 이것을 어떻게 풀어가고 있느냐를 살펴보는 것이 흥미롭습니다. 이러한 못난 신자들을 향한 그리스도의 태도는 그들을 책망한다기보다는 오히려 그들을 매우 "소중히" 여기신다는 것입니다. 이러한 해석의 근거는? 예, "꺾지 아니하며... 끄지 아니하신다"라는 말씀에서 그렇게 말할 수 있습니다. 그리고 이 한 구절에는 종말론까지 포함되어 있습니다. 주님은 우리의 죄악된 모습을 그저 "오냐 오냐" 하다 끝내시는 것이 아닙니다. "심판하여 이길 때까지!" 언제까지 우리를 그렇게 소중히 대하시고 친절하게 대하시는가? "심판하여 이길 때까지" 하시는 것입니다. 이것의 의미를 그리스도의 완전한 통치요, 그리스도의 포기하지 않는 사랑이요, 견인의 은혜요, 마침내 성화의 승리라고 십스는 주해하고 있습니다. 이것이 책 한권의 핵심적인 내용입니다.

자, 이러한 성경의 진리가 패커를 변화시킨 것입니다. 패커 목사님은 자기가 회심한 이후에 수없이 많은 설교를 들었는데 성도의 죄악된 실존을 이렇게 정면 돌파해서 다루는 설교를 그 때까지의 현대 설교에서는 들어보지 못했다고 말합니다. 이 후로 패커는 청교도 연구에 매력을 느끼고 일평생 연구자가 되었다는 이야기를 인터뷰 기사에서 읽었습니다.

2. 신자의 첫 번째 희망, 죄의 실존을 복음의 빛으로 조명하시는 하나님.

패커 목사님의 진술에 근거하여 유다의 범죄와 오늘의 본문을 조명해 보도록 하겠습니다. 물론 어두운 조명이 아니고 밝게 조명해 보도록 하겠습니다. "희망"을 이야기해야겠지요. 물론 우리의 실존적 모습은 "죄인"입니다. 그럼에도 본문은 이 가운데서 죄인인 우리가 어떻게 희망을 가질 수 있는가에 대해 말하고 있습니다. 신자에게는 희망이 있습니다. 하나님께서 우리에게서 죄의 실존을 드러내실 때에 하나님은 그것을 복음의 빛으로 조명하시기 때문입니다. 이러한 사실에 성도의 희망이 근거하고 있습니다.

사실 오늘 유다는 자기 죄악과 직접 대면하고 있습니다. '하나님이 나의 죄를 적발하시는구나!' 사실 적어도 오늘 사건에 대해서만큼은 유다는 무죄합니다. 유다와 그의 형제들은 이집트 총리의 기물을 도적질 하지 않았습니다. 그러나 도둑으로 몰린 상황 가운데서 유다와 그의 형제들은 자신들을 변명하기보다 그동안 마음속 깊은 곳에 가지고 있던 죄책감, 하나님 앞에서 늘 가지고 있었던 죄책감을 꺼내놓고 이 죄악을 솔직하게 고백합니다. "하나님이 종들의 죄악을 찾아내셨으니..."라고 고백합니다. 이들의 모습은 정말 상한 갈대이고, 꺼져가는 심지와 같습니다. 이 사건의 배후에는 하나님이 계시고, "하나님께서 이 일을 행하신 것이다"라는 고백은 즉흥적으로 나온 것이 아닙니다. 사악했던 요셉의 형제들이 오늘 본문에서 그려내는 것과 같은 겸비한 참회자로 변화되기까지 사실상 성경에 기록되지 않은 많은 스토리가 있었으리라 생각합니다. 여기서 유다의 경우는 예외입니다. 성경은 유다와 그의 형제들이 요셉을 노예로 판 날과 오늘 이집트에서 총리가 된 요셉을 다시 만나는 날 사이의 긴 세월 동안 유다에게 무슨 일이 있는지를 기록하고 있습니다. 창세기 38장에 기록된 유다와 관련된 사건들입니다.

창세기 38장은 열두 명의 족장 중에서 유다에 관한 이야기를 하는 데 따로 한 장을 할애하고 있습니다. 여러분이 내용을 이미 아시니까 간략히 말씀드리겠습니다. 유다는 아내와 두 아들을 다 잃었습니다. 한 사람, 한 남자의 일생에 있어서 가장 큰 슬픔이라고 볼 수 있습니다. 자식을 잃었는데 그것도 보통 사고가 아니고, 7절과 10절 말씀에 보면 "여호와가 보시기에 악하므로 여호와께서 그를 죽이신지라"라고 기록하고 있어요. 얼마나 비참한지 모릅니다. 사랑하는 아들들의 죽음 앞에서 유다는 깨달은 것이 있습니다. 하나님께선 반드시 죄를 심판하신다는 깨달음이었죠. 특히, 둘째 아들 오난의 죄는 장자권에 대한 범죄입니다. 9절 말씀에 "오난이 그 씨가 자기 것이 되지 않을 줄 알므로" 이렇게 기록된 걸 볼 때, '특히 하나님께서 죄를 심판하실 때, 장자권에 대한 범죄를 엄하게 다루신다' 라고 유다는 깨달았을 것입니다. 이 때 유다는 누구 생각을 했을까요? 자기의 죄를 생각했을 것입니다. 적어도 야곱은 요셉을 장자로 생각했습니다. 따라서 나머지 형제들이 요셉을 미워한 미움은 단순한 형제의 질투 정도가 아니요, 장자권에 대한 도전이라고 말할 수 있습니다. 유다는 하나님께서 반드시 죄를 심판하시는 것과 장자의 권리에 도전하는 것에 대한 범죄는 매우 엄하게 다루신다는 것을 깨닫고 마음이 더 많이 눌렸을 것입니다.

연이어 기록된 다말 사건은 유다가 범한 은밀한 죄와 관련이 있습니다. (유다 생각에) 창기와 더불어 몸을 합하는 행위를 저지른 유다는 자신이 부끄러움을 당할까 하여 이 행위를 얼른 덮고서 돌아왔습니다. 그러나 결국은 우리가 다 알다시피 하나님께서 그의 부끄러운 행위를 들춰내셨습니다. 감춰진 죄는 반드시 드러난다! 누가복음 12장 2절에서 예수님은 이렇게 말씀합니다. "감추인 것이 드러나지 않을 것이 없고 숨긴 것이 알려지지 않을 것이 없나니..." 또한 민수기 32장 23절은 이렇게 말씀합니다. "너희 죄가 반드시 너희를 찾아낼 줄 알라." 자, 유다는 지금 이러한 하나님의 말씀이 진실로 그러하다고 깨닫지 않았겠습니까? 그래서 처음에 요셉과 대면하여 어려움을 당했을 때, 형제들의 즉각적인 반응은 창세기 42장 21절에 이렇게 기록되어 있습니다. "우리가 아우의 일로 말미암아 범죄하였다." 누가 찌르지도 않았는데, 형제들은 마음으로부터 이렇게 고백했을 것입니다. '아, 그동안 감추어져 있던 우리의 죄악을 하나님께서 이제 드디어 들추시는구나. 이 죄가 결국은 우리를 찾아내는구나!' 유다와 그의 형제들은 그들의 죄악된 실존과 정면으로 대면을 하게 되는 것입니다. 이런 사실을 고려해 볼 때, 창세기 38장에 기록된 두 개의 사건들은 하나님께서 앞으로 유다의 죄를 적발하실 것에 대한 일종의 예행연습이라고도 말할 수 있습니다. 44장에 이르기 전에 유다는 이미 자신의 경험을 통해서 "하나님께서 죄를 어떻게 다루시는가?" 정말 숨겨진 죄도 하나님께서 들춰내신다는 것을 경험적으로 깨달았습니다.

자, 이 시점에서 우리는 창세기 38장이 전체적인 구속사의 맥락 안에서 복음의 빛으로 조명된다는 사실을 기억해야 합니다. 진실로 하나님께서는 유다를 망신 주려고 그의 범죄 사실을 기록하신 것이 아닙니다. 창세기 38장의 핵심은 사건의 귀결부에 등장합니다. 유다의 부끄러운 행위를 통해 결국은 유다의 몸에서 나온 베레스가 태어납니다. 주지하다시피 베레스는 앞으로 올 메시아의 조상이 되었습니다. 결국 창세기 38장의 결론은 예수 그리스도의 복음에 긍정적으로 기여하게 됩니다. 유다의 몸에서 태어난 자손이 메시아의 족보에 당당히 이름이 기록됩니다. 유다의 족보는 인간의 족보로 볼 땐 분명 죄악된 역사를 포함하고 있습니다. 그러나 구속사의 관점에서 조명해 보았을 때, 하나님은 그 죄악된 역사를 통해 자기의 언약을 신실히 지키시고 메시아를 보내시는 구원의 역사를 이루셨습니다. 말 그대로 어메이징 그레이스(Amazing Grace), 하나님의 놀라운 은혜를 계시하신 것이지요. 즉 유다의 범죄를 극명하게 조명하고 드러내지만, 그를 심판하려 하는 것이 아니요, 메시아에 대한 복음의 빛으로 38장을 조명하고 있는 것입니다.

사실 유다의 실수와 범죄는 성도의 가정에서 일어난 일입니다. 신자의 가정에 근친상간과 같은 죄가 발생했다니 참으로 입에 담기 힘든 일이지요. 게다가 유다는 이스라엘의 족장이었습니다. 지금으로 이야기하면 목사님, 장로님 가정에 일어난 일입니다. 마틴 루터는 창세기 강해에서 이 사건을 창세기 35장에 기록된 르우벤이 야곱의 첩 빌하와 더불어 간통한 사건과 아울러 함께 주해합니다. 그리고 이 두 사건이 굉장히 낯선 일, 있을 수 없는 일, 예외적인 일이 아니라는 것을 말하기 위해 다음의 예화를 하나 듭니다. 이 예화는 실화로써, 창세기 강해 수업시간에 루터가 신학생들에게 가르친 이야기입니다. 루터는 그들을 목회 현장으로 파송하기 전에 이 사례를 가지고 중요한 교훈을 숙지시켰다고 합니다. 제가 재밌게 읽은 이 이야기는 루터의 창세기 36장 주해에 소개되어 있습니다.

독일의 에어푸르트(Erfurt)에서 있었던 일입니다. 종교 개혁 이전이니까 중세 시대에 있었던 일이지요. 에어푸르트 한 마을에 굉장히 큰 부잣집이 있었는데, 남편을 일찍 여의고 아주 철부지 10대 아들을 하나 둔 젊은 어머니가 있었습니다. 그녀는 가사 도우미를 구했는데, 루터가 말하기를 그 동네에서 아주 아름답고 품행이 바른 소녀였다고 합니다. 문제는, 그 망나니 같은 아들이 이 소녀가 예쁘니까 치근덕거리기 시작한 거예요. 그런데 이 소녀는 비록 가난했지만, 부잣집 아들의 요구에 응하지 않았습니다. 반복되는 요구를 거절하다가, 마침내 용기를 냈습니다. 그 아들의 어머니를 찾아갔습니다. 당신 아들이 밤마다 나를 이렇게 괴롭히니 어떻게 좀 해달라고 이야기했습니다. 참 잘했죠. 이런 경우에는 꼭 이야기를 해야 합니다. 이야기를 듣고 이 어머니는 너무 화가 났습니다. 아들의 버릇을 어떻게든 고쳐야겠다고 생각했습니다. 나름의 지혜를 내서 그 소녀에게 부탁하기를, 자신의 아들에게 어느 약속한 날 밤 자정에 오면 몸을 허락하겠다고 말해 달라고 했습니다. 그녀의 계획에 따르면, 그 가사 도우미를 집으로 돌려보내고 자기가 그 방에 누워 있으려고 한 것입니다. 아들이 왔다가 엄마를 보면 얼마나 소스라치게 놀라겠습니까? 이번 기회에 버릇을 크게 고치려고 했던 것입니다. 드디어 약속된 그 날이 되었습니다. (이제 이 스토리에서 가사 도우미 소녀는 빠집니다) 그 날이 되어 엄마가 기다리는데, 아들이 쑤욱 들어왔습니다. 타이밍을 기다렸죠. '어느 때 내가 이놈! 하고 일어날까?' 그런데 그 엄마가 나중에 이렇게 고백합니다. "그때 잠시 마귀에게 홀렸던 것 같습니다." 갑자기 자기 아들이 낯설게 느껴졌습니다. 남자로 느껴진 것이지요. 그날 밤 있을 수 없는 일이 일어났습니다. 아들과 관계를 맺었습니다. 그리고 방을 나간 아들은 이 사실을 몰랐습니다.

그런데 이제부터 내용이 거의 막장 드라마로 갑니다. 이 엄마가 임신을 해서 딸을 낳게 된 것입니다. 아들과의 관계를 통해 나은 아이를 집에서 키울 수가 없었습니다. 근방의 위탁 시설에 아기를 보냈지요. 그런데 엄마 된 입장에서 어떻게 이 아이를 잊을 수가 있었겠습니까? 수년이 흐른 후에, 그 여인은 자신이 낳은 딸을 집으로 데려옵니다. 물론 신분을 숨겼지요. 다시 세월이 흐르고, 또 다른 문제가 생겼습니다. 성인이 된 아들이, 역시 소녀가 된 이 아이를 보고 정말 좋아하게 된 거예요. 그리고 이 소녀 역시 이 아들을 사랑하게 되었습니다. 엄마로서는 절대 용인할 수 없는 일이 발생한 것입니다. 당연히 안 된다고 강하게 반대를 했습니다. 그런데 아들이 막무가내에요. 결국은 엄마가 하도 반대를 하니까 둘이 멀리 도망을 가서 결혼을 했습니다. 성인이 된 이들은 당시 사제의 주례를 받아 합법적으로 결혼을 한 것입니다. 이 모든 사실을 전해들은 어머니는 일평생 죄짐을 지고 정말 극심한 고통의 세월을 보내게 되었습니다.

세월이 흘러, 그녀가 죽을 때가 가까웠습니다. 중세 로마 가톨릭 교회에서는 죽기 전에 고해성사를 해야 했기에, 그녀 역시 용기를 내어 고해신부를 찾아갔습니다. 그녀는 고해신부에게 일련의 모든 이야기를 털어놓았습니다. 그런데 보통 때와 같으면 "내가 너를 사하노라." 하는 사죄의 선언이 나와야 하는데, 고해 신부는 아무런 말을 할 수 없었습니다. 잠잠했습니다. 이와 같은 죄는 이전에는 듣도 보도 못한 일이었기에 너무 당황한 것입니다. 고해신부는 일주일 후에 다시 오라고 그녀를 보냈습니다. 아무리 생각을 해도 이것은 실정법에 따라 처벌이 이루어져야 할 사안이라 판단해서, 결국 비밀리에 이 사건을 세속 법정에 넘겼습니다. 물론 이런 경우는 거의 없지요. 에어푸르트의 법조인들이 모여 막상 이 사건을 형법으로 다스리려 보니까 문제가 생겼습니다. 실정법상 딱히 처벌할 근거를 마련하기가 어려웠습니다. 무엇보다 어떤 피해자가 누구를 아직 고소한 것이 아니었기 때문입니다. 그래서 법률가들 역시 이것을 고민하다가, 이 사건을 당시의 신학자들에게 자문을 구하며 교회에게 돌려보냈다고 합니다. 지금으로 치면, 일종의 신학연구위원회의 결정에 따라 처리해 달라고 의뢰한 것이지요. 신학자들도 역시 너무 당황스러웠습니다. "대체 이 일은 어떻게 처리되어야 하는 죄인가?" 그들 역시 고민을 하다가 조용히 그 여인을 소환합니다. 그리고 기록에 보면 두 가지의 질문을 했습니다. "누가 이 사실을 아느냐?" "하나님과 저만 압니다." 여인이 대답했습니다. 아들과 (아들과의 관계를 통해 낳은) 딸은 이 사실을 전혀 모른다고 여인은 말했습니다. 두 번째 질문은 그들의 결혼의 적법성에 관한 것이었습니다. "아들과 소녀가 합법적으로 결혼을 했는가?" 어머니는 그 둘이 교회의 사제가 베푸는 적법한 예식 절차를 따라 혼인 예식을 치렀다고 대답했습니다. 고민 끝에 신학위원회가 마침내 결정을 내렸습니다. "아무에게도 이야기하지 말라." 신학자들은 그 둘이 아무것도 모르고 한 일이고, 이것을 밝혔을 때 더 큰 악이 발생될 수가 있기에 이런 결정을 내렸습니다. 그리고 그녀는 통회하는 마음을 가지고 교회의 법을 따라 고해를 통해 하나님 앞에서 죄를 자백했기 때문에, 교회는 그녀에게 사죄 선언을 하는 것이 옳다고 신학자들은 판단했습니다. 그래서 "하나님께서 자매의 죄를 사하셨다. 평안히 가라"고 선언했습니다. 결국 그 여인은 죽기 전에 오랜 죄짐을 내려놓고 사죄의 확신을 가질 수 있었습니다.

　루터는 신학생을 교육하는 신학교 수업시간에 이 이야기를 꺼냈습니다. 당황하는 예비 목회자들 앞에서 논평하기를 비록 중세 교회의 성직자들이 내린 결정이지만 이것은 아주 잘한 결정이라고 말했습니다. 감춰진 죄를 무조건 밝히 들추어낸다고 해서 다 좋은 것이 아니라고 루터는 말했습니다. 루터는 모든 사건을 사단과의 영적 전쟁의 맥락에서 비추어 보곤 했습니다. 이 사건에 관한 한 사단의 입장에서 볼 때는 그야말로 한 건 올릴 수 있는 좋은 기회였습니다. 이 일을 통해서 몇 사람을 자살시킬 수도 있고, 혹은 폭력 사태를 일으킬 수도 있습니다. 그런데 당시 성직자들이 섣불리 이 일을 다 밝히고, 마을 신문에 대서특필이라도 했다고 생각해 보십시오. 그러면 아마 더욱 흉악한 일들이 일어날 수 있었을 것입니다. 그러면 악도 더욱 커지고 재생산 되었겠지요. 여기서 루터는 우리의 시선을 "복음"으로 이끕니다. 루터에게 복음은 엄청난 무기입니다. 이 때문에 복음을 들고 있는 사역자들은 정말 신중하게 또한 지혜롭게 이 무기를 사용해야 한다고 루터는 강조했습니다. 하나님의 복음, 곧 예수 그리스도의 구속의 피가 얼마나 강력하냐면, 이것은 지옥 한복판에 있는 극악한 죄인조차도 단번에 끌어낼 수 있을 정도입니다. 용서하지 못할 죄가 없습니다. 하나님께서는 이 비극적인 여인의 죄를 모두 알고 계십니다. 분명히 그녀의 죄는 매우 크다고 볼 수 있습니다. 그러나 복음은 그 죄보다 더욱 크고 강력합니다. 그녀는 하나님 앞에 담대히 나아와 자신의 잘못을 자백했습니다. 그리고 자신의 죄보다 더욱 큰 사죄의 은총을 받았습니다. 결국 죄 용서함의 확신을 누렸습니다. 그러니 교회가 복음의 무기를 적절히 사용하여 이 일을 그런 방식으로 덮은 것은 잘한 것이라고 루터가 논평한 것입니다. 복음의 빛은 인간의 이성과 경험을 초월하는 놀라운 능력을 가지고 있습니다.

1521년, 루터가 로마 가톨릭의 신학자 라토머스와 논쟁했을 때 그는 이런 표현을 사용합니다. "하나님께서는 죄를 사하시되 가짜 죄인이 아니고 진짜 죄인을 용서하신다(Deus non fictos sed veros peccatores salvos facit)." 하나님께서는 이름뿐인 죄인이 아니라 진짜 죄인을 구원해 내신다는 의미입니다. 이 때문에 우리는 그리스도의 피를 결코 헛되게 사용해서는 안 된다고 루터는 말합니다. 여기서 루터는 오늘날 우리가 사용하는 '낭비'의 의미와는 정반대로 사용합니다. 오히려 길거리에 나가 이 무기를 (남용하듯이) 적극 사용하지 않고 창고에 아껴 보관하는 것이 복음을 헛되게 하는 행위입니다. 루터에게 있어 그리스도의 피라는 이 무기는 이 세상 그 어떤 원자폭탄보다도 강력한 힘을 가지고 있습니다. 아까 언급했듯이 지옥 한복판에 있는 사람도 구해낼 수 있을 정도로 강력한 것입니다. 그런데 그 무기가 말씀의 사역자들에게 맡겨졌다는 것이지요. 루터는 신학생들에게, 그들이 나아갈 목회 현장은 상상을 초월하는 죄가 벌어지는 현장이라는 것을 지적합니다. 그러나 그 죄 앞에서 조금도 당황하지 말라고 경고합니다. 그 죄보다 더욱 크고 그 죄를 압도할 수 있는 무기가 말씀의 사역자의 손에 이미 주어졌기 때문입니다. 죄와 사망과 더불어 정면승부를 통해 승리하신 예수 그리스도께서 사죄의 능력을 우리에게 맡기셨다는 것이지요! 참으로 정신이 번쩍 드는 부분입니다. 인간의 죄악된 실존을 밝히 드러내되 복음의 빛으로 그것을 조명할 때, 거기엔 놀라운 사죄의 은혜가 있다는 것입니다.

3. 신자의 두 번째 희망, 율법과 복음을 적용하는 달인이신 예수 그리스도

두 번째 신자의 희망은, 예수 그리스도께서는 그야말로 율법과 복음을 적용하는 달인이라는 사실에 근거하고 있습니다. 사실 오늘의 주인공 창세기의 유다가 참 회개의 자리로 나아오기까지에는 또 다른 주인공 요셉의 역할이 굉장히 큽니다. 흥미롭게도 루터와 칼빈 모두 "은잔 시험"을 통해 유다와 형제들의 죄를 다루는 요셉의 모습에서 예수 그리스도를 발견합니다. 더욱 흥미로운 것은 말씀의 사역자로 부름 받은 저와 여러분에게 요셉의 역할을 직접적으로 적용시킨다는 것입니다. 요셉은 복음 설교자가 과연 어떻게 율법과 복음을 적용해야하는지를 가르쳐줍니다. 복음 설교자가 성도의 죄악을 다룰 때, 복음을 사용하여 무분별한 용서를 베푸는 것이 아닙니다. 설교자는 요셉과 같이 그들에게 적당한 시련을 주고 연단을 주며, 이를 통해 그들의 죄악이 얼마나 큰 것인가를 자각시키고 회개의 자리로 초청해야 합니다. 요컨대 율법의 빙초산을 통해 아픈 상처를 소독하는 과정이 반드시 필요한 것입니다. 물론 그 뒤에는 상처를 치료하는 복음의 약이 마련되어 있는 것이지요. 형제들을 시험하는 요셉은 이미 어마어마한 용서를 예비해 두었던 것입니다.

그렇기에 루터와 칼빈이 율법과 복음을 가장 이상적으로 다루는 복음적인 설교자의 모델로서 오늘 요셉의 모습을 부각시키는 것입니다. 그리고 이 요셉 앞에서 악한 죄를 범했던 유다는 정말로 하나님 앞에서 철저히 자기 죄를 자복하고 참 회개하는 복 받은 모습으로 성경이 그려냅니다. 이 배후에서 역할하는 요셉은 우리가 율법과 복음의 설교자로 부름 받았다고 할 때, 반드시 참고해야 할 모델이라고 생각합니다. 정말 죄의 문제는 무작정 덮는다고만 해결되는 것이 아닙니다. 복음 설교자는 정말 죄라는 것이 하나님 앞에서 얼마나 큰 악인지를 먼저 가르쳐야 합니다. 그 후에 복음은 죄인을 참 회개를 통해 십자가 보혈의 능력을 체험하는 자리로 이끌어 냅니다. 이처럼 하나님은 율법과 복음의 말씀을 통해 죄인을 회복시키시는 것입니다.

여러분, 하나님께서 우리의 죄를 적발하시고 감춰진 죄를 들추시는 이유는 정죄와 처벌이 아닙니다. 치료와 용서가 목적입니다. 그리고 죄로부터 자유함을 주시려고 하시는 것입니다. 신자가 자신의 죄악을 감추기에만 급급하지 않고 감춰진 죄를 자백하고 용서를 구할 때, 세상은 두 번 놀랍니다. 먼저 "어떻게 그리스도인들이 저런 죄를 지을 수 있을까?"라고 반응하며 놀랍니다. 그러나 회개하는 자녀들의 죄악을 남김없이 용서하시는 복음의 능력 앞에 더욱 크게 놀라게 됩니다. 신자의 죄악 앞에 놀라는 것이 "과연 복음의 능력은 크구나!"의 감탄으로 바뀌는 것이지요. 여러분 우리의 죄악된 실존이 세상의 사람들과 다르지 않다면 무엇으로 신자의 신자 됨을 세상 가운데서 차별화를 하겠습니까? 꺼져가는 심지와 상한 갈대를 다루시는 하나님의 앞에서 참 회개자의 모습으로 서고 복음 안에서 사죄의 은혜를 누리는 모습을 통해 세상에 물음표를 던져주는 방법 외에는 없다고 생각합니다.

4. 죄 죽이기, 결코 포기할 수 없는 싸움

여러분, 우리는 신자의 삶에 내재하는 죄의 실존을 직시해야 합니다.

우리는 늘 입에 "내 진심은 그것이 아닌데", 혹은 "내 순수한 의도는 그것이 아닌데"라는 말을 달고 삽니다. 그러나 이런 말은 사실 거꾸로 사용해야 합니다. 예레미야 17장 9절에 보면, "만물보다 거짓되고 심히 부패한 것이 마음이라!" 사람의 진심이 무엇인지 고발합니다.

우리에게 무슨 순수한 의도가 있습니까? 나에게도 없고 내 옆의 사람에게도 없습니다. 그래서 남에게 그것을 기대하거나 그것으로 스스로를 치장할 필요가 없습니다. 내 진심은 항상 부패한 것입니다. 우리가 거짓된 마음을 스스로 속일 필요가 전혀 없습니다. 우리의 진심에는 항상 죄악된 본성이 있는 것이지요. 그래서 그것과 부단히 싸우는 것입니다.

다만 우리는 진짜 죄인을 용서하시는 하나님을 신뢰하고 회개해야 합니다. 칼빈과 루터가 공통적으로 유다를 칭찬한 것이 있습니다. 그것은 창세기 38장에서, 하나님께서 유다의 죄악을 들추실 때, 그가 그것을 감추거나 덮으려 하지 않고 즉각 회개한 것입니다. 오늘 창세기 44장 33절에 보면 유다가 회개했습니다. "이제 주의 종으로 그 아이를 대신하여 머물러 있어 내 주의 종이 되게 하시고, 그 아이는 그의 형제들과 함께 올려 보내소서." 자신의 앞에 서 있는 그 형제를 은 20에 파는 일을 주도했었던 유다입니다. 그러나 이제는 아버지를 염려하고, 배다른 형제이지만 베냐민의 안위를 염려하면서 "그 아이를 대신해서 내가 있겠습니다"고 하였습니다. 진심이라 생각합니다. 마침내 하나님께서 율법과 복음으로, 뛰어난 설교자로 유다를 대하셔서 참 회개하는 거룩한 족장의 모습으로 이끌어 내신 것이지요.

마지막으로 루터의 명언을 한 가지 더 알려드립니다. 아까 제가 말한 인용문입니다. "하나님께서 용서하시는 죄인은 가짜 죄인이 아니고 진짜 죄인이다." 사실 그 뒤에 하나 더 있습니다. "하나님께서 우리에게 가르치시는 바 죄와 더불어 싸우라고 하시는 그 죄는 가짜가 아니고 진짜 죄이다(Deus non fictum sed verum peccatum mortificare docet)." 하나님께서 실제 우리에게 죄와 싸우라고 말씀하실 때 그 죄가 사변적이고 추상적인 죄가 아니라 진짜 죄라는 것입니다! 우리를 사하시는 죄도 진짜 죄이고, 하나님께서 베푸시는 용서의 대상들도 진짜 죄인입니다. 그리고 그 다음이 중요합니다. 하나님께서 또 동시에 그 죄인들을 향해서 너희가 죄와 더불어 싸우라고 하시는데, 그 싸움도 진짜 싸움이라는 것입니다. "진짜 죄와 진짜로 싸우라!" 남녀노소 할 것 없이, 목사, 장로, 저와 여러분 할 것 없이 하나님께서 우리를 이 싸움으로 다 초청하십니다.

온전한 그리스도인

사 1:10-17

박상봉 (역사신학)

우리는 오늘 본문을 읽으면서 한 가지 신중한 질문을 할 수 있습니다. "유다 지도자들과 백성이 종교적으로 대단한 헌신과 열심을 가졌음에도 불구하고, 왜 그 사회 안에서 선행, 정의, 긍휼과 같은 윤리적이고 인격적인 면에서는 심각하게 타락했는가?" 입니다.

1. 참된 종교의 지향점

오늘 설교의 관심은 여기에 있습니다. 이 질문과 관련하여, 오늘 본문에 기록된 유다 지도자들과 백성의 죄악된 현실을 살피면서 '참된 종교'란 어떤 모습을 지향하는 것인가를 살펴보고자 합니다. 동시에, 그 종교에 속한 신자들은 자신들의 신앙적인 온전성을 무엇으로 드러내야 하는가에 대해서도 생각해 보고자 합니다.

오늘 본문은 하나님이 유다 지도자들과 백성의 죄악과 관련하여 교훈(10절)한 내용입니다. 하나님은 유다 지도자들을 "소돔의 관원들"로, 유다 백성을 "고모라의 백성"으로 부르면서, 그들의 죄악을 지적하고 있습니다. 여기에서 유다 지도자들과 백성의 죄악은 표면적으로 볼 때 두 가지 면으로 기록되어 있습니다. 한편은 종교적인 죄악이고, 다른 한편은 윤리적이고 인격적인 죄악입니다. 먼저, 종교적인 면에서 하나님은 유다 지도자들과 백성이 드리는 제사와 제물(11-13a), 절기를 지키는 일들(13b-14절), 간절히 드리는 기도(15절) 등의 종교적인 헌신과 열심이 거짓되다는 것입니다(참조. 사 1:10-15a).

이러한 이사야의 지적은 매우 흥미롭습니다. 오늘날의 표현으로 하면, 유다 지도자들과 백성을 향해 예배를 열심히 드리는 것, 헌금을 하는 것, 종교적 집회에 참여하는 것, 기도하는 것 등에 대해 하나님이 진노하고 있기 때문입니다. 물론, 하나님은 유다 사람들의 종교적인 의무 자체를 싫어하는 것은 아닙니다. 그들의 순수하지 않는 종교적인 헌신과 열심을 싫어하고 있습니다. 즉, "헛된 제물, 즉 악을 행하여 얻은 제물"(13절), "손에 피가 가득한 채로 드리는 기도(15절)" 등을 싫어하고 있는 것입니다.

다음으로, 윤리적이고 인격적인 면에서 하나님은 유다 지도자들과 백성이 악을 행하며, 그 사회와 약자들을 위하여 선행, 정의, 긍휼 등에 관심을 갖지 않는 것을 지적하고 있습니다(사 1:15b-17/ 참고 1:21-23). 즉, 그 사회 속에서 선을 행하거나 정의를 실행하는 것에 아무런 관심이 없고, 학대 받는 자를 보면서도 도와주지 않고, 고아와 과부가 고통 중에서 신음하고 있음에도 불구하고 눈과 귀를 닫고 살아가고 있는 현실을 악행으로 규정하고 있는 것입니다.

여기에서 '고아와 과부'를 언급하고 있는 것은, 그 사회 속에서 가장 연약하고 가난한 자들에 대한 표현입니다. 즉, 그들 자신 스스로 삶을 책임질 수 없는 사회적인 약자들에 대한 대표적 인물들이 고아와 과부라는 것입니다. 장애인, 노예, 가난한 사람, 이방인 등도 여기에 포함될 수 있습니다. 우리 시대의 사회적인 약자들은 이러한 사람들 이외에 탈북자, 외국인 노동자, 노숙자, 경제적인 소외 계층 등이 더 포함될 수 있겠지요. 하나님은 아무런 보호막이 없는 사회적 약자들의 아픔과 억울함에 대해서 귀를 기울이지 않는 것을 심각한 죄악으로 규정하고 있는 것입니다.

하지만 이 두 가지 죄악은 서로 구별되어 있는 사안이 아닙니다. 오히려, 유다 지도자들과 백성의 타락으로부터 연유된 두 가지 열매 혹은 두 측면의 악행이라고 할 수 있을 것입니다. 그들의 타락상이 한편은 종교적으로, 다른 한편은 윤리적이고 인격적으로 드러난 것입니다.

2. 유다의 타락

유다 지도자들과 백성의 타락을 좀 더 세심히 살펴보도록 하겠습니다. 이사야 1장 4절을 보겠습니다. "슬프다 범죄한 나라요 허물진 백성이요 행악의 종자요 행위가 부패한 자식이로다. 그들이 여호와를 버리고 이스라엘의 거룩하신 이를 만홀히 여겨 멀리하고 물러갔도다." 유다 사람들이 "범죄한 나라요 허물진 백성이요 행악의 종자요 부패한 자식"으로 불릴 정도로 타락했다고 규정한 것은, 원문의 의미에 따라서 쉽게 이해하면, 그들이 "여호와를 마음에서 버리고, 이스라엘의 거룩하신 분을 말로서 모독하고, 그리고 행동으로 배신했기" 때문입니다. 즉, 유다 사람들은 마음으로, 언어로, 행동으로 하나님과 상관없는 삶을 살았다는 것입니다.

하지만 이 기록을 오늘 읽은 본문인 1:11-15과 비교하면, 서로 모순이 되는 것처럼 보입니다. 4절은 "그들이 여호와를 버리고 이스라엘의 거룩하신 이를 만홀히 여겨 멀리하고 물러갔도다"라고 기록하고 있는데, 그러나 11-15절은 제사를 위해 무수한 제물을 가져오고, 정성을 다하여 절기를 지키고, 열심히 기도를 드렸다고 기록하고 있기 때문입니다. 즉, 앞서는 "마음으로, 언어로, 행동으로 완전히 하나님을 떠난 사람들"이, 그 뒤에서는 "하나님을 향해서 종교적으로 대단한 헌신과 열심을 보이는 사람들"로 표명되고 있기 때문입니다.

그럼 실제로 모순일까요? 아닙니다. 유다 지도자들과 백성이 '하나님에 대한 경외 없이' 하나님을 찾아가고, 제사를 드리고, 기도하고 있다는 것을 말합니다. 분수에 지나도록 많은 제물로 제사를 드리고, 힘을 다하여 절기를 지키고, 열심으로 기도를 하는데, 하나님의 마음과 그분의 거룩한 뜻에 아무런 관심을 갖지 않는 것입니다. 결국, 이렇게 모순이 되는 것처럼 기록한 것은, 유다 사람들이 "하나님을 향한 진실한 마음은 없으나, 그분이 베풀어 주시는 것에는 관심이 있다"는 사실을 드러내기 위함입니다.

유다 지도자들과 백성은 자신들의 욕심과 삶의 필요를 채워주는 하나님, 그 이상을 생각하지 않는 것입니다. 경외와 진실함으로 하나님을 찾지 않고, 오직 하루를 안락하고, 배부르고, 자존심 세우고 사는 데 복을 주시는 하나님만을 생각한 것입니다. 인간적 욕심과 필요를 채우는 것 이외에 높고, 깊으며, 고상한 삶의 가치와 의미는 하나님에게서 찾지 않은 것입니다. 결국, 이러한 신앙의 행태가 종교적인 헌신과 열심은 있지만, 윤리와 인격이 없는 거짓된 종교를 만들어 낸 것입니다.

이러한 전제 속에서 볼 때, 유다 지도자들과 백성의 종교적인 헌신과 열심은 두 가지 동기에서 발생된 것으로 이해할 수 있습니다. 첫번째 동기는 하나님과 주고받는 것입니다. 하나님이 주면, 그들도 주는 것입니다. 그들이 주면, 하나님도 주는 것입니다. 이 원리 속에서 유다 사람들이 하나님께 크게, 많이, 열심히 주면, 하나님도 그들에게 크게, 많이, 열심히 주실 것이라는 기대 속에서 종교적인 헌신과 열심을 내는 것입니다. 잘 먹고, 더 안락하고, 아무런 고통이나 근심 없이 살기 위해서 유다 사람들은 하나님께 모든 헌신과 열심을 드린 것입니다.

다른 동기는 유다 지도자들과 백성이 자신들의 악행을 면죄 받기 위함입니다. 그 사회에서 가장 연약한 자들까지도 억울하게 하면서, 이웃을 해하면서, 저울을 속이면서, 뇌물을 받으면서, 사회 전체가 대가를 치러야 하는 악행을 하면서 벌어들인 피 묻은 부요함으로, 그들 자신의 악행은 회개하지 않으면서, 그 대신에 종교적인 헌신과 열심으로 그들 자신의 악행을 용서받으려고 하는 것입니다. 그들이 드리는 제사, 제물, 기도는 일종의 면죄부와 같습니다. 종교적인 헌신과 열심을 드리는 것으로 그들 자신의 악행이 용서받을 수 있다고 믿는 것입니다. 그들의 악행의 대가를 종교적인 헌신과 열심으로 지불하는 것입니다.

오늘날 우리가 한 주간 어떤 짓을 하고 살아도 교회에 와서 예배드리고, 헌금을 내고, 언어적으로 회개만 하면 다 용서된다고 생각하는 것과 같습니다. 하지만 참된 회개는 우리의 영혼, 마음과 골수를 움직이는 것입니다. 우리의 전인을 움직입니다. 우리의 연약함과 죄의 오염 때문에 반복해서 죄를 짓는다고 해도, 그 죄악에 대해서 날마다 슬퍼하고, 괴로워하며, 탄식하는 것입니다. 죄를 지을 때마다 고뇌하고, 후회하고, 양심의 가책을 받고, 그래서 도저히 회개하지 않으면 안 되는 것입니다. 이러한 회개 속에서 우리는 죄를 평생을 통해서 극복해 가는 것입니다. 그래서 참된 회개는 우리의 인간적인 의지에 근거하지 않습니다. 우리 속에 있는 성령이 우리를 주장하는 것입니다. 성령이 우리의 의지, 생각, 마음을 주장하여서 죄에 대해서 회개하는 열망을 평생 동안 잃지 않도록 하기 때문입니다.

결국, 이러한 이해와 관련하여 우리는 다음과 같은 신앙적인 사실을 발견할 수 있습니다. 종교적인 헌신이나 열심과 윤리적이고 인격적인 삶은 구별되며, 때로 별개일 수도 있다는 것입니다. 오히려, 윤리적이고 인격적인 삶은 없으면서 종교적인 헌신과 열심만 내는 것은 우리 자신의 죄악을 은폐하는 것과도 같다는 것입니다. 참된 신앙(종교)은 양면을 모두 갖추고 있습니다. 하나님을 바로 알면, 그 아는 것에 근거하여 신앙적인 헌신과 열심을 내는 것이요, 하나님이 명령하신 뜻에 근거하여 선하고, 의롭고, 인격적인 삶의 내용을 전 영역 속에서 드러내는 것입니다. 빛의 자녀들로 착함과 의로움과 진실함으로 우리에게 허락된 전 영역의 삶을 살아가는 것입니다(엡 5:9).

3. 이스라엘 민족의 타락의 원인

그럼 이제는 유다 지도자들과 백성이 종교적인 헌신과 열심을 가졌음에도 불구하고, 그 사회 안에서 약자들을 향한 선행, 정의, 긍휼 등에 대해 무관심한 종교인으로 전락하게 된 근본적인 이유는 어디에 있을까요? 당연히 앞서 확인한 것처럼, "그들이 여호와를 버리고 이스라엘의 거룩하신 이를 만홀히 여겨 멀리하고 물러갔도다(4b)"에 그 원인이 있을 것입니다. 그럼 이 본문이 구체적으로 의미하는 것은 무엇일까요? 이 질문에 대한 답변을 위해서 신명기 8:11-14a를 보겠습니다.

이 신명기 기록과 관련하여 이해하면, 유다 지도자들과 백성의 타락의 원인은 "그들의 마음이 교만해져서 하나님의 율법을 지키지 않고 하나님을 잊었기" 때문입니다. 하지만 "하나님의 말씀(명령, 법도와 규례)을 지키지 않고, 하나님을 잊었다"는 것은 하나님을 예배하지 않거나 찾지 않았다는 의미가 아닙니다. 하나님을 예배하고 찾지만 인간이 추구하는 삶의 조건과 내용에 근거하여서만 하나님을 예배하고 찾는다는 의미입니다. 우리 생의 근원이자 주인이신 하나님 자체에 대한 관심이 아니라, 우리 자신의 삶의 조건과 내용에 더 큰 가치와 의미를 부여하며 하나님을 예배하고 찾는 것입니다. 이 때문에 하나님의 말씀을 듣지만, 삶을 지배하는 전 내용으로 청종하지는 않는 것입니다. 하나님의 말씀을 순종하는 것이 하나님을 경외하는 것임을 알지 못하는 것입니다. 하나님의 말씀을 순종하는 것으로 하나님의 존재와 통치 아래서 살아가고 있다는 것을 증명하지 않는 것입니다.

오늘을 살아가고 있는 우리와 관련하면, 하나님을 열심히 섬기는데 우리의 세속적인 욕심은 더 많아지는 것입니다. 헌금은 많이 하는데, 우리에게 동시대를 함께 살아가고 있는 힘 없는 자들에 대한 긍휼이 없는 것입니다. 교회 일은 열심히 하는데, 우리에게 진실함이 없고 이기심만 가득한 것입니다. 예배는 열심히 드리는데, 우리에게 삶의 고상함이나 인격적인 성숙은 발견되지 않는 것입니다. 하나님을 성경에 계시된 내용에 근거하여 믿지 않고, 우리의 인간적인 생각에 근거하여 주관적으로 믿는 것입니다. 우리를 부르신 하나님의 거룩한 뜻에는 아무런 관심이 없으면서, 오직 우리 자신의 욕심과 필요를 채우는 데만 관심을 가지고 하나님을 찾는 것입니다.

그럼 유다 사람들의 신앙의 현실 속에서 이러한 현상이 왜 발생했을까요? 유다 지도자들과 백성은 모든 것을 물질적인 가치로 판단하고, 물질적인 조건에 인간의 존재 가치를 두었기 때문입니다. 물질적인 풍요 속에 존재적 의미와 삶의 안정감을 내어 맡겼기 때문입니다. "네가 먹어서 배부르고 아름다운 집을 짓고 거주하게 되며, 또 네 소와 양이 번성하며 네 은금이 증식되며 네 소유가 다 풍부하게 될 때에 네 마음이 교만하여 네 하나님 여호와를 잊어버릴까 염려하노라."(신

8:12-14a)

하나님이 우리의 산성이요 요새시요 방패라고 말하지만, 이에 대한 신뢰가 없는 것입니다. 오늘이 힘들기 때문에 내일을 불안해하며 하나님을 신뢰하지 않는 것입니다. 그리고 그 불안 때문에 악을 행해서라도 삶의 안정감을 갖고자 하는 것입니다. '오늘 염려스럽고, 고통스러운 하루를 허락하신 하나님이 내일도 불안한 하루를 또 허락하시지 않을까?'를 의심하며 악을 행하면서까지 삶의 가치를 세속적이고 물질적인 안전망에 두는 것입니다. 오늘의 염려를 주신 하나님의 심오한 섭리를 생각하지 않고, 그 염려가 내일은 발생하지 않도록 우리 스스로 삶을 설계해 가는 것입니다. 결국, 한편에서 잘 되는 은혜를 받아야 하겠고, 다른 한편에서는 우리 자신이 행한 죄악에 대해 면죄를 받아야 하기 때문에, 하나님의 경외와 그분의 거룩한 뜻에 근거한 윤리적이고 인격적인 삶을 살지 않는 대신에, 오직 종교적인 헌신과 열심만을 드러내는 것입니다. 유다 지도자들과 백성의 종교적인 본질이자, 혹은 오늘을 살아가고 있는 우리 신앙의 현실일 수 있습니다.

오늘날 사고파는 매매의 경제논리는 더 이상 경제 상업적 영역에만 적용되지 않고, 점차적으로 현대인의 삶 전체를 지배하기 시작했습니다. 자본주의 사회를 살면서 가장 큰 위기는, 이 사회가 점점 더 윤리적이고 인격적인 것에 관심을 두지 않는다는 것입니다. 무엇이든지 사고파는 세상에서 물질적 가치가 모든 구별과 차별의 근원이 되고 있습니다. 돈의 소유에 따라서 일류가 있고, 이류가 있고, 삼류가 정해지고 있습니다. 더욱이, 이러한 사고는 지금 신앙의 영역에서도 작용하고 있습니다. 한 신자가 경제 사회적으로 성공한 삶을 살아내지 못하면 인생의 실패자요, 동시에 신앙의 실패자로 자신 스스로를 규정해 버리는 것입니다. 이 때문에 자신을 자책하고, 마음의 깊은 가책 속에서 모든 신앙적인 자존성을 잃어버립니다.

이와 관련하여 가장 큰 위기는 우리의 신앙 영역에서 하나님의 위치가 점점 더 모호해지고 있다는 사실입니다. 오늘 우리에게 하나님의 존재는 세상의 통치자와 주관자로서 전 삶을 지배하는 분이 아닌, 오직 구원만 주시거나 인생의 문제를 해결해 주는 분으로 전락되고 있습니다. '삶은 내 마음대로 살 테니, 오직 복을 주시거나 천국에만 가게 해 주시면 됩니다' 가 하나님의 위상으로 자리 잡고 있습니다.

이 때문에 더 이상 하나님을 믿는 사람이나 믿지 않는 사람 사이에 삶과 의식에 있어서 아무런 차이가 없습니다. 우리 역시도 현실을 두려워하고, 무서워하고, 비관하며 세상 모든 사람들이 살아가는 방식과 똑같이 살아갈 뿐입니다. 하나님의 통치와 섭리는 믿는 자로서 삶의 지향성과 사고에 있어서 평안과 여유가 없는 것입니다. 지금 가진 것이 많으면 여유롭게 반응하지만, 그것이 없어지려고 하거나 없으면 어찌해야 할 바를 모릅니다. 오직, 하나님을 복의 주인이라고만 생각하고, 성도로서 삶의 진정한 가치와 의미는 생각하지 않는 것입니다. 하나님의 통치와 섭리 속에서 세상의 주인이 누구인가에 대해서 생각하지 않고, 오직 현실을 물질적인 만족 속에서만 살고자 하여 하나님을 복의 주인으로만 생각하는 것입니다. 하나님이 현실을 살아가는 데 필요한 복만 주면, 그분의 역할은 다한 것입니다. 천국만 가게 해 주면 하나님은 그분 자신의 소임을 다한 것입니다.

4. 온전한 그리스도인이 된다는 것

결국, 이와 관련하여 우리는 다음의 질문을 하지 않을 수 없습니다. "온전한 그리스도인이 된다는 것은 어떤 것일까요?" 우리의 유일한 구속주이신 예수 그리스도는 수치스럽고, 고통스러운 현실 속에서도 아버지의 뜻을 행하는 것에서 자신의 존재와 사역의 가치를 찾았습니다. 즉, 온전한 그리스도인이 된다는 것은 우리의 지성, 인격, 의지를 하나님의 통치 아래 두는 것입니다. 하나님의 "주인" 되심에 우리의 전 삶의 체계를 복종시키는 것입니다. 종교와 삶이 분리된 삶을 사는 것이 아니라, 종교와 삶이 하나인 삶을 사는 것입니다. 종교적 인격이, 삶의 인격이 되는 것입니다. 물론, 이는 삶의 완벽성을 말하는 것이 아닙니다. 하나님을 향해 진실함을 두는 삶을 말하는 것입니다. 이러한 삶의 지향성을 평생토록 추구하는 것을 말합니다.

우리의 교회에서, 우리의 사회에서, 우리의 가정에서, 우리가 하나님의 이름을 열심히 부름에도 불구하고, 정직과 성실이 사라지고, 의와 공평이 굽어지며, 관용과 자비, 사랑과 긍휼이 없어지는 것은 우리가 하나님을 잘못 믿거나 우리가 하나님을 오해하기 때문입니다. 우리의 종교적인 헌신과 열심이 진실한 것이라고 하면, 우리는 이웃을 품는 것으로, 모든 일에서 정의를 행하는 것으로, 연약한 자에게 긍휼을 베푸는 것으로, 즉 삶의 전 영역 속에서 하나님이 요구하시는 윤리적이고 인격적인 삶을 사는 것으로 표명되어야 합니다. 결국, 이러한 풍경이 참된 종교의 모습이요, 온전한 그리스도인의 삶의 자태라고 하겠습니다.

이러한 삶의 격려를 위해서 이사야는 이렇게 외치고 있습니다. "여호와께서 말씀하시되, 오라 우리가 서로 변론하자. 너희의 죄가 주홍 같을지라도 눈과 같이 희어질 것이요 진홍 같이 붉을지라도 양털 같이 희게 되리라. 너희가 즐겨 순종하면 땅의 아름다운 소산을 먹을 것이요, 너희가 거절하여 배반하면 칼에 삼켜지리라 여호와의 입의 말씀이니라."(사 1:18)

십자가의 도

고린도전서 1:18–31

박영선 (설교학 · 석학교수)

오늘 본문 말씀의 핵심은 '십자가의 도'는 우리가 기대하는 방법과 전혀 다른 것이라는 데에 있습니다. 십자가의 도가 당시 헬라 사람들에게는 미련한 것으로 보였을 것이라고 합니다. 여기서 '미련하다'는 말은 말이 안 되는 것이라는 뜻입니다. 하나님께서 약한 것들과 천한 것들을 들어서, 곧 말이 안 되는 것을 사용하여 세상에서의 지혜와 능력을 압도하신다는 것, 이것이 십자가의 도입니다.

1. 신앙은 자기 확인인가

우리는 신앙생활을 할 때 자주 틀립니다. 특히 믿고 알고 기대하고 분명해서 틀립니다. 우리는 하나님이 기뻐하시는 일하심의 방법을 예수에게서가 아니라 나 자신에게서 확인하려고 합니다. 구원을 받으면, 열심으로 헌신하고 자신을 불살라 유익한 사람이 되어 구별된 보상을 받겠다고 나섭니다. 그렇게 하여 하나님이 일하시는 십자가를 등지게 됩니다.

하나님의 은혜와 능력에 의해서 하나님의 자녀로 들어왔음에도 불구하고, 예수를 믿는다는 말은 우리에게로 다시 돌아가 우리가 아는 방식으로 다시 우리에게 재결합됩니다. 여기에서 성경의 가르침과 큰 차이가 빚어집니다. 이 차이를 확인하기 위해 이렇게 질문해 볼 수 있습니다. 여러분의 신앙과 헌신에 대한 보상은 자랑입니까, 감사입니까? 자랑이라면 보상받지 못할 때 억울함이 생깁니다. 한편, 감사는 어떤 보상도 요구하지 않기에 억울함이 없습니다. 감사란 누리는 것이기 때문입니다. 감사는 누구에게 보이는 것이 아니라, 스스로 누리는 것입니다.

신앙적 헌신이 자랑으로 이어질 때 이런 부작용이 나타납니다. 믿는 자들이 자꾸 믿지 않는 자들을 비난해서 자기 확인을 하려고 합니다. 열등한 자를 비난해서 갖는 자기 확인이 바로 자랑입니다. 겸손하라고 이 말을 하고 있는 것이 아닙니다. 겸손하다고 해도 감사가 나오는 것은 아니기 때문입니다. 그것은 그건 다른 포즈의 자랑일 뿐입니다. 원색적인 자랑과 속 깊은 자랑으로 구분할 수 있지만, 결국 본질은 같은 것입니다. 이런 부작용이 은혜를 입은 사람들 속에 계속 작용하고 있습니다. 그래서 신앙 인생 내내 자기가 믿은 것을 자기에게서 확인하는 데 골몰합니다.

신앙이 무엇인가에 대해 '십자가의 도'는 성경의 대표적 표현입니다. 십자가의 도가 멸망하는 자들에게는 미련한 것이요 구원을 받는 우리에게는 하나님의 능력입니다. 하나님의 능력이라고 되어 있습니다. 우리를 도와주는 정도의 것이 아니라, 하나님의 성실하심과 열심 있는 의지와 모든 것을 동원하는 하나님의 깊은 헌신이 여기에 담겨 있습니다.

우리는 우리의 신앙을 '기독교'라고 증언합니다. 기독교라는 말은 그리스도를 한문으로 음차한 것입니다. 하나님을 믿는 종교인데, 왜 예수 이후로는 기독교 즉 예수교가 되었을까요. 왜 하나님을 믿는다는 것이 원천이신 성부 하나님으로 대표되어 있지 않고 육신으로 오셨던 성자 예수님으로 대표되는 것일까요. 예수는 하나님이 누구신가와 하나님이 우리에게 어떤 목적이 있으시며 그 목적을 어떻게 이루시는가를 보여주는 역사적이고 신적인 증거입니다. 그래서 예수를 믿는다는 말은 구원에만 국한되는 것이 아니라 구원을 원하시는 성부 하나님에 대한 이해를 담고 있습니다. 그러니 우리는 '예수를 믿는다'는 말이나 '십자가의 도'라는 말이 얼마나 구체적인 것인지 알아야 합니다. 십자가의 도는 하나님이 누구시냐에 대한 구체적인 증거입니다. 하나님의 성실하심이 여기에 담겨 있습니다.

우리는 관념이나 명분을 사용해서 신앙을 정리합니다. 그러나 관념이나 윤리, 곧 진심, 헌신과 같은 추상명사들에 매달리는 바람에 신앙이 인격성에 초점을 맞추고 있다는 것을 외면하고는 합니다. 하나님이 우리를 향한 약속을 이루려고 행하시는 모든 일은 인격적 개입입니다. 하나님은 찾아와 약속하시고 아들을 보내셨습니다. 그 아들은 우리를 구원하시기 위하여 십자가를 지는 구체적 한 존재로서 이 일을 이루어 나갔습니다. 그래서 우리에게 예수를 믿으라고 이야기하는 것은 우리 모두도 하나님의 자녀가 되는 것을 구체적 한 인격으로 반응해야 함을 가리키는 것입니다. 우리는 인생 속에 도전되는 모든 현실 앞에서 한 존재, 한 인격으로서 선택하고 순종하며 인내로써 반응해야 합니다.

우리가 몸담고 있는 한국교회 안에서 만나는 제일 곤란한 일 중 하나가 신앙을 목청 높여 이야기하고 비난하고 해설하면서도 그렇게 살아가는 인격을 가지지는 못하는 것입니다. 그런 인격을 갖고 있다면 우리의 모습은 어떻게 나타날까요. 예수를 믿는 것이 무엇인지를 제대로 알면, 한 인간은 그 존재 전체가 빛이 나듯이 따뜻해지고 멋있게 됩니다. 성품의 변화가 있습니다. 성품의 변화라는 것은 윤리적이거나 관념적 차원의 것이 아닙니다. 생명이 있는, 피와 눈물과 땀이 있는, 용서와 이해가 함께 가는 것을 수긍한 것을 말합니다. 하나님께서 예수 안에서 그렇게 우리를 불러내셨고 그 안에 참여시켰다는 것을 아는 감사로 쌓인 얼굴이 되는 것입니다.

이것은 비단 한국교회만의 문제가 아니라, 어느 시대에나 반복되는 동일한 문제입니다. 신앙에서 중요한 문제는 흥했느냐 망했느냐가 아닙니다. 예수 그리스도의 성육신과 십자가 사건이 특정한 한 시대를 살아가는 한 인격, 한 생애 속에 용납되어 수용되며 실천되고 있느냐가 우리가 당면해야 하는 신앙의 과제입니다.

누구에게든 그 앞에는 한 인간이 겪어가는 진실한 인생의 순간순간이 펼쳐져 있습니다. 그런데 우리는 그것을 못 견딥니다. 인생은 언제나 이겨야 되는 게 아닙니다. 승리로 모든 것이 다 해결되고 보상받는 것이 우리 인생이 아닙니다. 우리는 이겨도 되고 져도 되는 인생을 삽니다. 이길 때 무엇이 누적되며 질 때 무슨 유익이 있는지는 하나님만 정하실 수 있는 문제입니다. 우리에게 주어진 것은 십자가의 도입니다. 우리를 위하여 오신 예수를 우리가 죽였습니다. 그런데 그 사건으로 하나님이 우리를 구원하십니다. 이런 일이 벌어졌으니 겁낼 것이 무엇이겠습니까. 저 버려도 하나님의 목적은 이루어지는 것입니다. 세상은 사느냐 죽느냐, 누가 먼저 가고 나중 갔느냐, 누구 키가 크냐 작냐 하는 것밖에 견주고 평가할 것이 없습니다. 인생의 궁극적인 문제는 하나님과의 관계인데, 그것을 하나님이 예수 안에서 붙잡아 버렸습니다. 그렇게 하나님이 붙잡으신 것이 우리 인생입니다.

2. 인생의 위대함

이제 우리에게 남겨진 문제는 어떻게 살 것인가 하는 것입니다. 이것은 믿지 않는 사람을 예수 믿게 하는 것보다 더 큰 문제입니다. 예수를 믿었으면, 어떻게 인생 속에 예수를 모르고 살 때와 다른 정체성과 삶에 대한 반응과 매일의 삶을 담아낼 것인가를 물어야 합니다.

신앙생활을 하며 바로 경험하게 되는 것은 우리의 소원대로 하나님이 답하시지 않는다는 것입니다. 또 우리의 예측과 기준대로 일하시지도 않습니다. 하나님은 혼란과 무질서를 가져오시려는 것일까요. 그렇지 않습니다. 하나님은 우리에게 '내가 원하는 것은 너희의 기대 수준보다 너무 높은 것이어서 너희가 소원하는 정도와는 타협하지 않겠다. 내가 요구하는 것은 너희들이 추구하는 가치와는 다른 것이며 높은 것이다. 그것을 확인시키기 위하여 낮은 자를 쓰고 천한 자로 일하겠다' 하고 말씀하시는 것입니다.

낮은 자와 천한 자로서 하나님께 붙들려 있는 인생에게서 이루어지는 위대함이란 어떤 것일까요. 그 위대함은 어떻게 이루어지는 것일까요. 위대해지려면 먼저 부정적인 것을 극복해야 합니다. 자신에 대한 부끄러움 때문에 자폭하려는 마음을 극복해야 합니다. 이런 것을 어떻게 극복할 수 있을까요. 성경의 인물들을 보면 더 이상 도망갈 데가 없어서 극복합니다. 떠밀리고 떠밀려서 죽어버리면 제일 쉽겠는데, 하나님이 죽지 못하게 하십니다. 욥이 그 예입니다.

하나님이 욥을 두고 사탄과 내기를 하십니다. 그에게 준 모든 좋은 것을 거두어도 욥이 계속 하나님을 경외할 것인가 하는 내기입니다. 하나님이 말씀하십니다. '그래 좋다. 그가 누리는 좋은 조건들을 다 제거하면 어떻게 되는지 보자. 단, 그를 죽이지는 못한다.' 욥은 이 일을 겪어갑니다. 그는 인내를 하는 게 아닙니다. 죽을 수가 없어서 겪어갑니다. 억울하고 힘들고 힘든 것의 끝을 넘어가서, 죽음으로 끝날 수 없는, 하나님이 목적한 인생의 극치에 갈 수밖에 없게 된 것입니다. 죽어야 끝이 날 텐데, 죽지 못하니까 죽음을 넘어설 수밖에 없게 되었습니다. 하나님은 죽음 너머에 있는, 죽음으로 만들어낼 수 없는, 그리고 죽음으로 끝날 수 없는 당신의 목적을, 의지를, 약속을 그에게 보이십니다. 이것이 우리가 믿는 십자가의 도입니다. 우리는 겁날 것이 없습니다.

사람은 욕먹을 때 그 욕을 잘 먹으면 그렇게 훌륭해 보일 수가 없습니다. '왜 이렇게 공부를 못했어?' 하고 누가 말하면, '그때 나도 잘 하고 싶었는데 일도 많고 시험도 예상한 데서 하나도 안 나오고' 같은 식으로 말하지 마세요. 그냥 '그러게 말이에요' 라고 하세요. 그렇게 하면 사람들이 욕을 하다가도 성품은 좋구나 하고 생각합니다. 성품 이 훨씬 중요해요. 성적보다 성품이 중요하다 이렇게 외워 놓으세요.

잘못했을 때는 욕을 먹어야 됩니다. '왜 이렇게 했어? 왜 바보 같은 짓을 했어?' 하면 '다시는 안 그러겠습니다' 라고 말하세요. 그래도 그 다음에 또 잘못하지요. 잘못이 한 번에 끝나는 법은 없으니까요. '너 왜 그래?' 하면 또 '조심하겠습니다' 라고 하면 됩니다. '지난번에 도 그렇게 말했잖아' 라고 꾸짖으면 '세 번은 안 하겠습니다' 라고 이 야기하는 겁니다. 거기서 인간의 훌륭함이 드러납니다. 인간의 진가 는 어려움을 어떻게 감수하는가, 억울함을 어떻게 극복하는가에서 드 러납니다. 잘못을 범하지 않고 욕을 먹지 않게 모든 것을 대비하는 것 에 사람의 가치가 있는 것이 아닙니다.

인간은 하나님이 웃음과 눈물을 주신 존재입니다. 왜 그러셨을까 요. 하나님은 인간에게 혼자 말고 같이 오라고 하시는 것입니다. 혼자 웃으면 미친 사람입니다. 웃음은 서로 용서할 때 생겨나는 것입니다. 실수와 한계를 용서할 때 웃을 수 있습니다. 그래서 웃음 없는 신앙은 큰 병에 걸린 상태입니다. 교회에서 신앙이 좋은 사람들을 떠올려 보 세요. 한국 교회가 만든 이상적 신앙인은 무서운 사람들입니다. 그 얼 굴을 보면 가을인데 단풍도 안 들고 찬바람에도 잎사귀 하나 안 떨어 진 채 부들부들 떨고 있는 시퍼러둥둥한 나뭇잎 같습니다. 나뭇잎이 면 가을엔 단풍이 들고 겨울엔 떨어져야 합니다. 겨울이 되었는데도 독야청청한 것은 소나무로 충분합니다. 우리가 신앙생활하며 다 겪은 일 아닙니까. '사람은 따뜻한 사람이 좋더라, 편들어 주는 사람들이 좋더라. 편들 수 있는 사람이 됐으면 좋겠다. 반가워하고 용서하고 기다려 주는 사람이 되자' 이런 마음이 우리에게 다 있습니다. 이렇게 되는 것이 십자가의 도입니다.

3. 우리의 지혜인 예수

본문 말씀은 구약을 두 번 인용합니다. 19절에서 "내가 지혜 있는 자들의 지혜를 멸하고 총명한 자들의 총명을 폐하리라"라고 이사야서 말씀을 인용하고, 또 31절에서 "자랑하는 자는 주 안에서 자랑하라 함과 같게 하려 함이라"고 하여 예레미야서를 인용합니다. 이것들은 다 우리가 알고 있는 세상 법칙과 대조됩니다. 이기는 자가 이기고 지는 자는 망하는 세상의 법칙과 극명하게 대조되는 것입니다. 하나님의 자비와 용서와 복 주심과 일하심의 신비를 나타내고 있습니다. 하나님이 이렇게 말씀하시는 겁니다. '네가 어떤 정황에 있든지 그 정황이 네 삶의 성패를 가르는 절대적 조건이 되는 것은 아니다. 나는 그 정황에서 네게 하나의 역할을 맡긴다. 내가 거기 함께한다. 나는 어떤 정황에서든 복과 기적과 구원과 영광을 담아낼 수 있단다. 그러니 걱정하지 마라.'

이 모든 설명은 우리를 여기로 몰고 갑니다. 30절에 "너희는 하나님으로부터 나서 그리스도 예수 안에 있고 예수는 하나님으로부터 나와서 우리에게 지혜와 의로움과 거룩함과 구원함이 되셨다"고 합니다. 지혜는 따로 존재하는 어떤 개념이나 기술이 아니라 예수라고 합니다.

스티브 잡스가 스탠포드 대학교에서 한 연설이 있습니다. 그 연설에서 핵심적으로 말하는 것은 '네가 원하는 것을 해라. 네가 사랑하는 것을 해라. 다른 무엇보다도 네가 좋아하는 일을 해라' 하는 것입니다. 이 말이 방탕하게 행동할 때도 통할까요? 그럴 수는 없습니다. 그러니까 스티브 잡스의 연설에는 핵심, 본질, 근거가 빠져 있습니다. 그는 피조물이 할 수 있는 기능적 선택을 말할 뿐입니다. 그가 역설하는 것은 한 개인이 가지는 어떤 소원과 열정이라는 모호한 근거 위에 있습니다.

반면, 하나님은 우리를 불러 하나님의 자녀로 살도록 우리의 인생을 요구하실 때 분명한 근거를 제시하십니다. 그 근거는 하나님 자신이십니다. 우리의 지혜는 예수입니다. 그러니까 우리의 인생은 우리의 어떤 선택이나 기능이나 필요 위에 서 있는 것이 아닙니다. 오히려 우리가 행하는 선택이나 기능은 모두 하나님이라는 근거 위에 서 있습니다. 하나님이 우리의 아버지시며 나를 위하시는 전능자라는 근거 위에 우리가 서 있는 것입니다.

하나님은 우리를 법칙과 인과관계에 묶어 놓지 않으셨습니다. 우리를 기능과 경쟁에 묶어 놓지 않고 예수에 우리의 모든 것을 묶어 놓으셨습니다. 이것이 얼마나 대단한 것입니까. 우리가 무엇을 하든지 우리는 예수에게 속한 자, 하나님이 예수 안에서 붙들어 맨 자입니다. 예수에게서 드러난 능력과 운명이 우리의 것이라는 말입니다. 우리가 소유해서가 아니라, 믿고 이해하여 실천해서가 아니라, 우리의 운명은 예수 안에서 이미 이루어졌기 때문에 이미 완성된 사건으로 예수에게 담겨져 있다는 말입니다. 이 운명을 뒤바꾸려면 예수를 제거해야 됩니다. 그래서 20, 21절의 말씀이 나오는 것입니다. "지혜 있는 자가 어디 있느냐 선비가 어디 있느냐 이 세대에 변론가가 어디 있느냐 하나님께서 이 세상의 지혜를 미련하게 하신 것이 아니냐 하나님의 지혜에 있어서는 이 세상이 자기 지혜로 하나님을 알지 못하므로 하나님께서 전도의 미련한 것으로 믿는 자들을 구원하시기를 기뻐하셨도다."

4. 전도의 미련한 것

전도의 미련한 것이 무엇입니까? 전도는 설명하거나 윽박지르거나 강제하거나 이해관계로 이루어지는 것이 아닙니다. 하나님은 믿는 자를 통해 전도하십니다. 믿는 자는 어떤 사람입니까. 우리입니다. 미련하고 천하고 연약하고 아무것도 아닌 한 실존입니다. 이런 자들로 하나님이 일하십니다. 내가 위대해야만 이루어질 수 있는 일 같은 것은 없습니다. 하나님의 자녀가 무엇인지만 알면 됩니다. 그렇게 주어진 조건 속에서 자신의 역할을 하고 있으면, 오병이어의 기적도 있고 죽음에서 부활하는 사건이 일어납니다. 예수의 죽음에서 무슨 일이 벌어질지 누가 상상을 했겠습니까. 억울하게 배신당하고 사람들의 분노 때문에 죽는 일에 하나님이 부활을 담아 세상과 역사와 인류의 운명을 반전시키셨습니다.

인간이 무엇인지, 예수를 믿는다는 것이 무엇인지 알아야 합니다.

자기 인생이 어떻게 하나님의 기막힌 창조품인지, 예수의 성육신과 십자가가 그랬듯이 우리의 억울함과 고통이 얼마나 기막힌 삶의 조건이 되는지 알아야 합니다. 생각을 해 봅시다. 도대체 우리는 무엇을 겁내고 있을까요. 하나님이 어디에나 은혜를 담으실 수 있다는 것, 모든 일을 당신의 능력 안에 영광으로 끝내시겠다는 것을 아는 존재가 되어야 합니다.

여러분을 보면 사람들이 '아, 이 사람은 다르다. 햇살이 비치는 것 같다. 이 사람과 함께 있으면 마음이 따뜻해진다. 이 사람은 작지만 위대하구나' 이렇게 느낄 것입니다. 말씀에 힘입어서 자신을 격려하십시오. 여러분의 현실을 위대하게 하십시오. 어렵고 말이 안 되어 보이나 기적이 여기에 있습니다. 이것이 십자가입니다. 예수를 믿는다는 말의 뜻입니다.

우리는 예수를 믿고 있습니다. 인격이신 예수를 믿는 것입니다. 그러니 여러분도 한 인격으로서 생애를 인격적 반응과 순종과 그리고 공감과 감사로 살아낼 수 있어야 합니다. 이런 것들이 윤리나 선언 같은 것으로 끝나지 않게 하십시오. 자기 인생과 자기 존재를 귀하게 여기고, 예수를 보내신 하나님의 능력과 지혜와 약속된 영광에 붙들려 있는 인생인 줄 아는 기쁨과 자랑과 이해와 넘쳐나기를 바랍니다.

명분과 진심

마태복음 15:1-20

정창균 (설교학)

사람이 살아가는 데 있어서 명분은 매우 중요합니다. 그렇게 말하고, 그렇게 행동하는 명분이 분명해야 합니다. 그래야 그 말과 그 행동이 정당하고 떳떳하고 옳은 것이 됩니다. 그러나 명분이 옳으면 그 명분을 내세워서 행하는 모든 것이 당연히 옳은 것으로 되지는 않습니다. 내세우는 명분은 언제나 옳고, 거룩하고, 신앙적이고, 논리가 분명할 수 있습니다. 그래서 누구도 이의를 제기할 수 없도록 입을 막을 수 있습니다. 그런데 가만히 살펴보면 그렇게 명분을 내세우는 진정한 의도는 전혀 딴판인 경우를 자주 보게 됩니다. 정말 하고 싶은 것, 얻고 싶은 것이 따로 있는데, 차마 그 속셈을 드러내놓고 말 할 수는 없어서 겉으로는 다른 명분을 내세우는 것입니다. 누구도 이의를 제기할 수 없는 명분을 앞세우고, 그 뒤에 숨어서 차마 솔직하게 말 할 수 없는 자기의 속셈을 이루고자 하는 것이지요.

이런 경우에 명분과 진심 사이에 심각한 괴리가 생깁니다. 진심은 다른 데 있으면서, 명분은 그럴듯한 신학과 진리와 고차원의 신앙논리를 내세울 때 명분과 진심 사이에 심각한 괴리가 생깁니다. 이렇게 되면, 명분은 지당하신 진리의 차원에서 벗어나 다른 사람을 잡으려는 올무가 되어버립니다. 자기 자신을 턱없이 부각시키려는 꼼수로 전락해버리기도 합니다. 그리하여 그가 내세우는 고상한 신학과 신앙의 원리와 세련된 논리는 순식간에 천박한 궤변이 되어버립니다. 그의 사람됨은 비열하고 저급한 수준으로 타락해버립니다. 위선자가 되는 것입니다. 명분과 진심 사이의 이러한 괴리가 신앙생활의 현장에서 일어나게 되면 심각한 문제를 야기하게 되지요. 하나님을 앞세워 명분을 삼고, 그것을 방패삼아 자신의 숨겨진 잇속을 챙기는 데로 나가기 때문입니다. 하나님을 내세워 하나님을 대적하는 무서운 짓을 하게 되는 것입니다.

예수님이 이 땅에 계시는 동안 자주 부딪쳐야 했던 문제가 바로 이것이었습니다. 바리새인과 율법사 등 당대의 뛰어난 종교 지도자들이 그럴듯한 미사여구로 예수님을 높이면서 다가와서 사실은 예수님을 올무로 묶기 위하여 자주 들고 나왔던 것이 바로 이 명분이었습니다. 오늘 본문도 바로 이런 문제로 그들이 예수님을 질책하며 도전해온 사건입니다. 예수님께서 이러한 명분과 진심의 괴리를 파악하시고 혹독하게 이 문제를 다루시는 사건입니다.

본문 속으로

예수님이 점점 대중에게 널리 알려지고, 그래서 인기가 높아지고 있었습니다. 많은 사람들이 예수님께 몰려오기 시작하였습니다. 오늘 본문은 그 때에 일어난 사건입니다. 본문을 시작하는 첫 마디인 "그 때에"는 바로 이런 때를 두고 하는 말입니다.

그때에 바리새인과 서기관들이 예수님을 찾아 나왔습니다. 수많은 사람이 모여 있는데 두 세 사람이 일어나서 예수님을 향하여 정면으로 걸어 나온 것이지요. 이들의 돌발적인 행동은 틀림없이 거기 있는 많은 사람의 눈에 금방 띄었을 것입니다. 이 사람들은 그냥 그 자리에 앉아 있다가 즉흥적으로 나온 사람들이 아니었습니다. 예루살렘에 있는 바리새인과 서기관들의 본부로부터 파송을 받아 특별한 임무를 띠고 나온 사람들입니다. 모두가 주목하고 있는 그 상황에서 이 사람들이 예수님에게 질문을 던집니다. 그것이 2절에 있는 말씀입니다. "당신의 제자들은 어째서 장로들의 전통을 범합니까? 떡 먹을 때에 손을 씻지 않습니다. 그것은 장로들의 전통, 우리 조상대대로 내려오는 전통을 정면으로 범하는 것입니다." 이들이 말하는 장로들의 전통이란, 하나님의 백성이 자기를 정결하게 하여 경건한 모습으로 하나님을 섬기게 하려고 제정한 규율들입니다. 그 사람이 정결 한가 아닌가를 판가름 짓는 중요한 생활 기준이 되는 것이지요. 그런데 예수님의 제자들이 그 전통 가운데 하나를 범하고 있다는 것입니다. 그러므로 그들이 예수님의 제자들을 놓고 예수님께 던지는 이 도발적인 질문 뒤에는 예수님에 대한 비난과 정죄가 숨어 있는 것이지요. 이들은 이것으로 예수님을 책잡기 위하여 파송된 사람들이었습니다. 오늘 본문은 이렇게 해서 시작된 논쟁에서 예수님이 바리새인과 서기관들을 다루시는 현장을 생생하게 보여주고 있습니다.

예수님의 판정

이 질문을 던지는 바리새인들에게 예수님이 쏟아 부은 말들이 참으로 무섭습니다. 예수님이 이 사람들을 가리켜서 직접적으로 혹은 인용을 통하여서 하신 말씀들은 이와 같습니다. "저들은 하나님의 말씀을 폐하는 자들이다." "외식하는 자들이다." "입술로는 하나님을 공경하지만 마음은 하나님에게서 멀리 있는 자들이다." "하나님을 헛되이 경배하는 자들이다." "하늘 아버지께서 심지 않은 자들이다." "그러므로 하늘 아버지께서 뽑아내실 자들이다." "저들은 소경들이다." "저들은 구덩이에 빠질 자들이다." 이것이 바리새인과 서기관들을 가리켜 예수님께서 하신 말씀들입니다. 아니 그 질문 하나 했다고 이렇게 매섭게 반격을 하면서 나오시다니요. 그 질문 하나 했다고 이렇게까지 반응할 수 있을까요? 만약 우리 학교 강의실에서 이런 일이 일어나면 그 교수의 인격을 의심할 수밖에 없는 것 아니에요? 예수님은 왜 이들을 이렇게 혹독하게 다루시고 마치 막말을 쏟아 붓듯이 무서운 정죄의 말들을 이들에게 쏟아내시는 걸까요? 사실 바리새인과 서기관들은 하나님을 가장 잘 섬기기 위하여 모든 노력을 하는 사람들로 정평이 나있는 사람들입니다. 이들은 하나님을 잘 섬기기 위하여 수백 가지의 세밀하고도 엄격한 규율을 만들어서 전통으로 지켜오는 사람들이기도 합니다. 그런데도 무엇 때문에 이 사람들은 예수님에게 이렇게 혹독한 판정을 받고 있는 것일까요? 무엇이 문제인 것일까요?

문제의 실상

바리새인들에게는 대대로 내려오는 장로들의 전통이라는 것이 있었습니다. 이러한 전통을 만든 명분은 하나님의 계명을 철저하게 잘 지키겠다는 것이었습니다. 그 중에 하나가 밥을 먹을 때는 반드시 손을 씻어야 한다는 것입니다. 이것은 건강이나 위생 때문이 아니라, 예배자의 정결을 위한 종교적 규율이었습니다. 바리새인들이 예수님을 찾아와서 항의하고 질책하는 것도 예수님의 제자들이 밥을 먹을 때 손을 씻지 않아서 그들의 이 전통을 깨뜨렸다는 것이지요. 그런데 예수님은 하나님 앞에서 정결해야 한다는 명분을 내세운 이들의 질책을 정면으로 되받아치는 것으로 일차적인 반응을 하십니다. 사실 예수님은 이렇게 말씀하시는 셈입니다.

"우리가 손을 씻지 않고 음식을 먹어서 장로들의 전통을 어겼고, 그래서 하나님 앞에서 지켜야 할 정결을 범하였다고?" "너희들은 너희의 전통으로 하나님의 계명을 깨뜨리고 있다!" 예수님은 그들이 지켜오고 있는 또 다른 전통을 염두에 두고 하시는 말씀이었습니다. 부모에게 재물을 드려서 잘 섬겨야 될 일이 있을 때, 그것을 하나님께 드렸다고 하면 부모에게 드리지 않아도 된다는 전통입니다. 이것도 물론 바리새인들이 부모보다도 하나님을 최우선으로 섬긴다는 명분으로 만든 전통입니다. 그것을 두고 예수님이 말씀하시는 것입니다.

"너희들은 너희의 전통으로 하나님의 계명을 깨뜨리고 있다. 하나님은 말씀하시기를 네 부모를 공경하라고 하셨다. 심지어 아버지나 어머니를 비방만 해도 그런 자는 반드시 죽여야 된다고 까지 말씀하셨다. 그런데 너희가 만든 전통은 누구든지 아버지나 어머니에게 드려야 될 것이 있어도 그것을 하나님께 드렸다고 말하기만 하면 부모님을 봉양하지 않아도 된다고 하지 않느냐? 그러니 너희는 너희 전통으로 하나님의 말씀을 아무 것도 아닌 것으로 만들어 버리고 있다."

이것이 3절에서 6절까지의 말씀입니다. "대답하여 이르시되 너희는 어찌하여 너희의 전통으로 하나님의 계명을 아무것도 아닌 것으로 만드느냐 하나님이 이르셨으되 네 부모를 공경하라 하시고 또 아버지나 어머니를 비방하는 자는 반드시 죽임을 당하리라 하셨거늘 너희는 이르되 누구든지 아버지에게나 어머니에게 말하기를 내가 드려 유익하게 할 것이 하나님께 드림이 되었다고 하기만 하면 그 부모를 공경할 것이 없다 하여 너희의 전통으로 하나님의 말씀을 폐하는도다."

예수님의 논리는 이것입니다. 너희의 진심은 재물을 드려 부모를 공경하는 것이 싫은 것이다. 그것을 하나님 최우선이라는 그럴듯한 신앙적인 명분을 내세워 정당화하고 있다. 그리하여 실질적으로는 부모를 공경하라는 하나님의 말씀을 폐기해버린다. 예수님은 이들에게 손을 씻지 않음으로 너희의 전통을 어기는 것이 더 큰 잘못이냐, 너희 전통을 지키자고 하나님의 계명을 아무것도 아닌 것으로 만들어 버리는 것이 더 큰 잘못이냐고 되받아치고 있는 것입니다. 제자들은 먹을 때에 손을 씻지 않아서 장로들의 전통을 어겼다면, 바리새인들은 신앙생활을 내세워 부모를 공경하지 않음으로써 하나님의 말씀을 폐기하여 버렸다고 지적하시는 것입니다. 그리하여 바리새인들이 제자들보다 얼마나 더 큰 죄를 범하는 자들인가를 고발하고 있습니다.

사실 예수님의 이 말씀은 우리 가슴을 섬칫하게 합니다. 우리도 신앙생활, 헌신과 충성, 혹은 하나님 나라의 확장이라는 명분을 내세워서 가정생활과 직장생활에 불성실한 것을 정당화하기도 합니다. 심지어 인간관계와 상식적인 윤리 도덕차원에서까지도 다른 이들의 지탄을 받을 일들을 거침없이 행하곤 하기 때문입니다. 하나님 중심의 신앙생활을 한다는 명분을 내세워 다른 사람에 대하여 한없이 매정하고, 비인간적인 언사와 행동을 버젓이 행하기도 합니다. 그리하여 하나님을 잘 섬기기 위해서라고 하면서 사실은 하나님의 말씀을 아무 것도 아닌 것으로 만들어 버리게 됩니다. 그리하여 결국 하나님을 능멸하는 현상을 초래하는 것입니다. 이것이 오늘날 한국교회와 우리 신자들의 심각한 문제입니다.

문제의 본질 – 명분과 진심의 괴리

바리새인들이 이러한 모순에 찬 잘못을 범하는 본질적인 문제는 무엇일까요? 예수님은 이들의 잘못을 지적하신 다음에 선지자 이사야의 말씀을 인용하면서 무엇이 본질적인 문제인가를 밝히십니다. 그것이 8절과 9절 말씀이지요. "이 백성이 입술로는 나를 공경하되 마음은 내게서 멀도다. 사람의 계명으로 교훈을 삼아 가르치니 나를 헛되이 경배하는도다!" 입술의 문제가 아니라 마음의 문제요, 명분의 문제가 아니라 진심의 문제라는 것입니다. 하나님을 경배하는 것이 목적인데, 하나님 경배는 명분일 뿐, 그것을 사람의 욕구를 충족하는 수단으로 써먹으니 사실은 하나님을 헛되이 경배하는 것이 되고 말았다는 것입니다. 그러므로 예수님은 이 말씀에 이어 마음, 곧 속사람을 강조하십니다. "입으로 들어가는 것이 사람을 더럽게 하는 것이 아니라 입에서 나오는 그것이 사람을 더럽게 하는 것이니라."(11절). 결국 사람의 마음, 곧 속사람이 문제입니다. 마음이 잘 못되어서 외식하는 자가 됩니다. 언제나 자기 잇속을 챙기는 것이 마음의 진심이고, 하나님과의 관계는 언제나 그럴듯한 명분으로만 존재하는 것입니다. 이것이 외식입니다. 입술의 말만 하나님 우선이고, 속의 진심은 자기 잇속 우선에 맞추어져 있는 것입니다.

듣고 깨달으라

그러나 그것은 단지 바리새인들만의 문제가 아닙니다. 사실은 모든 인간의 문제이기도 합니다. 예수님도 단순히 이 문제를 제기한 그 사람들에게만 말씀하신 것이 아니었음을 분명히 하십니다. 그러므로 바로 이어서 하시는 말씀이 그것입니다. "무리를 불러 이르시되"(10절). 바리새인들과 서기관들을 상대로 하신 이 말씀을 곧바로 그곳에 있는 무리에게로 적용하십니다. 그리고 하시는 말씀이 그것입니다. "듣고 깨달으라!" 결국 이 말씀은 그곳에서 예수님을 공격하던 바리새인들만이 아니라, 제자들도, 군중도, 그리고 이 말씀을 읽는 오늘 우리에게도 하시는 말씀입니다. "너희들은 너희의 전통으로 하나님의 계명을 깨뜨리고 있다." "입으로 들어가는 것이 사람을 더럽게 하는 것이 아니라 입에서 나오는 그것이 사람을 더럽게 한다." "명분이 아니라, 진심이 문제다!" 씻지 않은 손으로 먹는 떡이 하나님 앞에서 사람을 더럽게 하는 것이 아니라, 하나님을 배제해버리고 자기 욕심으로 채워진 마음으로부터 나오는 행동이 하나님 앞에서 사람을 더럽게 합니다. 그것이 우리를 외식하는 자로 만듭니다. 심지어 하나님마저도 우리 욕심을 채우는 수단으로 당당하게 써먹는 데로 우리를 이끌고 갑니다. 그러므로 가장 시급하고도 가장 중요한 것은 우리의 마음을 하나님에게로 향하게 하는 것입니다. 명분을 그럴듯하게 갖추는 것이 아니라, 우리의 진심이 하나님을 향하게 해야 합니다. 우리 자신의 잇속과 욕구에 집착하는 마음을 하나님께 집착하도록 해야 합니다. 그리고 그럴듯한 명분이 아니라, 하나님이 인정하실 진심에 따라 처신해야 합니다. "듣고 깨달으라!" 이 말씀을 듣고 깨달아서 순종하라는 것입니다.

취해야 할 반응

듣고 깨달으라는 예수님의 말씀에 바리새인과 서기관들이 나타낸 반응은 무엇일까요? 화를 내며 분노하였습니다.(12절). 예수님의 말씀을 듣자마자 그들이 나타낸 반응을 목격한 제자들이 놀라서 예수님께 털어놓습니다. "이에 제자들이 나아와 이르되 바리새인들이 이 말씀을 듣고 걸림이 된 줄 아시나이까?" 12절입니다. 쉽게 풀면 이런 말이지요. "예수님. 듣고 깨달으라고요? 그 말씀 듣고 저 사람들 돌아버린 거 아세요? 큰일 났어요." 바리새인과 서기관들은 주님의 말씀을 정면으로 거부해버린 것입니다. 이것이 그들이 범한 또 다른 큰 잘못입니다. 자기들이 어떻게 잘못됐는가? 자기들이 어디에서 어그러졌는가? 자기들이 지금 어디로 가야 되는가? 하는 말씀이 주어졌을 때 그것을 듣고 취한 반응이 잘못된 사람들이었습니다. 이들은 악한 본심을 하나님을 동원한 명분으로 가리는 자들일 뿐만 아니라, 그것이 잘못임이 지적됐을 때도 그 지적에 대하여 반감을 품을 뿐 그것을 받아들여 돌이키지 않는 사람들이었습니다. 이들은 이중적인 죄를 범하고 있는 셈이지요. 말씀을 듣고 깨닫지 않는 그것이 그들에게는 화가 되었습니다. 그러므로 그들의 운명에 대한 주님의 선언이 그것이었습니다. "그냥 두라!" "그들은 결국 뽑힐 것이다." "그들은 소경이다.", "그들은 결국 구덩이에 빠질 것이다" 그런데 무서운 것은 우리 모두가 이렇게 될 위험을 갖고 있다는 사실입니다. 그러므로 그들에게 하신 경고는 바로 그곳에 있던 모든 무리와 이 사건을 읽는 오늘 우리에게도 동일하게 주시는 말씀입니다. "듣고 깨달으라!"

우리가 이 사건을 듣고 깨달아야 할 것은 두 가지입니다. 첫째는 명분을 내세워 악한 본심을 정당화하지 말라는 것입니다. 진심은 자기 욕구와 잇속을 채우려는데 있으면서 명분만 하나님을 사용해서 미화하거나 정당화하지 말라는 것입니다. 우리의 진심을 하나님을 내세운 명분에 맞도록 고쳐가라는 것입니다. 두 번째는 우리가 잘못 가고 있는 것, 잘못 생각하고 있는 것, 잘못 판단하고 있는 것이 지적되거나 깨달아지거나 드러날 때 그것을 인정하고 돌아서라는 것입니다. 우리가 살면서 한 번도 잘못하지 않고 실수하지 않고 살겠다고 결심하는 것은 허구입니다. 우리는 그렇게나 완전한 인간들이 아닙니다.

그러므로 나는 절대로 실수하지 않겠노라고 결심하는 것보다 더 중요한 것은 잘못을 범하고 무너졌을 때에 다시 돌이키겠다고 결심하는 것이 훨씬 더 가치 있고 현실적입니다. 잘못을 범하지 않을 수 있는 사람은 우리 가운데 아무도 없습니다. 우리의 실수와 실패는 죽어야 끝납니다. 우리가 잘못 행하거나 실패하는 것은 많은 경우에 인간의 연약함에서 온 것입니다. 그러나 우리가 실패한 것, 실수한 것, 잘못 산 것을 인정하는 일에 실패해서는 안됩니다. 우리가 넘어지고 실패하고 잘못한 것을 인정하지 않는 것은 연약한 것이 아니라, 악한 것이기 때문입니다. 실수를 인정하고 거기로부터 돌아서는 것입니다. 돌이키는 것입니다. 본문의 바리새인들과 서기관들은 여기에도 실패함으로써 이중적인 악을 범한 것입니다. 그것이 그들에게는 화가 되었습니다.

그러나 주님의 말씀은 듣고 깨달아서 순종하는 사람에게는 주님의 지적과 듣고 깨달으라는 말씀이 복이 되는 말씀입니다. 명분이 아니라, 진심이 핵심이라는 주님의 말씀을 듣고 깨달아 순종하는 복을 누리는 여러분이 되시기를 축원합니다.

새 언약의 일꾼

에스겔 37:1-14

이승진 (설교학)

지난 4월 중순 이후 한국 사람이라면 모두가 한결 같은 마음으로 세월호 침몰 대참사 때문에 참으로 힘든 시간을 보냈고 있습니다. 우리 모두는 이번 사고를 함께 가슴아파하면서, 위기 상황 속에서 올바른 방향을 제시하면서 뒤따르는 사람들을 생명의 길로 인도할 수 있는 유능한 지도자의 중요성을 절감했습니다. 지도자라는 사람이 뒤따르는 사람들의 생명이 위급한 위기 상황 속에서 고작 해 줄 수 있는 말이 "그 자리에 가만히 앉아 있으라"는 말밖에는 할 말이 없다면, 그로 말미암아 빚어지는 비극이 얼마나 비참한 것인지를 우리 모두가 절감하고 있습니다.

저와 여러분은 위기 상황에서건 평상시건 가리지 않고 항상 하나님의 백성들에게 교회 신자들에게 하나님의 말씀을 전달하고 선포하는 사역자로 부름을 받았습니다. 이번 사고에서도 여실히 알 수 있듯이 남을 올바른 방향으로 인도하는 지도자의 역할은, 따르는 사람들에게는 삶과 죽음이 결정될 정도로 중요한 역할입니다. 어떻게 인도하느냐에 따라서 따르는 사람이 살아날 수도 있고 죽을 수도 있는 참으로 중요한 이 역할을 저와 여러분이 맡았습니다. 그렇다면 오늘 하나님의 말씀을 통해서 저와 여러분이 과연 어떻게 해야 하나님의 말씀을 올바로 전하는 사역자가 될 수 있는지에 대해서 함께 하나님의 말씀을 경청하고자 합니다.

1. 목회 사역은 철저히 하나님의 강권적인 선택이다

저와 여러분이 살아 있는 하나님의 말씀을 올바로 전하는 사역자에 합당한 사명을 제대로 감당하기 위해서는, 먼저 우리가 목회자로 부름 받은 것은 내 자신의 능력이나 학식에 의한 것이 아니라 철저히 하나님의 강권적인 선택임을 믿어야 합니다. 내가 이 자리에 이렇게 앉아 있는 것은 오직 하나님의 은혜로 된 것이다. 오직 하나님의 간섭하심과 하나님의 선택하심과 하나님의 인도하심으로 내가 복음 전하는 사역자가 되었다! 이 소명의식을 절대로 포기하지 마시기 바랍니다. 소명의식에서는 엄청난 체험과 눈물이 쏟아지는 감동적인 체험이 중요한 것이 아니라 소명에 관한 하나님의 말씀을 액면 그대로 받아들이는 믿음이 중요합니다.

오늘 본문에 등장하는 에스겔 선지자는 1장 1절을 보면 자기가 나이 "서른째 해 넷째 달 초닷새에 내가 그발 강가 사로잡힌 자 중에 있을 때에 하늘이 열리며 하나님의 모습이 내게 보였다"고 말씀합니다. 에스겔 선지자는 원래 아론 지파의 제사장 가문에서 태어나서 조부와 부친의 대를 이어서 관례대로 30세 성인이 되면 예루살렘 성전에서 제사장의 직분을 감당할 것으로 예상했습니다. 부모님이나 주변에서도 에스겔을 그런 기대감을 가지고 바라봤을 것입니다.

하지만 그의 나이 대략 25세였을 때, 주전 598년에 바벨론에 포로로 끌려오면서 이러한 기대감은 산산이 부서지고 말았습니다. 에스겔한 개인이 제사장으로서 역할을 제대로 감당하는 것이 문제가 아니라, 이스라엘이라는 한 나라 전체의 운명이 완전히 풍비박산이 나버린 기가 막힌 비극이 발생한 것입니다.

그런데 1장 2절-3절을 보면 그렇게 바벨론으로 끌려온 지 대략 5년이 지난 4월 5일에 갑자기 하늘이 열리면서 에스겔은 바벨론에 포로로 끌려온 이스라엘 백성들에게 하나님의 말씀을 전하는 선지자로 그렇게 부름을 받습니다. 에스겔이 선지자로 부름 받은 시대적인 배경을 보면, 그가 선지자로 역할을 감당하는 것이 영광과 축복이라기보다는 오히려 저주스러운 상황입니다. 왜냐하면 그 시기는 눈을 들어 하늘을 쳐다보고 주변을 쳐다보더라도 그 어느 곳에서든 아무리 하나님의 말씀을 전하는 사역자라고 하더라도 긍정적인 말을 할 수가 없는 상황이기 때문입니다. 에스겔이 제사장 가문 출신으로 포로로 끌려온 지 5년차 되던 당시에는 아직도 이스라엘 백성들의 마음속에 예루살렘의 멸망이나 가족들과 동족들의 학살에 대한 충격이 마음속에서 가시지 않았던 시기입니다. 또 낯설고 물선 바벨론으로 끌려와서 이곳에서 새로운 생활을 시작했지만, 아직도 이방 나라에서의 문화 충격이 계속 이어지고 있는 상황입니다. 이렇게 에스겔 선지자는 물론 힘들고 어려운 시기에 선지자로 부름을 받았지만, 그가 선지자로서의 사역을 감당할 수 있었던 것은 그가 인간적으로 제사장 가문 출신이어서도 아니고 그가 학식이 뛰어나서도 아니고 오직 철저히 하나님의 강권적인 역사였습니다.

오늘날 저와 여러분이 목회자로 부름 받은 것에 대해서 선배 목사님들이 가끔 걱정을 합니다. 여러분은 자신들보다 훨씬 더 어려운 고난의 시기를 통과해야 할 것이라고. 이전에는 그래도 교회를 개척하면 사람들이 몰려들었지만 지금은 세상에서 교회가 조롱당하고 멸시당하는 시기라서 앞으로 목회는 자신들보다 열배 백배의 고통과 희생을 감당해야 할 것이라고 겁을 줍니다. 하지만 목회에 대한 생각을 바꿀 필요가 있습니다. 예나 지금이나 목회를 사람의 힘으로 감당하는 것으로 생각한다면, 목회가 쉬웠던 적은 한 번도 없습니다. 반대로 목회를 하나님의 힘으로 감당한다면 하나님이 앞서 행하시는 것으로 믿는다면, 목회처럼 또 쉬운 것도 없을 줄 믿습니다. 하나님을 앞세우는가? 나를 앞세우는가? 누구를 앞세우느냐에 따라서 목회는 쉬울 수도 있고 어려울 수도 있습니다. 저와 여러분이 오직 하나님의 말씀과 성령만을 붙잡고 나아간다면 목회는 예전에도 어렵지 않았던 것처럼 앞으로도 어렵지 않을 줄로 믿습니다.

저와 여러분이 목회 사역자로서의 역할을 잘 감당하기 위해서는 둘째로, 하나님의 말씀이 없는 인간은 전적으로 죽은 마른 뼈에 불과하다는 사실을 제대로 직시할 줄 알아야 합니다. 오늘 우리가 읽은

37장 1절에서도 하나님은 성령 하나님을 통해서 에스겔을 골짜기 가운데로 데리고 가서 그 골짜기에 가득 수없이 널브러진 마른 뼈들을 바라보게 하십니다. 여기에서 마른 뼈는 사람이 죽으면 시체로 변하는 데 죽은 지도 아주 오래 지나면, 그 시체에서 피부나 살은 다 말라 없어져버리고, 문자 그대로 해골과 앙상한 뼈만 남은 상태가 됩니다. 그런데 에스겔이 보게 된 끔찍한 환상은 그것이 한 사람만의 마른 뼈가 아니라 수천, 수만의 마른 뼈들이 골짜기에 가득 널브러져 있는 끔찍한 환상을 보게 되었습니다.

그렇다면 이 마른 뼈들의 정체는 무엇일까요? 마른 뼈는 실상인가 아니면 환상인가? 37장 11절을 보시면 하나님이 에스겔에게 그가 본 환상의 의미를 말씀해주십니다. "또 내게 이르시되 인자야 이 뼈들은 이스라엘 온 족속이라"고 말씀하십니다. "그들이 이르기를 우리의 뼈들이 말랐고 우리의 소망이 없어졌으니 우리는 다 멸절되었다 하느니라." 말하자면 성령께서 에스겔에게 환상 가운데 바라보게 하신 것은 하나님과 맺은 언약을 파기하여 심판을 받아서 가나안 땅에서 바벨론으로 포로로 끌려와 다시 고향으로 돌아갈 소망을 잃어버리고 절망 중에 살아가는 이스라엘 백성들입니다. 그래서 성령의 인도하심 속에서 에스겔이 바라본 마른 뼈는 환상이긴 하지만, 그저 비현실적인 판타지가 아니라 현실을 더 잘 이해하게 만드는 상상이고 눈에는 보이지 않지만 보이는 것보다 더 분명하고 정확한 실상으로서의 환상입니다.

2. 성령께서 영적인 분별력을 주신다

그런데 성령께서 우리 안에서 일하시는 중요한 역할 중의 하나는 우리에게 영적인 분별력을 주셔서 사람의 실상을 올바로 바라보게 하십니다. 에스겔의 경우도 마찬가지입니다. 에스겔서를 읽다보면 성령 하나님이 에스겔을 "들어 올리셨다"는 표현이 자주 나오는데 "들어 올리셨다"는 것이 구체적으로 무슨 의미인지 궁금해집니다. 예를 들어 에스겔 3장 12절에 "때에 주의 영이 나를 들어 올리셨다"고 합니다. 또 3장 14절에서도 "주의 영이 나를 들어 올려 데리고 가시는데 내가 근심하고 분한 마음으로 가니 여호와의 권능이 힘 있게 나를 감동시키시더라"고 합니다. 또 3장 15절에서는 "이에 내가 델아빕에 이르러 그 사로잡힌 백성 곧 그발 강 가에 거주하는 자들에게 나아가 그 중에서 두려워 떨며" 7일을 지냅니다. 또 에스겔 8장 3절에 보면 에스겔 선지자는 주의 영으로부터 들림을 받아서 예루살렘 성전으로까지 이동을 합니다.

지금 에스겔은 물리적으로는 어디에 머물러 있습니까? 이스라엘 땅 예루살렘이 아니라 그곳에서 수천 킬로미터 떨어진 바벨론의 그발 강 가에 머물러 있습니다. 하지만 성령께서 에스겔을 감화감동하셔서 비록 그의 육신이 공간적으로는 수천 킬로미터 떨어져 있지만, 영안이 열려서 지금 당장 황폐해진 예루살렘 성전이 앞으로 어떻게 변화할 것인지를 마치 눈앞에서 벌어지는 장면처럼 생생하게 바라볼 수 있게 되었습니다. 또 그러한 영적인 분별력을 가지고 바라볼 때 바벨론에 포로로 끌려온 이스라엘 백성들이 겉으로 볼 때에는 살았다고 하지만 그 본질의 실상은 사실 죽은 지 오래 되어서 살이 모두 썩어 없어지고 뼈만 남은 시체나 다름없는 그들의 마음 중심을 영적으로 읽어낼 수 있게 되었다는 의미입니다.

예나 지금이나 성령의 역사로 영적인 분별력이 생기면, 우리가 사람의 본질을 꿰뚫어 보며 그 상황을 직시할 수 있습니다. 그래서 하나님의 말씀을 전하는 사역자들은 하나님의 말씀을 들어야 할 사람들의 영적인 상태를 직시할 줄 알아야 하고 또 영적인 분별력을 가지고 인간의 마른 뼈와 같은 속성을 잘 이해할 필요가 있습니다. 그 속에 생명이 없는 마른 뼈의 가장 큰 특징은 자극대로 반응한다는 점입니다. 외부에서 자극이 들어오는 그대로 반응한다는 것이 마른 뼈의 특징입니다.

음란한 장면이 눈에 들어옵니다. 그러면 마른 뼈처럼 그 속에 하나님의 성령이 없고 하나님의 말씀이 없는 사람은 그 몸이 먼저 반응합니다. 입맛을 다신다거나 눈빛이 바뀐다거나 하면서 음란을 추구합니다. 사람은 자기가 눈으로 바라보고 마음속으로 바라보는 대로 몸이 따라가게 되어 있습니다. 그래서 세상에서도 얼굴 생김새로 그 사람의 과거와 미래를 어느 정도 예측할 수 있습니다. 만일에 우리가 어느 한 가지만을 계속 바라보면 그것에 중독되고 한 가지에 중독되면 그 몸은 외부의 자극에 포로가 되어서 자극대로 로봇처럼 행동합니다. 마른 뼈와 같은 사람들 마음속에는 외부의 유혹이나 자극에 대항할 능력이나 의지도 없고 힘도 없습니다. 하나님의 말씀이 없기 때문에 결국 외부의 자극이 들어오는 대로 반응하는 자극의 포로가 되어 버리고 맙니다.

하나님은 에스겔에게 이런 마른 뼈들, 영적으로 죽은 지 오래된 시체들을 보여 주시면서 3절에서 에스겔에게 묻습니다. "그가 내게 이르시되 인자야 이 뼈들이 능히 살 수 있겠느냐 하시기로 내가 대답하되 주 여호와여 주께서 아시나이다." 이 뼈들이 능히 살겠느냐는 질문에 에스겔은 "주 여호와여 주께서 아십니다." 오직 주님만이 아십니다 하는 표현은 상대적인 의미를 담고 있습니다. 첫 번째는 Nobody knows. 아무도 모른다는, 어찌 보면 아주 무책임한 의미로도 해석할 수 있습니다. 그러나 여기에서는 오직 주님만이 이들을 살릴 수 있다는 간절한 간구의 의미로 이해할 수 있습니다. 오직 주님만이 이 마른 뼈들을 다시 살리실 수 있습니다.

그러자 하나님은 두 단계로 이 마른 뼈들을 살리십니다. 먼저 첫째 단계로 4절에서 "또 내게 이르시되 너는 이 모든 뼈에게 대언하여 이르기를 너희 마른 뼈들아 여호와의 말씀을 들을지어다." 그런데 7절을 보시면 "이에 내가 명령을 따라 대언하니 대언할 때에 소리가 나고 움직이며 이 뼈, 저 뼈가 들어맞아 뼈들이 서로 연결되더라 내가 또 보니 그 뼈에 힘줄이 생기고 살이 오르며 그 위에 가죽이 덮이나 그 속에 생기는 없더라"고 합니다. 마른 뼈를 살리는 첫째 단계는 에스겔이 죽어 말라비틀어진 뼈들에게 하나님의 말씀을 선포해서 그 뼈 속에 힘줄이 생기고 살이 오르며 가죽이 덮이면서 사람의 외형적인 형상이 회복되는 단계입니다.

이 단계에서 주목할 점은 죽은 자는 자기 스스로 움직일 힘이 없다는 사실입니다. 마른 뼈는 영적으로 죽어 있는 상태이기 때문에 하나님의 말씀에 스스로 반응을 보일 수 없습니다. 죽은 상태에서는 자기 스스로 힘줄이 생기고 살이 오르고 가죽이 뒤덮이는 역사가 일어날 수 없습니다.

그럼에도 불구하고 마른 뼈에 힘줄이 생기고 살이 오르는 현상이 벌어집니다. 이것이 어떻게 가능한가? 하나님의 말씀은 그 말씀 스스로 창조의 능력을 발휘하기 때문입니다. 목회하다 보면 말씀을 전혀 받을 것 같지 않은 강퍅한 사람들이 하나님의 말씀 앞에서 고꾸라지는 역사가 일어납니다. 죽어 말라비틀어진 영혼인데도 여러분의 입에서 하나님의 말씀이 선포될 때 그 순간 성령이 사람의 심령 속에서 그 말씀에 빛을 비춰 조명해 주시기 때문에 사람들이 말씀의 권위를 인정하고 순복하면서 하나님 앞으로 나오는 역사가 일어납니다.

하나님은 이 진리를 분명하게 교훈하기 위해서 말씀이 마른 뼈들에게 선포됐지만, 아직은 그 마른 뼈들 속에 생명의 기운은 없음을 분명히 보여주시고 이어서 5절에서 말씀하십니다. 5절 말씀에서 "주 여호와께서 이 뼈들에게 이같이 말씀하시기를 내가 생기를 너희에게 들어가게 하리니 너희가 살아나리라." 그래서 9절에서 에스겔이 생기를 향하여 대언합니다. "생기야 사방에서부터 와서 이 죽음을 당한 자에게 불어서 살아나게 하라." 10절에서처럼 그 명령대로 대언하였더니 생기가 그들에게 들어가매 그들이 곧 살아나고 일어서서 모두가 하나님의 거대한 군대로 변화하게 됩니다. 군대의 가장 큰 특징은 전쟁에서 승리를 거두기 위하여 움직이는 강력한 집단입니다. 이스라엘 백성들이 말씀과 성령의 역사로 이제 하나님께서 부여하신 거룩한 목적을 달성하기 위하여 그런 능력을 갖춘 거대한 집단이 되었습니다.

3. 이스라엘의 언약 파기와 그에 대한 심판

에스겔 선지자가 하나님의 말씀을 마른 뼈와 생기에게 각각 대언하여 들판에 수없이 널브러진 마른 뼈들을 거대한 군대로 변화시키는데, 이 말씀이 도대체 오늘 저와 여러분에게 무슨 말씀을 하시고자 하는 것일까 하는 질문이 생깁니다. 본문의 의미를 간단히 이해하자면 에스겔의 마른 뼈 환상은 창세기의 옛 창조 사건과 오순절 성령강림을 통한 재창조 사건을 연결하는 연결고리에 해당됩니다.

저와 여러분이 하나님의 말씀을 전하는 사역자로 부름을 받았는데, 하나님의 말씀을 전하는 사역자로서 저와 여러분이 마른 뼈와 같은 사람들에게 전해야 할 하나님의 말씀의 핵심은 무엇인가? 그것은 두 가지입니다. 첫째는 마른 뼈에 불과한 인간의 전적인 부패와 불가능성과, 둘째로 오직 예수 그리스도의 죽음과 부활과 성령 강림을 통해서 하나님이 지금 새로운 언약을 실행하고 계시다는 것입니다. 이것을 도형적으로 설명한다면 V자 모양이 됩니다. 성경으로 설명한다면 구약, 옛 언약이 V자의 한쪽 직선이고 신약, 새 언약이 그 반대쪽 직선이 됩니다. 구약은 아래로 내려가는 직선이고 신약은 위로 뛰어오르는 직선입니다. 오늘 본문은 바로 이 V자의 맨 밑에서 양쪽 직선을 연결하는 연결고리를 제공하고 있습니다.

V자의 복음이 먼저 어디에서 출발하는가 하면 창세기 2장 7절에서 시작됩니다. 창세기 2장 7절에 "여호와 하나님이 땅의 흙으로 사람을 지으시고 생기를 그 코에 불어넣으시니 사람이 생령이 되니라." 사람은 태초에 하나님이 천지를 창조하실 때 흙먼지와 같은 물질에서부터 하나님의 말씀과 성령의 능력으로 지음 받았습니다. 하나님께서

자신의 형상을 따라서 말씀과 성령으로 아담과 하와를 창조하시고, 이들과 영원한 언약을 맺으시고 이들에게 하나님과 맺은 언약의 증표로 에덴동산으로부터 시작하여 가나안 땅과 그 가나안 땅 한가운데 성전과 그 성전 속의 언약궤 안의 말씀을 두시고 이스라엘 백성들이 그 축복으로 받은 가나안 땅에서 하나님의 말씀에 순종하면서 하나님의 영광을 만방에 증거하며 살도록 하셨습니다.

하지만 이스라엘 백성들의 가장 결정적인 문제점은 그 마음 중심에 하나님을 두기를 싫어한다는 것입니다. 그 마음 중심으로부터 하나님에 대하여 관심이 없고 하나님을 사랑하지도 않고 그저 하나님 앞에서까지 자기들의 욕심과 탐욕만을 앞세울 뿐입니다. 그래서 이스라엘의 역사가 아브라함 족장 이후, 다윗 왕조 이후 솔로몬 시대로 내려가면서 이스라엘 나라에 위로는 솔로몬 왕으로부터 시작하여 제사장들과 방백들, 그리고 아래 모든 백성들에 이르기까지 총체적으로 말씀에 불순종하고 우상을 숭배하면서 언약을 송두리째 완전하게 파기했습니다. 선지자들을 보내서 계속 책망해도 듣지 않습니다. 하나님의 말씀을 들을 마음이 없었습니다.

그래서 하나님은 이스라엘 백성들의 언약파기에 대하여 앗수르 군대와 바벨론의 군대를 보내서 철저하게 심판하셨습니다. 그리고 이방 군대들이 쳐들어와서 예루살렘 성전을 파괴하고 수천, 수만의 사람들이 바벨론 포로로 끌려가게 되었습니다. 예루살렘 성전은 말 그대로 천지의 창조주이시고 역사의 주인이시고 만왕의 왕이시요 만군의 주인 되시는 하나님이 강림하시고 임재하시는 공간인데, 그 성전이 바벨론 군대에 의해서 철저하게 짓밟히는 현실 속에서 이스라엘 백성들이 울부짖는 것입니다. "하나님 우리와 맺은 언약을 버리셨나이까?" "하나님께서 말씀으로 우리를 구원하신다고 했는데, 그 구원하시겠다는 약속은 도대체 어디로 가버렸습니까? 우리가 그동안 믿어온 하나님은 과연 허깨비인 것입니까?" 이 질문 속에서 V자의 한쪽 직선이 인간을 철저하게 부정하면서 밑바닥까지 파고 내려갑니다. 인간을 철저하게 부정하는 것입니다.

그런데 이 V자가 인간을 철저하게 부정하는 데서 끝나지 않고 이런 절망적인 질문에 하나님은 에스겔을 통해서 앞으로 하실 일을 예언하십니다. 그 예언이 바로 마른 뼈 환상입니다. 말씀과 성령으로 다시 자기 백성을 새롭게 창조하시겠다는 말씀입니다. 천지를 창조하실 때 하나님이 말씀과 성령으로 아담과 하와와 자기 백성을 창조하셨던 것처럼, 이제 하나님이 이 역사 속에 우주 속에 살아 계시다는 증거물인 성전이 파괴되고 그 백성들이 모두 죽어버린 이 시점에서, 하나님은 다시 말씀과 성령으로 자기 백성을 새롭게 창조하시겠다는 약속을 미리 예언하시는 것입니다. 37장 12절에서 그렇게 예언하십니다. "그러므로 너는 대언하여 그들에게 이르기를 주 여호와께서 이같이 말씀하시기를 내 백성들아 내가 너희 무덤을 열고 너희로 거기에서 나오게 하고 이스라엘 땅으로 들어가게 하리라." 지금 바벨론에 포로로 붙잡혀 온 이스라엘 백성들이 지금 당장은 마른 뼈다귀처럼 죽은 시체처럼 살고 있지만, 그러나 앞으로 하나님께서 말씀과 성령으로 인도하셔서 이들을 다시 가나안 땅으로 돌아오도록 하시겠다는 것입니다.

4. 구속 역사 속의 새 창조

그러면 이 약속의 말씀, 예언의 말씀은 그대로 다 성취되었습니까? 일부는 주전 538년의 1차 귀환이나 그 다음 주전 458년의 2차 귀환을 통해서 부분적으로 성취되었습니다만, 오늘 본문에서 말씀하는 것같이 마른 뼈처럼 살 소망을 잃어버린 이스라엘 백성들에게 직접 성령을 보내셔서 새로운 하나님의 백성들, 하나님의 나라를 위해서 헌신할 군대를 새롭게 불러내시겠다는 말씀은 포로 귀환으로는 결코 성취되지 않습니다. 왜냐하면 바벨론 포로에서 귀환했지만 귀환한 이스라엘 백성들이 13절의 말씀 그대로 가나안 땅에 이스라엘 왕국을 세우지도 못했고, 또 16절 이하에서는 포로에서 귀환할 때 남왕국 유다 지파와 북왕국 이스라엘 지파가 서로 연합할 것이라고 예언하지만, 이 예언이 포로 귀환 때 실제로 성취되지도 않았기 때문입니다. 그렇다고 해서 이스라엘 백성들이 수천 년 동안 가나안 땅을 떠나서 전 세계에서 방황하다가 드디어 1948년에 팔레스타인에 이스라엘 나라를 건설함으로 성취되었다고 하는 사람들이 있습니다만 이 때 이 예언이 성취된 것도 아닙니다.

하나님께서 에스겔에게 말씀하신 마른 뼈 환상의 말씀은, 즉 말씀과 성령으로 새로운 백성을 창조하시겠다는 약속의 말씀은, 바벨론에서의 포로 귀환 이후 4백 년이 한참 지난 다음에 예수님의 십자가 죽음과 부활 그리고 승천 다음에 오순절 날의 성령 강림 사건을 통해서 비로소 성취가 됩니다. 예수님이 십자가에 달려 죽으시고 부활하심으로 마른 뼈들이 들어야 할 하나님 말씀의 핵심과 요점이 이 구속 역사

속에서 완전히 계시되었습니다. 이제 남은 일은 성령 하나님께서 이 말씀을 마른 뼈들에게 전달해서 그 속에 심겨진 말씀이 실제로 그 죽은 사람의 마음 중심에서 능력으로 역사해서 이들이 하나님의 거룩한 군대로 변화해야 합니다.

이를 위해서 저와 여러분이 사도 바울처럼 새 언약의 일꾼으로 부름 받은 것입니다. 저와 여러분 개인의 능력과 경건과 학문으로 부름 받은 것이 아니라 저와 여러분 마음속에 하나님의 말씀이 있고 그 마음 중심에서 성령이 역사하고 있기 때문에 모두 다 새 언약의 일꾼인 것입니다. 고린도후서 3장 6절 말씀처럼 "하나님은 저와 여러분을 새 언약의 일꾼 되기에 만족하게" 하셨습니다. 새 언약의 일꾼은 뭐하는 사람입니까? 하나님과 인간 사이에 맺은 옛 언약이 파기되어 버린 상황에서 하나님이 새롭게 언약을 맺으셨는데, 그 언약의 내용인 예수의 복음을 전하여 사람들이 하나님과 맺은 언약에 합당한 삶을 살아가도록 그 중간에서 중재 역할을 하는 사람들입니다. 그것이 새 언약의 일꾼입니다.

이 일꾼이 전해야 하는 메시지의 핵심이 무엇일까요? 사도 바울은 하나님이 우리를 새 언약의 일꾼으로 삼으셨다는 말씀 다음에 새 언약의 일꾼이 전해야 할 복음의 핵심을 V자로 소개합니다. 고린도후서 3장 6절 하반절에 율법 조문, 그람마로 하지 아니하고 오직 영으로 함이니 프뉴마로 함이니라. 그람마로 뭘 하지 않았다는 것입니까? 하나님이 사람을 살리시는 새 언약을 그람마로 집행하지 않았다는 의미입니다. 왜냐하면 그람마의 기준이나 도구로 접근한다면 옛 언약 하에서는 인간은 마른 뼈에 불과하고 마른 뼈는 하나님과 맺은 언약을 이행할 수 없습니다. 그래서 죽을 수밖에 없습니다. 반면에 오직 말씀과 성령 안에서 저와 여러분은 하나님의 친 백성이 될 수 있고, 또 저와 여러분이 특별히 새 언약의 일꾼들이라면 바로 이 V자 복음을 제대로 전해야 할 것입니다.

여러분은 마음속에 이 복음을 가지고 계십니까? '나는 죽어 마땅한 죄인이로소이다. 복음이 없는 사람은 살아야 할 이유도 없고 미래 소망도 없는 마른 뼈다귀에 불과하다. 오늘 세상이 이렇게 돌아가는 것은 마른 뼈다귀들이 자기가 뼈다귀인 것도 모르고 자기 의를 앞세우기 위해서 그렇게 발버둥을 치는 것뿐이다' 그것입니다. 오직 하나님의 말씀과 성령만이 이 뼈다귀들을 다시 살릴 수 있는 줄 믿으시기 바랍니다. 오직 우리가 가진 능력과 무기는 오직 하나님의 말씀과 성령뿐임을 믿으시기 바랍니다. 오직 힘으로도 아니 되고 능으로도 아니 되고 오직 하나님의 말씀과 성령으로 우리는 새 언약의 직분을 감당할 수 있는 줄 믿으시기 바랍니다.

●

우리를 향하신 하나님의 뜻

데살로니가전서 5:16-18

●

김명호 (기독교교육학)

성경을 읽을 때 어떤 말씀은 '이 말씀이 도대체 우리에게 주시는 말씀이 맞나?' 이런 생각이 들 때가 있습니다. 오늘 말씀도 평소에는 굉장히 좋은 말씀같이 보입니다. 그래서 액자에 넣어서 벽에다 걸어놓기도 합니다. 그런데 곰곰이 생각해보면 이 말씀이 정말 우리의 현실을 알고 우리에게 주시는 말씀인가 의문이 들 때도 있습니다. 어떻게 이렇게 한 마디로 잘라서 "항상 기뻐하라. 쉬지 말고 기도하라. 범사에 감사하라" 이렇게 말할 수 있을까요?

우리는 작년 4월에 '세월호'가 전복되고 침몰되는 상황 속에서 탑승 인원 476명 가운데 294명이 사망하고 아직도 10명의 실종된 시신을 찾지 못하는 참담한 사고를 겪었습니다. 사고의 원인은 아직도 제대로 규명되지 못한 채 국가를 개조하니 뭐니 말만 무성했습니다. 시간이 지나면서 달라진 것은 아무 것도 없이 그저 정쟁만 하고 있는 답답한 상황 속에서 우리는 오늘을 맞이했습니다. 그래서 우리의 마음 속에는 아직도 먹먹함이 있고 많은 사람들이 시린 가슴을 안고 살아갑니다. 세월호만이 아닙니다. 계속되는 사고 소식을 듣고 이런 저런 일들로 가슴 아파하는 사람들이 우리 주변에는 너무나 많이 있습니다. 그런 우리에게 오늘 주님은 항상 기뻐하라고 말씀합니다.

1. 어떻게 항상 기뻐할 수 있습니까

악한 자들은 세상에서 승승장구합니다. 오히려 믿음을 지키려고 사는 사람들은 계속 손해를 보고 살아갑니다. 이런 상황 속에 살아가고 있는데 우리가 어떻게 항상 기뻐할 수 있습니까? 세상을 살기 위해서는 밤낮으로 뼈 빠지게 일을 해야만 하는 상황 속에 어떻게 항상 기뻐할 수 있습니까? 어떻게 보면 우리 현실을 전혀 무시한, 그래서 막무가내로 우리에게 신앙을 강요하는 이야기처럼 들릴 수도 있습니다. 어떻게 보면 이건 하나님의 특별한 도우심을 체험한 사도이기에 할 수 있는 말이고 우리같이 평범한 소시민, 이 세상 속에 늘 슬픔을 경험하며 살아가는 평범한 그리스도인에게 이 말은 너무나 무거운 말이라고 생각할 수도 있습니다.

바울이 이 말씀을 그냥 인사치레로 기록했을까요? 아니면 그저 힘 내라고 한번 던져주는 단순한 격려의 말씀이었을까요? 그것은 분명히 아닐 것입니다. 바울도 힘들고 어려운 상황 속에서 생활했습니다. 환난과 핍박이 이어지는 삶이었습니다. 빌립보서를 보면 감옥 속에 갇혀서 지내는 시간이 오랫동안 지속되었던 사도 바울은 감옥 밖에 있는 사람들을 향해서 기뻐하라고 말씀합니다. 내가 또 다시 말하노니 기뻐하라고 강조합니다. 환난 중에서도 기뻐한다고 외칩니다. 빌립보 감옥에 갇혔을 때에도 바울은 밤중에 기도하고 찬양하며 하나님 앞으로 나아갔습니다. 고린도후서에서는 그리스도를 위하여 약한 것과 능욕과 궁핍과 박해와 곤고를 기뻐한다고 선포합니다. 왜입니까? 이는 '내가 약한 그 때에 강하기 때문' 입니다. 그렇다면 항상 기뻐하라는 말씀은 어떤 의미입니까? 액면 그래도 받아들이면 불가능한 말입니다. 그러나 바울이 환난과 핍박 속에 살아가면서 우리의 상황과 형편을 알고 이 얘기를 했다면 분명히 다른 의미가 있을 거라고 생각합니다.

우리가 이를 악물고 기뻐하기로 다짐한다고 기쁠 수는 없습니다. 기쁨은 성령의 열매입니다. 성령의 아홉 가지 열매 가운데 하나인 기쁨은 분명히 세상 사람들이 누리고 있는 기쁨과는 다릅니다. 우리들이 기뻐할 때가 언제입니까? 내가 소원했던 어떤 것들이 이루어졌을 때, 우리의 환경이 우리가 원하는 대로 바뀌었을 때 우리는 기뻐합니다. 혹은 다른 사람들하고 비교해서 우리가 그들보다 비교 우위에 놓여 있으면 기뻐합니다.

저희 집에서 교회를 향해 가다 보면 사거리를 하나가 있습니다. 그 곳을 늘 지나가면 눈에 띄는 가게 하나를 발견할 수 있는데 바로 '할리 데이비슨' 이라는 모터사이클 가게입니다. 번쩍번쩍 빛나는 오토바이를 보면서 마음속에 '가죽 잠바 입고 저거 한번 탔으면 좋겠다' 싶은 마음이 늘 들었습니다. 하지만 그걸 사서 집으로 가져오는 순간 당장에 이혼 당할 것을 분명히 알기 때문에 그건 그저 마음속에 품고 있는 버킷리스트 중에 하나로 남겨두고 있습니다. 그런데 어느 날 정말 제 눈앞에 오토바이 한 대가 딱 놓여있다면 펄쩍펄쩍 뛰면서 기뻐할 것입니다.

사람마다 갖고 싶은 어떤 특별한 대상들이 있습니다. 제가 유학을 할 때 제 담당 교수님이 타고 다니던 자동차가 빨간색 미쓰비시 무개차입니다. 뚜껑을 열고 달릴 수 있는 너무나 예쁜 차였습니다. 여자분이었던 지도 교수님에게는 그 차가 너무나도 잘 어울렸습니다. 언젠가 기회가 되면 저 차를 한 번 몰아봐야겠다는 생각을 하던 차에 한 번은 미국에 출장을 갔다가 교수님의 차와 똑같은 차를 렌트하게 되었습니다. 그 차를 타고 지붕을 완전히 열어젖히고 고속도로를 달리면서 기쁨을 만끽한 적이 있습니다.

자신이 원하던 일이 이루어지면 그것처럼 기쁜 일이 없습니다. 그러나 이것은 환경에서 오는 기쁨입니다. 많은 사람들이 이러한 기쁨을 추구합니다. 우리가 기도 제목으로 삼았던 어떤 일들이 응답되고, 우리가 원했던 대학에 들어가고, 꿈에 그리던 회사에 들어가고, 고질적으로 늘 힘들었던 병이 낫고, 이런 일들이 이루어지면 누구나 기뻐합니다. 그런데 이런 기쁨은 모두 주어진 환경을 통해서 얻는 기쁨이라는 것입니다.

그러나 우리의 삶 속에 늘 우리가 원하는 대로만 일이 이루어지는 것은 아닙니다. 좋았던 경기가 나빠질 때가 있고 건강했던 몸이 언젠가 힘들어질 때도 있습니다. 건강만큼은 자신했는데 내가 어떻게 할 수 없는 때가 있습니다. 저는 사람들에게 뭔가 일을 맡겨 놨는데 그 일을 제대로 못하면 마음속에 분노가 일어났던 사람입니다. '왜 저걸 못할까? 저건 게을러서 못하는 거야.' 이런 생각들을 하면서 비난을 했었습니다.

그런데 어느 날 갑자기 제 오른쪽 무릎에 문제가 생겼습니다. 무릎 안쪽 뼈에 금이 가 있었고 제때에 조치를 해주지 않아서 붙어 있던 뼈의 조각이 떨어져 나왔습니다. 그로인해 갑자기 무릎을 움직일 수가 없게 되었고 할 수 없이 그 조각을 빼내고 그곳에 사용하지 않는 다른 쪽 부위의 뼈를 떼어내어 채워 넣는 수술을 해야만 했습니다. 그렇게 수술을 하고 나니 제가 참 좋아하던 족구나 축구 같은 운동을 전혀 할 수가 없었습니다. 장애를 안고 살아가는 수밖에 없는 그런 상황이 되니까 '아! 안 되는 것도 있구나' 라는 생각이 들었습니다. 다른 사람들이 못하는 것들이 이해가 되기 시작을 했습니다. 내가 승승장구할 때는 그것으로 기쁨을 누리고 부족한 것을 모르지만 내가 연약할 때에 할 수 없는 것들을 경험하게 되면서 다른 사람들을 이해하게 되었습니다.

바라던 환경이 주어졌을 때나 원했던 일들이 이루어졌을 때 기쁨을 누리는 것은 누구나 할 수 있는 것입니다. 내가 살고 있던 집이 너무나 좋게 보였는데 어느 날 다른 집에 갔다 와보니까 우리 집이 그렇게 초라해 보이기 시작을 하는 겁니다. 외풍도 심하고 집도 좁고 초라해 보입니다. 비교하면 할수록 그런 느낌들이 들고 우리의 마음속에 갑자기 찬바람이 매섭게 불기 시작합니다. 이 때가 바로 기쁨이 없어지기 시작하는 순간입니다.

이런 세상의 기쁨은 우리를 피곤하게 만들고 허무하게 만듭니다. 이러한 기쁨은 진짜가 아닙니다. 짝퉁입니다. 사람들은 순간적인 기쁨을 계속 추구하기 위해서 술을 마시고 마약을 찾게 되며 우리를 순간적으로 흥분시키는 그 어떤 것들을 찾아서 떠돌아다닙니다. 그런데 만약 사도 바울이 이야기하는 그 기쁨이 이런 비교 우위나 어떤 환경을 통해서 오는 기쁨이라고 한다면 이 말씀은 말이 되지 않는 것입니다. 사도 바울이 우리에게 주시는 기쁨은 이런 환경이나 비교 우위에서 오는 것이 아닙니다. 우리의 내면 속 깊숙이 자리 잡고 있는 우리 마음의 자세를 가리키는 것입니다.

어떤 환경 속에서도 모든 것을 합력해서 선을 이루어 내시는 그런 하나님을 믿는 믿음이 있다면 우리는 그 힘들고 어려운 상황 가운데에서도 기뻐할 수 있습니다. 종종 장례식에 가 보게 되면 똑같이 슬픔 속에 잠겨 있지만 그 슬픔을 대하는 태도가 완전히 다른 사람들을 볼 수 있습니다. 이러한 때, 믿음이 있는 사람과 없는 사람은 분명히 구별됩니다. 물론 슬퍼할 때는 함께 슬퍼해야 합니다. 함께 울어야 합니다. 그러나 그 울음 속에서도 우리는 전혀 다른 태도를 볼 수가 있다는 겁니다. 때로 삶이 우리를 속이는 것처럼 보이고 우리에게 주어지는 일들이 불공평하게 느껴질지라도, 이런 상황을 통해서 하나님께서 무엇을 주시려고 하는지를 생각한다면 우리는 그 속에서도 기뻐할 수 있게 된다는 것입니다.

그렇다면 우리는 언제 기뻐할 수 있습니까? 요한복음 15장 9-11절 말씀을 보면 주님의 사랑 안에 거하면 기쁨이 온다는 것을 알 수 있습니다. "아버지께서 나를 사랑하신 것 같이 나도 너희를 사랑하였으니 나의 사랑 안에 거하라. 내가 아버지의 계명을 지켜 그의 사랑 안에 거하는 것 같이 너희도 내 계명을 지키면 내 사랑 안에 거하리라. 내가 이것을 너희에게 이름은 내 기쁨이 너희 안에 있어 너희 기쁨을 충만하게 하려 함이라."

여러분 우리의 기쁨이 어디에 있습니까? 그리스도의 사랑 안에 거하는 것입니다. 그리스도의 사랑 안에 있으면 어떤 상황 속에서도 그 역경을 헤쳐 나갈 수 있는 내면의 기쁨이 자리 잡을 수 있게 되는 것입니다. 기쁨은 내가 '기뻐해야지. 기뻐해야지' 생각해서 되는 것이 아닙니다. 주님 안에 거하게 되면 우리는 그 주님으로부터 기쁨을 얻을 수 있다는 것입니다. 하박국을 보면 하박국 선지자는 이렇게 말합니다. "비록 무화과나무가 무성하지 못하며 포도나무가 열매가 없으며 감람나무에 소출이 없으며 밭에 먹을 것이 없으며 우리에 양이 없으며 외양간에 소가 없을지라도," 이것은 우리의 현재의 모습과 형편을 이야기하는 것입니다. 그런 힘들고 어려운 상황 속에서도 3장 18절에 이렇게 고백합니다. "나는 여호와로 말미암아 즐거워하며 나의 구원의 하나님으로 말미암아 기뻐하리로다." 구원의 기쁨이 있다는 것입니다. 비록 모든 것을 다 파산하고 그리고 먹을 것이 없는 정말 힘든 상황 속에서도 우리는 여호와로 말미암아 기뻐할 수 있다고 말합니다. 그러므로 이 기쁨은 주님 안에 있을 때, 주께서 나를 구원하신 근본적인 기쁨의 뿌리를 붙잡을 때 우리에게 주어지는 것입니다.

사도 바울은 불공정한 재판을 받게 됩니다. 불법적으로 체포됐을 뿐만 아니라 불공정한 재판을 받게 되고 그것이 빌미가 돼서 가이사에게 재판을 받겠다고 하여 로마로 가게 됩니다. 그런데 로마에 가서도 사도 바울은 2년 동안 가택 연금 상태에 머무르게 됩니다. 이런 환경 속에서 사도 바울이 어떻게 기뻐할 수 있었습니까? 상황을 보면 도저히 기뻐할 수가 없습니다. 그럼에도 불구하고 사도 바울은 기뻐합니다. 왜입니까? 자신이 이렇게 갇혀 있는 것이 복음의 진보가 된다고 믿고 있었기 때문입니다. 바울은 '나의 매임이 그리스도 안에서 모든 시위대 안과 그 밖에 모든 사람들에게 나타났다' 고 이야기합니다. 자신의 매임을 통해서 복음의 진보를 경험할 수 있다는 것, 그래서 그 속에서도 기뻐할 수 있다고 고백하는 것입니다. 항상 기뻐하라! 이것은 주님과 더불어 동행할 때, 주님의 사랑 안에 거할 때 우리가 누릴 수 있는 것입니다.

2. 어떻게 쉬지 않고 기도할 수 있습니까

'쉬지 말고 기도하라' 는 말씀도 문자 그대로 따지면 말이 되지 않는 말씀이라고 생각합니다. 어떻게 쉬지 않고 기도할 수가 있겠습니까? 하루 24시간, 모든 시간을 다 기도하는 데 투자하라는 말씀은 분명히 아닐 것입니다. 어떤 목사님들은 스스로 8시간을 기도한다고 자랑스럽게 이야기하기도 합니다. 정말 그럴까요? 그리고 그렇게 8시간 아무것도 안 하고 앉아 있는 것을 하나님께서 기뻐하실까요? 그렇게 사는 것이 진정한 영성의 모습일까요?

바울은 모든 사람들에게 그저 놀고먹는 삶을 단호하게 거부하며 일하지 않으려면 먹지도 말라고 말했습니다. 바울 또한 낮에는 자기의 직업을 가지고 일을 하며 저녁에는 사람들에게 말씀을 전하는 제자 삼는 일에 헌신했습니다. 그러면서도 '나는 데살로니가 너희 교인들을 위해서 밤낮으로 기도한다' 고 이야기를 했습니다. 그러면 이 말에 문제가 있는 것 아닙니까? 밤낮으로 일하고 사역하면서 어떻게 그가 쉬지 않고 기도했다는 말입니까?

F. F. 부르스는 이런 말을 했습니다. "쉬지 말고 기도하는 것은 오직 기도를 위해서 다른 모든 활동을 제쳐 두어야 한다는 의미가 아니다. 이것은 오히려 모든 활동이 기도의 정신으로 실행되어야 한다는 뜻이다. 쉬지 않는 기도는 하나님의 임재를 의식하는 것의 자발적인 결과다." 그러므로 쉬지 말고 기도하는 말은 모든 것을 전폐하고 기도원에 들어가서 기도하라는 이야기가 아닙니다.

여러분, 기도가 무엇입니까? 기도는 내가 할 수 없음을 하나님께 고백하고 항복하는 것입니다. 내가 할 수 있을 때에는 내가 합니다. 그러나 내가 할 수 없다고 고백하며 전적으로 하나님 앞에 의존할 때 우리는 하나님께 엎드릴 수 있습니다. 기도는 흔히 신앙생활의 호흡이라고 이야기합니다. 호흡은 한순간도 멈추면 안 됩니다. 기도가 그와 같다고 이야기합니다. 그렇다면 이 말은 무슨 말입니까? 저는 기도를 정의하는 가장 좋은 정의 중에 하나가 하나님과의 대화라고 생각합니다. 하나님과 대화하는 것입니다. 기도라고 하는 것이 꼭 내가 가지고 있는 기도 목록을 가지고 일방적으로 아뢰는 것이 아닙니다. 주님과 더불어 대화하고 의논하며 살아가는, 주님과 동행하는 삶이 기도라고 정의하고 싶습니다. 꼭 눈을 감고 앉아서 드리는 것만이 기도가 아니라는 것입니다. 삶의 순간순간 걸어가면서도 우리는 기도할 수 있습니다.

우리가 어떤 결정을 내릴 때마다 우리는 하나님께 여쭤볼 수 있습니다. '내가 이렇게 하는 것이 맞습니까? 내가 이렇게 결정하는 것이 하나님의 뜻입니까?' 신학교 갈 때만 기도하는 것이 아니라 직장을 선택하는 순간에도, 어떤 사람과 교제를 할지 결정하는 순간에도, 공부하는 순간순간마다 우리는 하나님께 여쭤봐야 하고 기도해야 합니다. 그러므로 쉬지 말고 기도하라고 하는 것은 우리의 삶 속에 주님의 임재를 경험하면서 그 분 앞에 항복할 때에만 가능한 일입니다. 그러므로 우리는 예배할 때에도 기도하고, 혼자 있을 때에도 기도하고, 길거리를 지나가면서도 기도해야 하고, 기도하고 싶지 않을 때에도 우리는 하나님께 간구하는 기도를 해야 한다고 믿습니다.

3. 어떻게 모든 일에 감사할 수 있습니까

'범사에 감사하라' 는 말씀도 실천하기 굉장히 힘든 명령입니다. 감사해야 할 모든 일 때문에 감사하라는 말이 아닙니다. 모든 일에 감사하라는 이야기입니다. 복을 받은 일에 대해서는 감사하기가 쉽습니다. 그러나 의미가 없는 것처럼 보이고, 힘들고 고통스러운 상황 속에서도 주님은 감사하라고 명령하시는 것입니다. 범사에 감사하라!

나쁜 일이 일어났는데도 그 나쁜 일 자체를 가지고 우리는 하나님께 감사하기가 쉽지 않습니다. 그러나 그 나쁜 일 속에서도 여전히 하나님이 우리와 함께 해주시는 것과 그 어려움 속에서도 하나님께서 우리에게 주실 것들을 생각하면 우리는 그 속에서도 감사할 수 있다는 것입니다.

초대교회 성도들, 그 당시 사람들에게는 아마 감사할 것들이 거의 없었을 것이라고 생각합니다. 그들은 사회 속에 늘 소수에 해당했고, 그래서 예수 믿는 것 때문에 박해 받았고, 늘 사람들에게 왕따 당하고 차별대우를 받는 그러한 상황 속에 살았습니다. 그래서 초대교회 성도들은 감사할 일이 그렇게 많지 않았다고 생각합니다. 그러나 바울은 그들을 향해서 범사에 감사하라고 가르쳤습니다. 그것이 어떻게 가능하겠습니까?

우리를 향하신 하나님이 어떤 계획을 가지고 있는지를 알면 우리는 그 속에서도 감사할 수 있다고 믿습니다. 하나님이 어떤 분인지를 알고 그분을 신뢰하는 마음만 있다면 우리는 우리의 상황이 아무리 힘들고 아무리 각박하고 아무리 고통스러운 상황이라 할지라도, 이것들이 지나고 나면 하나님이 주실 것들을 바라볼 수 있어야 합니다. 그렇기 때문에 우리는 그 속에서도 감사할 수 있다고 생각합니다. 그러므로 감사는 하나님이 어떤 분인지를 알고 그분에 대한 완벽한 신뢰가 있을 때 주어지는 것이라고 말할 수 있습니다.

로마서 8장 28절 말씀, 우리가 잘 아는 말씀입니다. "우리가 알거니와 하나님을 사랑하는 자 곧 그의 뜻대로 부르심을 입은 자들에게는 모든 것이 합력하여 선을 이루느니라." 하나님께서는 이 일을 통해서 우리로 하여금 예수님을 닮도록 만들어 가십니다. 이 일을 통해서 우리에게 더욱 더 성숙한 모습을 가져다 줄 것입니다.

그런데 합력하여 선을 이루는 것이 단순히 기대하면서, 그냥 바라면서 기도하는 것을 의미하는 말씀은 아니라고 생각합니다.

마태복음에 보면 "구하라 그리하면 너희에게 주실 것이요 찾으라 그리하면 찾아낼 것이요 문을 두드리라 그리하면 너희에게 열릴 것이니." 이 성경 말씀을 번역한 다른 번역본에는 이렇게 기록되어 있습니다. "구하여라. 그리하면 하나님께서 너희에게 주실 것이다. 찾아라. 그러면 너희가 찾을 것이다. 문을 두드려라. 그리하면 하나님께서 너희에게 열어주실 것이다." 주님께서 구하라고 말씀하신 그 내면 속에서는 '주실 것이다' 라는 주님의 의지가 담겨 있는 것입니다. 그렇다면 범사에 감사하라고 하는 명령 속에는 그 모든 것들을 결국에는 감사의 조건으로 바꿔주실 것이라고 하는 하나님의 의지도 그 속에 담겨 있다는 것입니다.

4. 불가능한 명령이 아닙니다

"항상 기뻐하라. 쉬지 말고 기도하라. 범사에 감사하라." 이것은 불가능한 이야기가 아닙니다. 우리의 삶 속에서 우리를 이끌어 가시는 하나님이 얼마나 신실하신 분인지를 분명하게 알고 그분을 의지하게 되면 우리는 그 속에서 기뻐할 수 있고, 그 속에서 감사할 수 있고, 그 속에서 주님과 함께 동행하면서 대화할 수 있다는 것입니다.

시각장애인이었던 헬렌 켈러는 『3일 동안만 볼 수 있다면』이라는 책을 썼습니다. 거기에 이런 글이 있습니다. "만약 내가 사흘만 볼 수 있다면 첫날에는 나를 가르쳐 준 설리반 선생님을 찾아가 그분의 얼굴을 바라보겠습니다. 둘째 날에는 새벽에 일찍 일어나 먼동이 터오는 모습을 보고 싶습니다. 저녁에는 영롱하게 빛나는 하늘의 별을 보겠습니다. 셋째 날에는 아침 일찍 큰 길로 나가 부지런히 출근하는 사람들의 활기찬 표정을 보고 싶습니다. 점심때에는 아름다운 영화를 보고 저녁에는 화려한 네온사인과 쇼 윈도우의 상품을 구경하고 그리고 저녁에는 집에 돌아와 사흘간 눈을 뜨게 해주신 하나님께 감사의 기도를 드리고 싶습니다." 헬렌 켈러가 소망했던 것, 그녀가 평생에 누리고 싶었던 것들은 오늘 우리가 누리고 있는 지극히 평범하고 작은 것들입니다. 우리의 삶 속에서 작은 것들로 하나님께 감사할 수 있는 것들을 찾으려고 하면 우리는 얼마든지 감사한 것들을 찾을 수가 있습니다. 우리의 시각이 문제고 우리의 마음의 자세가 문제라는 것입니다.

오늘 우리의 삶 속에 하나님이 우리에게 베풀어 주신 것을 가지고 감사하며 나아가야 함에도 불구하고 아직도 우리는 다른 것들을 바라보면서 불평하고 있지는 않습니까? 오늘 주님은 기뻐하라, 기도하라, 감사하라, 이것이 너희를 향한 하나님의 뜻이라고 말씀하십니다. 이것이 우리를 향한 하나님의 뜻입니다. 하나님은 진노하려고 하시는 것이 아니라 우리에게 은혜를 베푸시기 원하시는 분입니다. 우리에게 늘 감사하도록 풍성히 베풀어 주시려고 하는 분입니다. 하나님께서 우리에게 은혜를 주시려고 하는 것들을 하나씩 돌이켜 보고 헤아려 가면서 오늘을 감사하며 살아갈 수 있기를 바랍니다. 비록 공부하고 때로는 지치고 힘들어진 우리의 상황 속에서도, 때로는 팍팍하고 정말 마음의 여유가 없는 상황 속에서도 우리를 향한 하나님의 뜻은 기뻐하는 것과 기도하는 것과 감사하는 것입니다. 우리의 환경을 바라보고 그 환경 속에서 기쁨의 이유를 찾는 것이 아니라 우리를 이끌어 주시고 오늘도 여기에 우리를 심어 놓으신 하나님이 갖고 계신 선하신 뜻을 바라보아야 합니다. 그리고 신실하신 그분이 결국은 그렇게 만들고야 마신다고 하는 하나님의 고집과 하나님의 능력을 바라보면서 그분께 우리의 삶을 내어 맡겨야 합니다. 그럴 때 오늘을 살아가는 삶의 현장에서 우리 안에 넘치는 기쁨을 누릴 수 있다고 믿습니다.

"항상 기뻐하라. 쉬지 말고 기도하라. 범사에 감사하라. 이것이 우리를 향한 하나님의 뜻이라"고 말씀하셨습니다. 이것이 오늘 이 합신에서 공부하고 있는 여러분을 향한 하나님의 뜻이라고 말씀하십니다. 그렇다면 우리는 이 말씀 앞에 반응해야 합니다. 나는 항상 기뻐하고 있습니까? 나는 쉬지 않고 기도하고 있습니까? 그리고 모든 일에 감사하고 있습니까? 오늘 내 삶 속에 하나님의 뜻인 줄 알면서도 그렇게 살지 못했던 부분들이 있다면, 그렇게 살지 못하도록 가로막는 장애물들이 무엇인지 주님 앞에 내려놓을 수 있기를 바랍니다. 환경에 내 마음을 빼앗기지 않고, 사람들과 비교하면서 우울해하지 않기를 바랍니다. 나를 부르시고 오늘 나를 여기까지 인도하신 신실하신 하나님, 모든 것을 합력하여 선을 이루어내시는 그 신실하신 하나님을 바라보기 바랍니다. 내 삶에 어떤 환경 속에서도 감사하기를 원하고, 쉬지 않고 기도하기를 원하고, 그래서 마음속에 기쁨이 가득 찬 삶을 살아갈 수 있기를 위해 기도하며 나아가시기 바랍니다.

하나님의 마음에 맞는 자

사도행전 13:22

●

방선기 (기독교교육학)

제가 우리 모교회에서 협동 목사로 섬기면서 장로님들하고 성경공부를 한 적이 있습니다. 그 때 다윗에 대한 공부를 하게 되었는데 한 장로님이 자기는 다윗이 너무 싫다고 말했습니다. 자기 마음에 안 든다는 겁니다. 그래서 제가 이 본문 말씀을 거론하면서 하나님 마음에 맞는 사람인데도 싫으냐고 물었더니 하나님의 마음에는 맞는지는 몰라도 자기 마음에는 안 맞는다고 대답했습니다. 왜 그렇게 다윗이 싫으냐고 물었더니 다윗이 너무 여자를 밝힌다는 겁니다. 그분은 정말 자기의 생각을 솔직하게 말했습니다. 그분의 말을 듣고 생각해보니까 어느 정도가 이해가 되었습니다. 밧세바 사건도 그렇고 아비가일 사건도 그렇고 두 경우 다 남편 있는 여자를 취한 것이니 말입니다. 그러니까 그분의 생각이 아주 틀린 것 같지는 않습니다. 하지만 그 때 저는 이런 의문을 갖게 되었습니다. "왜 하나님은 이런 다윗을 보고 내 마음에 맞는 사람이라"고 하셨을까? 다윗의 어떤 점이 그렇게 마음에 쏙 들었을까?

물론 여러 가지 이유가 있겠지만 저는 성경을 보면서 그 이유를 발견합니다. 저는 다윗이 하나님께 기도하는 모습에서 그 이유를 찾을 수 있었습니다. 다윗이 기도를 많이 했기 때문에, 기도를 간절히 했기 때문에 그랬을까요? 예, 물론 그는 기도를 많이 하고 간절히 했을 겁니다. 그러나 하나님이 그를 마음에 들어 하신 것은 다윗이 하나님께 바르게 기도했기 때문이라고 생각합니다. 오늘 저는 다윗이 기도했던 기록들을 통해서 하나님이 그를 마음에 들어 하신 이유를 찾아보려고 합니다.

1. 하나님의 뜻을 앞세운 다윗의 기도

첫 번째는 다윗은 매사에 기도할 때마다 하나님의 뜻을 앞세웠습니다. 잘 아시는 대로 다윗은 전쟁을 많이 치른 사람입니다. 그런데 전쟁을 할 때 거의 모든 경우에 하나님께 물었습니다. 역대상 14:10에 보면 이렇게 얘기합니다. "내가 블레셋 사람들을 치러 올라가리이까 주께서 그들을 내 손에 넘기시겠나이까 하니 여호와께서 그에게 이르시되 올라가라 내가 그들을 네 손에 넘기리라 하신지라." 그렇게 해서 전쟁에 승리했습니다. 그런데 블레셋이 다시 한 번 침공합니다. 그때에도 다윗은 또 하나님께 물어봅니다. 어떻게 보면 어린아이가 부모나 선생님에게 묻듯이 사사건건 하나님께 묻습니다. 그리고 하나님의 대답을 듣고 행합니다. 어떻게 보면 전쟁을 많이 치르면서 그때마다 기도를 했기 때문에 전쟁에 대한 하나님의 뜻을 알았을 겁니다. 그런데도 또 전쟁에 임하면 또 하나님께 물어봅니다. 그는 매순간 하나님의 뜻을 자기의 뜻보다 항상 앞세웠다는 것입니다.

그런데 우리는 기도할 때 우리 뜻을 하나님 앞에 알리면서 그 뜻을 이루어 달라고 간구할 때가 많습니다. 가만히 제가 드린 기도를 돌이켜보면 그랬던 것 같습니다. 다윗의 기도는 달랐습니다. 그는 "하나님 제가 전쟁을 지금 치러야겠습니다. 하나님 도와주시옵소서"라고 기도하지 않았습니다. 그는 먼저 하나님께 이 전쟁을 해야 할지 말아야 할지, 그리고 어떻게 해야 할지를 물었습니다. 그리고 하나님이 허락하면 구체적으로 지시한 대로 행했습니다. 우리의 기도가 바로 이렇게 돼야 하지 않겠나 생각합니다. 자신이 정해 놓고 하나님 앞에 도움을 구하는 것이 아니라 무슨 일이든지 그것을 하기 전에 하나님의 뜻을 앞세우기 위해서 하나님의 뜻인지 아닌지에 대해서 귀를 기울여야 하겠습니다.

저는 이 설교를 하면서 마음에 약간 걸리는 게 있습니다. 우리가 다윗처럼 이렇게 물어보면 하나님이 육성으로 어떤 말씀을 해주면 좋을 텐데, 지금 우리의 상황은 그렇지 않다는 것입니다. 성경에서는 다윗이 전화로 "하나님 전쟁해야 됩니까?"라고 묻고 하나님은 전화로 정확하게 말씀을 들려주신 것 같습니다. 그런데 우리의 현실은 그렇지 않습니다.

물론 하나님으로부터 직통 계시를 받았다면서 마치 하나님의 음성을 직접 들은 듯이 말하는 사람들이 있습니다. 개혁신학을 따르는 입장에서 그런 것을 인정할 수는 없지만 솔직히 내게도 하나님이 그렇게 말씀하시면 좋겠다는 생각이 들기도 합니다. 그런 생각을 하면 다윗의 기도를 현재 나의 상황에 어떻게 적용해야할지 어려울 때가 있습니다.

다윗의 기도에게서 우리가 배울 수 있는 것은 내가 어떤 일을 결정해 놓고 빨리 기도로 도와달라고 하는 것이 아니라, 하나님의 뜻이 무엇인지를 알려주시기를 기도하면서 기다리는 시간을 갖는 것입니다. 그렇게 기다리다가 여러 가지 사건이나 사람들을 통해서 하나님께서 확신을 주실 때 비로소 행하는 것입니다. 이렇게 하는 것이 다윗의 모습을 따라가는 것이 아닌가 생각합니다.

작년에 그 비슷한 일이 있었습니다. 저는 일터 사역을 하면서 일터 사역 단체들 몇 사람하고 만나서 의논하다가 일터 사역을 소개하기 위해서 컨퍼런스 같은 모임의 필요성을 느꼈습니다. 그래서 그 모임을 준비하기 시작했습니다. 준비를 위해서 기도를 하는데 계속해서 '이게 정말 하나님의 뜻이냐? 그냥 네가 하고 싶어서 하는 게 아니냐?' 라는 생각이 들었습니다. 솔직히 그런 생각이 드는 것이 좀 귀찮았습니다. 꼭 필요한 일을 하는데 하나님이 도와주시지 왜 자꾸 그런 마음을 갖게 하시는가, 라는 생각을 했습니다. 그런데 나중에 보니 그게 하나님의 음성이었던 것 같았습니다. 그때부터 하나님의 뜻을 생각하는 기도를 드렸습니다. 컨퍼런스를 하는 것이 하나님의 뜻인지 확실히 알기 위해서 이 컨퍼런스를 위해서 후원을 부탁하기로 했습니다. 갑작스러운 후원 요청을 받아들이기가 쉽지 않은 것을 알기 때문에, 만일 교회들로부터 충분한 후원을 받게 되면 하나님의 뜻이라고 믿고 진행을 하고, 그렇지 않으면 내려놓기로 하고 그렇게 기도를 했습니다.

나중에 보니까 우리가 후원을 요청했던 교회들 중 거의 모든 교회에서 내가 예상하지 않은 액수의 금액으로 후원을 한다는 약속을 해 주었습니다. 그 때 그걸 받으면서 후원을 많이 받은 것도 감사했지만 그것을 통해서 그 일이 하나님의 뜻임을 확인시켜 주었다는 것 때문에 감사했습니다. 결국 그 11월에 그 컨퍼런스를 잘 진행되었습니다. 나중에 돌이켜 보면서 이 일이 하나님의 뜻이었고 우리가 하나님의 뜻대로 진행했다는 것 때문에 감사할 수 있었습니다.

하나님의 일을 하려는 사람은 내 뜻을 세워 놓고 하나님께 도와달라고 기도하는 것이 아니라 정말 이게 하나님의 뜻인가에 대해서 기도하면서 기다리는 자세가 필요합니다. 바로 이것이 다윗을 하나님의 마음에 들게 한 요인이라고 생각합니다.

2. 자기의 소원을 하나님의 뜻에 비추어 확인함

두 번째 다윗은 하나님께 기도할 때 자기가 원하는 것이 하나님의 뜻인지를 확인했습니다. 매사를 하나님의 뜻을 앞세워서 했던 다윗이 하나님께 물어보지 않고 하려고 했던 일이 있습니다. 예루살렘 성전을 짓는 일이었습니다. 그는 하나님께 자기가 성전을 지어도 되는지 물어보지 않았습니다. 그냥 성전 지을 마음을 먹고 추진을 하려고 했습니다. 그가 성전 건축과 관련해서 하나님께 묻지 않은 것은 아마도 하나님이 이 일을 원하실 것이고 당연히 기뻐하시리라 생각했기 때문인 것 같습니다.

하나님께 기도하는 대신 선지자 나단에게 넌지시 이야기를 하자, 나단은 아주 긍정적으로 대답해 주었습니다. 사무엘하 7장 3절에 보면 나단이 이렇게 얘기합니다. "여호와께서 왕과 함께 계시니 마음에 있는 모든 것을 행하소서." 나단 역시 하나님께 충분히 기도하지 않았기 때문에 하나님의 뜻을 잘못 파악한 것 같습니다. 그래서 하나님의 뜻과 달리 다윗에게 성전 건축을 승인해준 셈입니다. 그런데 그날 밤 하나님이 나단에게 나타나서 성전을 지을 자는 다윗이 아니라 그 아들임을 분명히 알려주셨습니다. 나단이 그걸 듣고 다윗한테 다시 얘기했습니다. 그 때 그 말을 들은 다윗은 하나님의 뜻을 그대로 받아들이는 기도를 합니다. 이때 다윗은 '하나님 제 정성을 몰라주십니다. 정말 하나님을 위해서 성전을 짓고 싶습니다' 라고 매달리지 않았다는 것입니다. 사무엘하 7장 20-22절 보면 "주 여호와는 주의 종을 아시오니 다윗이 다시 주께 무슨 말씀을 하오리이까 주의 말씀으로 말미암아 주의 뜻대로 이 모든 큰일을 행하사 주의 종에게 알게 하셨나이다" 라고 기도했습니다. 다윗은 하나님의 뜻을 그대로 받아들였습니다. 사실 다윗이 성전을 지으려고 했던 건 정말 좋은 의도였습니다. 하나님을 위해서 하려고 한 것입니다. 그렇기 때문에 사실 기도도 하지 않고 그냥 진행을 하려고 했던 것 같아요. 아마 어느 정도 마음 가운데 확신이 있었겠지요. 하나님이 이거는 들어 주시리라고. 그런데 하나님이 거절했습니다. 그런데 그것을 그대로 받아들이고 자기 계획을 깨끗이 포기하고 아들 솔로몬이 성전을 지을 수 있도록 만반의 준비를 갖추는 모습을 보게 됩니다.

이 부분은 한국 교회가 다윗에게서 배워야 할 점입니다. 우리가 하나님을 위해서 어떤 일을 하려고 할 때 당연히 하나님이 원하시고 하나님의 뜻이라고 생각할 수 있습니다. 그런데 얼마든지 그렇지 않을 수 있다는 것입니다. 내가 하나님을 위해서 하는 일이라도 그것이 하나님의 뜻이 아닐 수가 있다는 것입니다. 그것을 알았을 때 그것을 그대로 받아들이고 순종하는 것, 바로 자기 부인의 자세가 필요하다는 겁니다.

저는 교회 역사를 보면서 교회가 하나님을 위해서 한 일인데 하나님의 뜻에 맞지 않았던 것들을 많이 보게 됩니다. 유럽에 있는 수많은 성당들을 보면서 그것을 지을 때 하나님을 위해서 했겠지만 그게 하나님의 뜻에 맞는 일이었는지를 돌아보게 됩니다. 하나님의 뜻을 빙자한 종교 전쟁들입니다. 십자군 전쟁이나 신구교 사이에 벌어졌던 종교 전쟁 말입니다. 물론 구교도가 더 강했기 때문에 그랬겠지만 구교도가 신교도 한 사람을 죽이면서 하나님이 너무 기뻐하실 것에 대해서 아주 감사하는 기도를 드리면서 죽인다고 했답니다. 당사자는 하나님의 뜻이라고 생각하고 행했지만 그것은 결코 하나님이 원하신 일이 아니었습니다. 그런 역사 이야기를 들으면서 하나님을 위해서 한 일이 하나님의 뜻이 아닐 수가 있다는 것을 실감합니다.

하나님을 위해서 좋은 뜻을 가지는 것은 중요한 일입니다. 그런데 더 귀한 것은 때로 하나님이 그것을 허락하지 않을 때 그런 좋은 뜻까지 하나님 앞에 내려놓고 하나님 앞에 우리를 부인하는 것이 아닌가 생각합니다. 다윗은 그렇게 자기를 내려놓는 기도를 했기 때문에 하나님 보시기에 맘에 쏙 들었지 않았나 생각합니다.

3. 회개의 기도

세 번째는 다윗은 하나님의 뜻을 어긴 후에 하나님께 회개의 기도를 드린 것입니다. 다윗은 항상 하나님의 뜻대로만 행한 것은 아닙니다. 우리가 잘 아는 대로 그가 남의 아내를 취한 것이나 그녀의 남편을 죽인 일들은 하나님의 뜻을 완전히 무시한 범죄였습니다. 나중에 인구 조사 한 것도 원래 하나님의 뜻이 아니었는데 그냥 강행했습니다. 그것은 교만해서 그렇게 된 것 같습니다.

과거에 사울이 자고 있을 때 그를 죽이지 않고 그의 옷을 벤 적이 있는데 나중에 다윗은 옷자락을 벤 것을 가지고 마음에 찔렸다고 했습니다. 그렇게 양심이 예민했던 다윗이 어떻게 이런 죄를 범할 수가 있나? 그리고 매사 하나님 앞에 물어봤던 다윗이 어떻게 이런 짓을 할 수가 있나? 그런 생각이 듭니다. 다윗의 이 모습을 보면서 바로 이 죄악을 범하는 순간 다윗은 결국 무신론자가 되어 버린 것입니다.

다윗은 자기가 죄 지은 것을 깨닫고 정말 진심으로 회개했습니다. 시편 51편은 유명한 그의 회개의 기도입니다. 그 기도 속에서 다윗은 자기가 지은 죄에 대해서 정말 애통했습니다. 그리고 용서를 구하고 다음에 하나님께서 자신을 새롭게 해주시기를 기도합니다.

다윗이 회개의 기도를 드릴 때 하나님의 기분이 어땠을까요? 자기를 깡그리 무시하는 죄를 지고 나중에 죄송하다고 하나님 앞에 고백할 때 하나님 마음이 어땠을까? 저는 하나님을 내 마음대로 짐작할 수 없지만 하나님께서 기분 정말 좋았을 것 같습니다. 사실 사울이 지은 죄하고 비교해 보면 다윗의 범죄가 더 크면 컸지 작다고 할 수 없습니다. 두 사람의 결정적인 차이는 범죄한 후의 태도입니다. 사울은 자기 죄에 대해서 회개하지 않고 변명으로 일관했습니다. 그 결과 하나님의 마음에 들지 않는 왕이 되고 말았습니다.

이 두 사람의 예를 보면서 우리도 얼마든지 죄를 지을 수 있다고 생각합니다. 최근에 큰아버님 되시는 방지일 목사님이 아주 재미있는 이야기를 해주셨습니다. 그분은 성경에 나오는 신앙인들이 실수한 이야기들이나 최근에 문제 되고 있는 목회자들의 실수를 언급하면서 예전에도 그런 일이 많이 있었다고 했습니다. 그러면서 자신도 그런 사람들처럼 될 개연성은 얼마든지 있는데 하나님이 보호해 주셨다고 하셨습니다. 그러면서 몇 가지 얘기를 듣는데 정말 아슬아슬한 경우가 있었습니다. 한번은 여전도사님이 개척한 교회 가서 부흥회를 인도했다고 합니다. 부흥회를 인도할 때는 아무 문제가 없었지만 부흥회를 끝내고 잠을 잘 때는 단둘이가 될 수밖에 없었다는 겁니다. 그런 얘기를 하면서 하나님이 지켜 주시지 않았다면 자신도 뾰족한 수가 없었다고 말하는 것을 듣고 굉장히 감동이 되었습니다.

우리도 얼마든지 죄를 지을 개연성이 있다는 것을 인정해야 합니다. 중요한 것은 죄를 안 짓는 것이 아니라 그 죄에 대해서 어떻게 반응하느냐는 것입니다. 많은 경우 변명이나 정당화하기가 쉽습니다. 심지어는 하나님을 향해서 원망하는 사람도 있습니다. 자기가 죄를 짓고서 그 때 하나님 왜 나를 보고만 있었습니까? 라고 따지는 것입니다. 어떻게 보면 그런 반응을 보이는 것은 처음 죄를 지는 것보다 더 악한 죄가 아닐까 생각됩니다. 물론 처음부터 하나님의 뜻을 어기지 않도록 조심해야 합니다. 그러나 연약해서 하나님의 뜻을 어겼을 경우에 그 자리에서 인정하고 회개하는 것, 이 모습이 하나님 보시기에 마음에 쏙 들었을 것 같습니다.

다윗은 아주 엄청난 죄를 지었지만 바로 이런 회개의 기도를 했기 때문에 하나님의 마음에 맞는 사람으로 인정을 받은 것입니다. 오늘의 우리도 마찬가지입니다. 크든 작든, 아니 죄가 아니라 실수라는 걸 했을 때에도 빨리 인정하는 것이 필요합니다. 『불완전함의 선물』이란 책을 보면 사람이 정말 온전한 사람이 되기 위해서 필요한 것 중에 하나가 용기라고 했습니다. 자기의 부족함을 인정하는 용기, 즉 불완전함을 인정하는 용기가 온전한 사람이 되는 데 필수적이라는 말입니다. 다윗은 그런 의미에서 정말 용기 있는 사람이었습니다. 자기가 죄인이라는 것을 인정하고, 그것을 하나님 앞에 그대로 내놓고 회개했던 것입니다. 이 모습이 하나님 보시기에 마음에 쏙 들지 않았나 생각합니다.

물론 우리가 기도할 때 하나님께 원하는 것을 달라고 기도할 수 있습니다. "구하라 그리하면 주실 것이요 찾으라 그리하면 얻을 것이요"라는 말씀이 분명히 있으니까 얼마든지 우리가 원하는 것을 달라고 기도할 수 있습니다. 그런데 정말 하나님의 마음에 들기 위해서는 다윗처럼 기도를 바꾸는 게 좋지 않겠나 생각합니다. 기도할 때 먼저 이게 하나님의 뜻인가 아닌가에 대해서 정말 심각하게 생각하는 겁니다. 기다리고 기도하고, 그리고 하나님이 정말 원하시는 것이라는 것을 확인하고 그대로 행하는 겁니다.

또 우리 안에 좋은 생각이나 계획이 생겼을 때 그냥 하나님을 위해서 하는 것이라면서 그냥 진행하지 말고 하나님께 물어서 허락을 받는 것입니다. 그러다가 하나님이 허락을 하지 않는다면 아무리 내가 좋은 의도를 가지고 하더라도 포기하는 것입니다. 그리고 만일 하나님의 뜻을 어겼다면 바로 그것을 인정하고 하나님께 회개의 기도를 드리는 것입니다.

우리의 기도가 이런 기도가 되고 또 우리의 삶이 이런 모습으로 될 때 하나님께서 우리를 향해서도 다윗에게 하신 것처럼 "내 마음에 맞는 사람"이라고 말씀하실 것입니다. 하나님의 나라를 위해서 많이 수고하는 사역자가 되기 바랍니다. 그러나 그보다 먼저 다윗처럼 하나님의 마음에 맞는 사역자가 되기를 바랍니다.

자기 십자가를 지고

누가복음 9:23

이순근 (기독교교육학)

오늘은 겟세마네 동산에서 주님이 기도하시고 십자가를 지고 가신 날이기 때문에 "자기 십자가를 지고"라는 제목으로 누가복음 9장 23절을 묵상해 보려고 합니다. '자기 십자가를 지고 가라'라는 이 말씀은 제가 20대 중반에 조금 깨닫기 시작하다가 신학교 와서 좀 더 확실히 깨달았던 말씀입니다. 그리고 이제 와서 돌이켜 보니까 이 말씀은 지금까지 제가 목회를 할 수 있도록 지탱하게 해준 제게는 기둥 같은 말씀이었습니다. 만일 이 말씀의 뜻을 제대로 깨닫지 못했었더라면 목회할 때 너무 힘들어서 어쩌면 중간에 포기했을지도 모릅니다. 목회가 힘들 때마다 '네 십자가를 지고 가라'는 주님의 말씀이 들렸고 그래서 제가 그 때마다 십자가를 지고 가야 되겠다 그런 생각을 해서 목회를 이어왔다고 해도 과언이 아닙니다.

1. 십자가에 대한 오해

저는 어려서부터 교회 생활하면서 어른들로부터 십자가의 의미를 잘 못 배웠습니다. 특별히 어머니들이 모여서 '말 안 듣는 자식이 자기 십자가'라며 한탄들을 하셨습니다. 그 웬수들이 십자가이고, 또 술 중독되어 속 썩이는 남편을 십자가라고 하셨습니다. 그래서 어린 제 마음 속에는 십자가는 말 안 듣는 자식과 말 안 듣는 남편이 십자가라 고 각인이 됐습니다. 그렇지만, 십자가가 말 안 듣는 자식들과 남편 들이 십자가라고 할 때 뭔가 좀 석연치 않았습니다.

그리고 사람들이 십자가라는 말을 너무 쉽게 쓴다고 생각했습니다. 무슨 일을 하다가 고통스러우면 그것을 십자가라고 하고, 어떤 경우에는 자신이 잘못해서 생긴 고통인데도 '그게 내 십자가다'라고 하면 저는 속으로 웃을 때가 있었습니다. 지금도 기억나는데 어느 성가대 지휘자가 그랬습니다. 그분이 자기에게 십자가라고 하시면서 이 야기를 하시는데 들어보니까 그건 자기가 잘못해서 그런 것 같은데 그것을 자기의 십자가라고 했습니다. 혼란스러웠습니다. 도대체 십자가가 뭘까?

그러다가 제가 단편소설을 하나 읽었습니다. 백도기라고 하는 목사님이 쓰신 소설인데 이분이 한신 출신이시고 신춘문예에 당선된 작품이었습니다. 제목이 '어떤 행렬'이었습니다. 어떤 스토리냐면 어떤 사람이 지방에 내려갑니다. 지방이 어딘지 나오지 않지만 한국의 어떤 조그마한 읍내에 내려가는 걸로 되어 있습니다. 어느 목사님을 방문

하려고 하는데 그 목사님에게는 아들이 하나 있었습니다. 그런데 아들이 소위 정신이상자였습니다. 그래서 길거리에 나가서 맨날 정신없이 돌아다니는데 읍내가 그렇게 크지 않기 때문에 그 목사님의 아들이 정신이상자라는 것이 그 목사님의 목회에 결정적인 타격이 됩니다. 그렇지 않겠어요? 여러분, 그 목사님이 사람들 보고 '예수 믿으면 복 받는다' 라든지 '예수 믿으면 잘 된다' 라고 하면 요즘 말로 '너나 잘하세요!' 라고 하지 않겠습니까? 당신 아들 보십시오!

그런데 그 아들이 그렇게 된 것은 6.25 전쟁 때 공산당에 붙잡혀서 고문으로 생긴 후유증이었습니다. 짧은 단편이지만 우리 민족사의 비극인 6.25 전쟁을 배경으로 깔았습니다.

그 아들이 원래 똑똑했다고 합니다. 그런데 전쟁 중에 신앙인이라는 이유 때문에 공산당에게 잡혀가지고 고문을 받다가 정신이상이 된 것입니다. 그런데 그 목사님은 그래도 그 아들을 끝까지 사랑합니다. 사람들이 '당신이 목회자로서 아들이 그렇게 된 것은 하나님 저주 아니냐?' 그렇게 얘기해도 받아들이지 않고 아들을 사랑합니다. 답변할 필요도 없고 답변한다고 답변이 되겠습니까? 그런 상황에서 목회를 하는데 이 사람이 그 목사님을 만나러 가는 것입니다.

그런데 그 읍내에 도착하자마자 갑자기 사람들이 웅성웅성 거리는 모습을 보게 됩니다. 교통사고가 났는데 가까이 가서 보니까 그 목사님의 아들이 교통사고를 당한 것입니다. 정신이상자 아들이 큰 차에 쳐서 쓰러져 있었습니다. 정신을 잃고 있습니다. 사람들이 '그 목사님 아들 아니냐? 정신 이상자, 바보 같은 아들 아니냐?' 그러고 있는

데 소식 듣고 그 목사님이 나타났습니다. 그 목사님이 군중을 헤치고 가서 아무 말씀도 하지 않고 자기 쓰러진 아들을 어깨에다가 들쳐 멥니다. 그랬더니 그 아들은 그 아버지 어깨에 축 늘어져 가지고 양팔을 벌린 채 매달려 갑니다. 그 아버지가 그 아들을 어깨에 메고 집으로 걸어갑니다. 걸어가는데 점점 멀어져가는 뒷모습을 이 주인공이 바라보면서 어느 순간 깨닫습니다. '아! 저건 십자가다!' 아들이 아빠 어깨에 걸쳐져서 의식을 잃고 양팔을 벌렸는데 그것이 십자가 형상이 된 것이고, 그 순간 마치 그 아버지는 예수님처럼 보이고 아들은 나무 십자가처럼 돼서 걸어가는 그 모습을 어느 순간에 본 것입니다.

그러면서 그 주인공이 외칩니다. '앗 십자가다!' 그럽니다. 그게 끝입니다. 원래 단편은 구구절절 얘기 안 하지 않습니까? 나머지는 독자들이 상상하도록 하지요. 그런데 제가 그걸 보면서 '아 맞아. 적어도 이 정도는 돼야 십자가지' 라고 생각했습니다. 말 안 듣는 자식이지만 이 정도는 돼야 십자가지 그랬습니다.

2. 십자가는 자의적 고난

그랬는데도 뭔가 좀 미심쩍고 십자가가 뭔지 알고 싶었습니다. 오랫동안 제가 그 십자가 문제를 놓고 사색을 하는 중에 합동신학교 왔습니다. 신학교에 와서 박윤선 목사님 강의를 듣는 중에 박윤선 목사님 주석을 보는데 주석을 읽고 매시간 퀴즈를 봤습니다. 박윤선 목사님 퀴즈는 당신의 주석을 몇 페이지부터 몇 페이지까지 읽어오라 그러시고 그리고 퀴즈를 내는데 주로 중요한건 내지 않으셨습니다. 거기 나온 설교 예화들, 그 예화들 중에서도 구석에 있는 거를 내셨습니다.

우리가 그걸 아니까 구석구석을 집중적으로 공부해서 점수를 잘 받긴 했습니다. 그런데 어느 날 주석을 보는데 예수님의 고난에 대한 주석 부분이었습니다. 예수님의 고난을 이렇게 한마디로 정의를 내리셨어요. 예수님의 고난은 자의적 고난이다. 예수님이 하늘 영광 보좌를 버리시고 이 땅에 내려오셔서 인간이 되신 것이 고난의 시작이다. 성육신부터 고난의 시작이잖아요? 그 다음에 사람들에게 배척 받으시고 멸시 받으신 것 그것도 고난이고, 굶주리고 피곤하신 것 그것도 고난이죠? 그리고 십자가 고난의 절정이었지요. 그런데 그 모든 예수님의 고난은 성격상 자의적이라는 것입니다. 즉 자원해서 당한 고난이라는 겁니다. 굉장히 강조하셨는데 제가 어느 순간에 그것을 묵상하는데 깨달아지는 게 있었습니다. '아 십자가라고 하는 것은 고난은 고난인데 자의적 고난이다!'

자의적 고난과 반대되는 것은 피동적 고난, 혹은 타의적 고난입니다. 그러면서 제가 욥의 고난을 생각해봤습니다. 저는 욥의 고난을 십자가라고 생각을 했던 때도 있었습니다. 욥의 고난은 성격상 자의적 고난은 아니었습니다. 그건 피동적 혹은 수동적 혹은 타의적 고난이었습니다. 그러니까 욥은 고난을 자기가 선택한 게 아니었습니다. 자의적 고난이라고 하는 것은 선택할 수 있는 고난입니다. 제가 그 때부터 고난을 크게 두 가지로 분류했습니다. '아 고난의 종류에는 두 가지가 적어도 있구나. 하나는 자의적 고난이 있고, 또 하나는 타의적 고난이 있다. 그런데 십자가는 자의적 고난이지 타의적 고난이 아니다.' 주님께서도 그걸 보여주셨습니다. 오늘 본문 누가복음 9장 23절에서 말씀하신 걸 보면 "아무든지 나를 따라오려거든"라고 하셨는데 이 말씀은 따라오지 않을 사람은 말고 "나를 따라오려거든 자기를 부인하고 날마다 자기 십자가를 지고 와라"고 하신 것입니다. 이 얘기는 주님을 따르기를 원치 않는다면 십자가를 안 져도 된다는 것입니다. 그러니까 십자가는 여기서도 분명히 강조되고 있는 것은 자기가 원하면 질 수도 있고 주님을 따르기를 원치 않으면 지지 않아도 될 그런 고난이라는 것입니다.

욥의 고난은 자기가 원해서 당한 고난이 아니었습니다. 닥쳐온 고난입니다. 제가 목회를 하면서 고난에 대한 설교를 하면서 이걸 꼭 강조했습니다. 가만히 보니까 성도들이 당하는 고난을 분석을 해야 할 때가 있습니다. 저 사람이 당한 고난은 자기가 선택한 거냐 당한 거냐? 선택한 고난을 당하는 사람들은요 강합니다. 잘 견딥니다. 그런데 닥쳐온 고난을 당한 사람들은 힘들어 합니다. 자기가 선택하지 않았기 때문입니다.

또 그것이 일시적인 고난인지 아니면 평생 가는 고난인지 분석해야 합니다. 그런데 저는 목회라고 하는 것이 십자가라는 것을 깨달았습니다. 우선 목회자가 되는 것부터 십자가입니다. 목회자가 된 다음에 기관에서 사역하는 목사도 할 수 있지만 지역교회를 섬기는 목사가 되는 것도 나의 선택입니다. 그런데 사실은 지역 교회에서 목회하는 것이 어렵습니다. 목회자로 사는 게 너무 힘듭니다. 그래서 힘들 때마다 저는 생각합니다. 이게 나에게 주어진 십자가구나.

3. 목회는 십자가이다

그래서 제가 힘들 때마다 그럽니다. 주님 그만하면 안 될까요? 제가 주님 안 믿겠다는 게 아니고 목회만 좀 내려놓고 좀 쉽게 하고 싶은데 그건 안 될까요? 제가 생각할 때는 주님께서는 '네 마음대로 하라' 그러실 거 같아요. 그러나 그건 너의 십자가다. 그래서 그럴 때마다 제가 제 십자가를 내려놓을 수 없으니까 또 지고 가고 또 지고 가고 그러다 보니 여기까지 왔습니다. 여러분들은 앞으로 목회를 하실 분들이기 때문에 오늘 고난 주간이고 해서 본문으로 십자가 구절을 봤습니다. 여러분, 사실인지 모르지만 한경직 목사님이 항상 주머니에 사표를 써서 넣고 다니셨답니다. 사표를 써서 다니셨는데 그런데 그걸 꺼내 놓지는 않으셨답니다. 그게 사실인지 아닌지 모르지만 이해가 됩니다. 목회자들은 저를 비롯해서 한 달에 적어도 30번은 목회를 그만둘까? 하고 생각하는 것 같습니다. 내가 이 교회 언제까지 해야 하나? 이거 농담 아닙니다. 하나님의 위로와 은혜가 없으면 못합니다.

지금 생각 잘하셔야 합니다. 아직 졸업하기 전이니까요. '나 성경 한번 좀 깊이 있게 연구하고 싶어서 신학교 왔습니다.' 하는 분들 위험한 사람들입니다. 그 사람에게 소명이 있어야 되는데 '하나님이 나를 부르시는구나 종으로서 쓰시겠다고 부르시는구나.' 그 소명 의식이 철저한 사람들이 와서 공부를 할 때 나중에 목회자로서 꾸준히 갈 수 있습니다. 목회는 십자가의 길이기 때문입니다.

여러분 제가 한 가지 또 깨달은 것이 있습니다. 뭐냐 하면 목회자로서 목회가 십자가이지만 그러나 축복이 있습니다. 각 사람은 각기 고난의 용량이 있습니다. 이순근의 고난의 용량도 한계가 있습니다. 하나님께서 사람을 연단하시기 위해서 고난을 주십니다. 고난은 두 종류 즉, 자의적 고난과 타의적 고난이 있지 않습니까? 그런데 자의적 고난으로 고난의 그릇을 가득 채우면 타의적 고난이 들어올 용량이 없어서 안주시는 것 같습니다!

우리 고난의 그릇에 한정용량이 있기 때문에 하나님이 아무리 넘치게 주셔도 다 채워지면 끝나는 겁니다. 넘치면 소용이 없습니다. 제 개인적인 경험을 통해 깨달은 것은, 제가 주를 위해서 자원해서 고난을 선택했을 때, 편안한 길을 걷지 않고 목회의 길 중에서도 고난의 길을 택했을 때 타의적 고난은 안 주시는 것 같습니다. 그 중에서도 하나님이 제게 보이실 때 이게 오늘 네가 져야 될 십자가라는 것을 깨닫게 하셨을 때 주저하지 않고 순종하며 선택해서 십자가를 지고 그 고난으로 즉, 자의적 고난으로 제 고난의 그릇이 채워졌을 때 타의적 고난, 닥쳐오는 고난, 피동적 고난은 많이 봐주셨다고 봅니다.

들을 귀 있는 사람들은 들으시기 바랍니다. 이건 제 개인적인 경험입니다. 저는 사실은 목회로 인한 고난은 많이 당했는데 제 개인적인 삶의 환경은 하나님이 축복해 주셨습니다. 그래서 감사해요. 저는 분석해 봅니다. '왜 나는 하나님이 그렇게 개인적인 환경은 좋게 해주셨을까?' 별다른 이유는 없습니다. 제가 깨달은 것은 이것입니다. 제가 하나님을 위해서 부르신 대로 고난의 길을 스스로 자처해서 걸어갔을 때 다른 고난까지 주면 제가 아예 포기할까 봐 하나님께서 봐 주신 것 같습니다. 여러분 십자가를 지고 가는 것을 주저하지 마십시오. 이왕이 길로 들어섰다면 자처해서 고난의 길을 걸어가세요. 그러면 닥쳐오는 고난은 제가 볼 때 하나님이 많이 경감해 주십니다. 하나님은 어차피 우리를 고난을 통해서 연단하시기 때문에 누구에게나 고난은 떠나지 않고 고난은 마치 우리 곁을 떠나지 않는 그림자와 같습니다. 항상 있습니다. 그래서 여러분 자의적 고난을 당하는 편이 훨씬 낫습니다. 닥쳐온 고난은 힘듭니다. 그러니까 앞으로 목회하시면서 편한 길 택하지 마시고 스스로 십자가의 길을 걸어가십시오. 그러면 하나님께서 나머지는 많이 봐 주십니다. 이것이 제가 깨달은 것입니다.

용서 없이 미래 없다

요 20:19-23

정경철 (선교신학)

사람들이 어려움을 당하면 보통 세 가지 방향으로 반응합니다. 첫째는 두려움 때문에 숨는 거예요. 오늘 본문에 나타난 제자들의 모습입니다. 똘똘 뭉쳐서 문들을 꼭꼭 걸어 잠그고 숨어드는 그런 반응, 두려움 때문에 숨는 것이죠. 두 번째 반응은 피하는 것입니다. 도망가는 거예요. 살 길을 찾아서 이민 가는 거예요. 파키스탄에도 상당한 숫자의 그리스도인들이 이 핑계 저 핑계로 이민을 떠나고 있습니다. 실제로 어려움이 있습니다. 살기 어렵죠. 정말 어렵습니다. 세 번째는 현실에 참여하고 직면하는 것입니다. 이것은 참 건강하고 바람직한 것이지만 인간적으로 힘든 일입니다. 이론적으로는 알지요. 신학교에서 배웠지요. 그러나 어두움을 직면한다는 것은 사람의 힘으로서는 할 수 없는 일이에요. 그래서 피하거나 숨거나 아니면 도망가는 거예요.

이 때 예수님이 찾아오셨습니다. 손과 옆구리를 제자들에게 보이셨어요.

예수님이 오신 이 사건을 저는 좀 깊이 생각해 보았어요. 예수님의 손에 피와 상처가 아물었을까? 피가 흐르고 있는 손과 발은 아니었을까? 죽음을 완벽하게 이기셨기 때문에 흔적만 있었을까? 지금 파키스탄 교회, 예수 그리스도의 몸인 그 교회는, 손과 옆구리 뿐 아니라 온몸에서 피가 흐르고 있는 상황입니다. 핍박 가운데 있는 주님의 몸이기 때문입니다. 주님께서 그러한 상황에 있는 교회일지라도 찾아오셔서 "너희에게 평강이 있을지어다"라고 하십니다.

1. 용서의 힘은 어디서 오는가

오늘 이 말씀 중심으로 예수님께서 제자들에게 베풀어 주신 용서와 평강과 기쁨을 생각해 보고자 합니다. 예수님의 죽으심으로 인해 좌절과 공포와 두려움과 혼란에 빠져 있는 제자들에게 주님께서 주신 용서의 힘, 하나님의 평강과 기쁨에 대해 배우고자 합니다.

첫째, 예수님께서 용서할 힘을 주십니다. 오늘 손과 옆구리를 보이시면서 용서의 본을 보여주신 예수님을 우리가 묵상해 봅시다. '용서 없이 미래가 없습니다.' 제가 섬기던 '온성도 교회'(All Saints Church)는 주님을 본받아, 자살폭탄테러를 한 탈레반들을 용서한다고 고백했어요. 희생자 가족의 93퍼센트가 용서한다는 것입니다. 2013년 9월 테러로 인해 '온성도 교회' 성도의 삼분의 일은 죽고 삼분의 일은 부상이고 삼분의 일만 살아남아 있습니다. 여러분 이 상황을 생각해보세요. 미국의 무인 공격기(Drone)가 지금 알카에다와 탈레반을 공격하고 있습니다. 그래서 많은 사람이 죽었어요. 거기에는 죄 없는 무슬림도 그 공격에 불쌍하게 죽었어요. 그게 실제 문제에요. 그래서 탈레반들 중에서도 과격한 그룹인 존돌라(Jondoallah)라는 그룹이 있는데, 깡패 무슬림 집단이에요. 이 그룹에 속한 두 명이 테러를 감행했어요. 이 두 사람은 파키스탄 사람은 아닙니다. 지금 IS 같은 집단도 다른 나라에서 온, 체첸이라든가 이런 여러 나라에서 모인 깡패 집단 무슬림들이에요. 테러리스트가 죽으면 폭탄에 의해 몸은 사라지고 머리만 남아 있어요. 그 남아있는 머리 두개골 사진이 제 컴퓨터에 있습니다. 끔찍해요. 머리가 가운데로 쪼개졌어요. 그들은 파키스탄 사람 모습이 아니고 중앙아시아 사람들임이 확실해요. 현지인들은 그들이 우즈베키스탄에서 온 자들이라 합니다. 파키스탄의 이 지역에 8,080번의 테러가 지난 8년 동안에 있었습니다. 공식적인 집계입니다. 그 중에 그리스도인을 공격한 것은 단 두 번입니다. 우리가 무슬림 테러에 대해 정확하고 균형 잡힌 정보들을 가지고 분별해야 합니다. 이번은 미국의 무인 공격기가 알카에다와 탈레반을 죽이려다 무죄한 무슬림 가족들이 죽어서, 과격 탈레반인 존돌라 그룹의 두 명이 온성도 교회를 공격한 사건입니다. '파키스탄 교회는 미국과 한통속이다' 라고 오해하여 그것을 빌미로 파키스탄에 있는 교회에 테러를 한 것입니다. 그렇게 해서 미국의 드론 공격을 중지시키려는 뜻을 표시한 셈입니다.

두 번째 테러는 2012년 9월 21일, 같은 KPK주 내의 마르단

(Mardan) 도시에 있는 성바울 (St. Paul) 교회 (온성도 교회와 같이 페샤와르 노회 소속 교회)가 공격을 받아 불이 탄 적이 있었어요. 이 사건은 2012년 '순진한 무슬림'(Innocence of Muslims)이라는 무슬림을 모독하는 영화가 전 세계에 확산되자, 분노한 무슬림들이 이 교회를 보복 대상으로 삼아 불을 지른 사건이었습니다. 이 영화는 미국계 유태인이 제작했는데 무함마드를 매우 나쁘고 음탕한 사람으로 묘사하여 저질적인 성적 행각을 들추어 만든 필름이어서 전 세계 무슬림들이 격분했던 것이고, 그 바람에 이 교회가 불탄 것입니다. 두 사건 다 미국과 관련된 사건이었지 파키스탄 현지 성도들이 이웃 무슬림들과의 관계가 나빠서 발생한 사건이 아니었어요. 이 외에는 대체적으로 무슬림들과 관계가 좋았습니다.

이외의 무슬림들의 테러가 어떤 것이냐? 하면요, 탈레반이 쉬야(Shia) 무슬림이라고 죽이고 타락한 순니(Sunni) 무슬림이라고 죽이고… 그리고 그들이 정부군을 대항하여 테러한 것이에요. 자기들끼리의 테러예요. 이 모습이 아프가니스탄과 파키스탄 경계 지역에 있는 주(KPK주-Kyber Phuktwanhwa Province 약자)에서 일어난 8,080번의 테러 모습입니다. 2013년 9월 22일 온성도 교회에 테러가 난 일주일 후에 그 교회 바로 옆 시장, 끼싸하니 바자(Kissa Khani Bazar/이야기 시장)라는 유명한 시장에서 또다시 폭탄테러가 나서 무슬림들이 70명 정도 죽었어요. 이런 일은 자주 있는 일이에요. 그러나 '온성도 교회'에서 일어난 폭탄테러는 파키스탄 역사상 교회를 대상으로 하는 가장 큰 테러 사건이었습니다. 테러 2주 후 전국에 있는 파키스탄 교회 지도자들이 모여서 서로 애도하고 대책을 세우는 자리에 제가 있었습니다. 그때 파키스탄 교회협의회에서 파워포인트를 만들어서 띄운 것을 우리 함께 보면서 그들의 고난에 동참하고 그들을 위로하고 기도하는 시간을 가졌습니다. 파워포인트를 보며 그 당시 상황을 보도록 하겠습니다. (파워포인트를 보고 나서) 잠깐 함께 기도하십니다.

주님 저들을 불쌍히 여겨 주시고 손과 옆구리를 보여 주신 주님! 당신의 제자들을 찾아왔던 그 주님께서 오늘도 온성도 교회 성도들을 만나고 위로해 주시니 참으로 감사합니다. 이 성도들에게 원수들을 용서할 힘을 계속 허락해 주옵소서. 세상이 줄 수 없는 평안, 오직 주님이 약속하셨던 평안, 주님만이 줄 수 있는 기쁨! 세상이 줄 수 없는 기쁨을 이들에게 계속 허락해 주옵소서. 성령의 능력으로 그들이 이 길을 계속 가도록 주여! 이들을 도와주옵소서. 예수님 이름으로 기도합니다. 아멘

오늘 이 말씀이 제게도 어렵고 또 여러분에게도 어려울 줄 압니다. 그러나 성령님께서 도우셔서 우리의 실상을 보게 하시고 우리가 이 어려운 시대에 어떻게 준비되어야 할지 오늘 말씀을 통해 우리 모두 배우는 시간이 되길 부탁합니다. 본문 내용은 여러분이 너무나 잘 아시는 말씀입니다.

이 봉투에 들어있는 이 서류가 뭐냐면 10가지 질문을 만들어 피해자 125가정을 만나 인터뷰한 내용이 다 들어 있습니다. 하나님의 은혜로 피해자 125가정을 다 심방했습니다. 정확히 98명의 순교자, 144명의 부상자, 53명의 고아들, 16명의 과부, 7명의 홀아비가 발생

했습니다. 페샤와르(Peshawar)는 지금 외국인은 한 사람도 없습니다. 파키스탄 현지 사람도 납치하는 그런 지역이 되었습니다. 저희들은 그곳에 살았던 사람이지만, 이번에는 우리 생명을 담보하여 위험을 감수하고 2013년 1월과 2월에 40일간 페샤와르에 머물면서 희생당한 가정들을 만나기로 했어요. 주의 크신 은혜로 백 퍼센트 다 만날수가 있었습니다. 그들의 큰 고통의 소리를 듣고 또 그들 안에 인간으로서 이해하기 어려운 고난을 보았습니다. 그들 안에서 하나님께서어떤 일을 하고 계시는지 확인했습니다. 또한 저희들이 크게 도전 받고 변화를 받는 시간이었습니다.

저희들이 열 가지 질문을 기도하며 준비해 갔어요. 그 열 가지 질문 중 하나는 '이 테러리스들을 용서하느냐?' 하는 질문이었어요. 굉장히 어려운 질문을 했습니다. 그런데 놀랍게도 93퍼센트, 어른 339명이 용서를 한다는 거예요. 이유는 크게 두 가지였어요. 하나는 우리 형제자매인 성도들이 누가복음 23장 34절 말씀을 제일 많이 인용했어요. 예수님께서 십자가에서 하신 말씀이에요. "아버지여 저희를사하여 주옵소서. 자기의 하는 것을 알지 못합니다." '우리 주인 되신예수님이 그렇게 사셨고 가르치셨고 마지막에 십자가상에서 이렇게기도한 우리 주님을 본받아서 우리는 그들을 용서합니다' 라고 흐느끼며 대답하는 거예요. 두 번째, '예수님의 피는 흠이 없는 피지만 나 같은 죄인, 죄로 물든 나를 위해서 피를 흘려주셨는데 우리가 그들을 용서하지 못할 이유가 무엇입니까?' 얼마나 충격을 받았는지 모릅니다. 이거는 아무나 할 수 있는 얘기는 아닙니다.

그렇게 얘기는 할 수 있어도 실제로 당하면 어떻게 용서합니까? 우리 손양원 목사님 잘 아시죠? 저도 잘 압니다. 제 고향이 여수입니다. 제 아내도 오늘 같이 왔는데 애양원에서 일을 했어요. 사랑의 원자탄으로 알려진 손양원 목사님과 아들 동인이 동신이의 삶이 우리 한국 교회의 자랑이죠. 이분들은 돌아가셨지만 지금도 우리에게 살아서 말씀하고 있지 않습니까, 손 목사님, 동인이, 동신이!

탈레반들에 의해서 여성들이 교육을 받지 못하니까 꼬마 소녀 말랄라가 '우리에게 펜과 노트를 달라'고 외치다가 탈레반들의 총에 맞아서 최연소자로서 노벨 평화상을 탔죠. 여러분 기억하시죠? 그런데 이 말랄라로 말하자면, 우리 동네에 같이 사는 사람이에요. 진정한 노벨 평화상은 이 '온성도 교회'가 받아야 마땅합니다. 이 테러리스트를 용서한 이들이 받아야 한다고 믿습니다. 지상에서도 하늘에서도 박수를 받을 수 있는 하나님의 백성들! 하나님의 사랑을 아는, 하나님의 용서가 무엇인지 알면서 실천하는 이들이 노벨 평화상을 받고도 남습니다. 이들은 가난한 사람들입니다. 빗자루를 들고 청소하는 청소부들이에요. 슬럼가에 사는 빈민들이에요. 이들 안에 문제도 많습니다. 그러나 최소한 제가 이번에 놀라고 충격을 받고 또 도전을 받고 은혜를 받고 오히려 이들을 통해서 우리가 회복되었어요. 최소한 하나님의 사랑을 머리로만 아는 것이 아니고 심장으로 머리끝에서 발끝까지, 삶으로 고백하는 증인들이라고 하는 것을 제가 알게 됐어요. 하나님께서는 이들을 통해서 파키스탄을 변화시킬 것을 저는 믿습니다.

93퍼센트가 이렇게 용서한다는데 나머지 7퍼센트는 이렇게 답변했어요. '마태 목사님 그들을 용서하는 게 참 어려워요. 하늘나라에 먼저 간 저희 애들이 보고 싶어요.' 어린애들 약 50퍼센트가 죽었습니다. 어린애들이 죽은 부모님들을 제외하고 나머지 순교 가정들은 대부분 '다 용서한다'는 거예요. 어떻게 이런 일이 있을 수 있는가? 예수님께서 이 앞에 요한복음 14장, 15장, 16장, 세 장에 걸쳐서 기쁨과 평강에 대해서, 죄사함에 대해서, 성령님에 대하여 세 장을 할애해서 제자들에게 말씀하시고 요한복음 17장에 대제사장적인 기도를 드리셨어요. 그리고 '뉘 죄든지 사하면 사하여 질 것이고 뉘 죄든지 그대로 두면 그대로 있으리라'(요 20:23)고 하셨어요. 이것은 우리에게 죄사함의 권세를 준다는 것은 아니고 남을 용서해야만 우리가 산다는 것이에요. 남의 죄를 용서 못하면 내가 한을 품게 되죠. 그 한과 증오가 내 안에 있으면 그것이 우리 발목을 잡고 나는 할 일을 못하게 됩니다. 제가 이 파키스탄 형제자매들을 만나면서 큰 도전을 받고 내 자신이 깨져 버렸어요.

얼마나 회개했는지 몰라요. "진리를 알지니 진리가 너희를 자유케하리라"(요 8:32) 하셨는데 나는 참다운 이 진리를 제대로 깨닫지 못하고, 그래서 주님을 제대로 이해하지 못하고, 성령의 능력도 없고, 그래서 남을 용서 못하는 누추한 자신을 본 것입니다. 우리가 죄로부터 자유하지 못하고 세상으로부터 자유하지 못하고, 남을 용서하지 못한 채, 어떻게 세상에 나가서 죽음과 사망 권세와 죄와 분노에 눌려 있는 그 사람들을 구원해 낼 수 있습니까? 어떻게 그들을 자유케 할 수 있습니까? 이건 말도 되지도 않아요. 내가 내 옆 사람, 내 동역자들과도, 그리고 내 옆에 있는 선교사들도 용서하지 못하고 사는데... 꼴 보기 싫은 목사님을 만나면 내가 분이 부글부글 끓고 있는데... 내 모습이 요 정도 밖에 되지 않는데... 이렇게 해가지고 세상에 나가서 무엇을 할 수 있겠는가!

2. 환난 중에 주시는 평강과 기쁨

둘째, 예수님께서 평강을 주십니다. 환난 중에 평강을 주십니다. "내가 너희에게 평안을 끼치노니 곧 나의 평안을 너희에게 주노라. 내가 너희에게 주는 것은 세상이 주는 것 같지 아니하니라. 너희는 마음에 근심도 말고 두려워하지도 말아라"(요 14:27)고 하셨어요. 그리고 바로 그 앞 절에 "보혜사 곧 아버지께서 내 이름으로 보내실 성령 그가 너희에게 모든 것을 가르치시고 내가 너희에게 말한 모든 것을 생각나게 하시리라"(요 14:26)고 말씀하셨어요.

또 제자들이 환란을 당할 것을 미리 아시고 이렇게 미리 말씀하셨어요. "이것을 너희에게 이름은 너희로 내 안에서 평강을 누리게 하려 함이라. 세상에서는 너희가 환난을 당하나 담대하라 내가 세상을 이기었노라 하시니라"(요 16:33). 파키스탄의 '온성도 교회' 성도들은 이런 하나님의 평강을 맛보고 사는 분들이었어요. 방문하는 저희들에게 그러는 거예요. '마태 목사님, 걱정 마세요. 하나님께서 우릴 도우실 것입니다.' 오히려 그들이 우리들을 염려해 주는 거예요.

또한 고난 가운데 있다 할지라도 예수님께서 기쁨을 주십니다. 베드로전서에 보니까 놀라운 말씀이 있는데 핍박 받는 교회를 향해서 우리 베드로 사도께서 1장에서 그들의 영적 형편에 대해 묘사하는 거예요. "너희가 시험을 받고 있다. 그리고 너희들의 믿음의 시련이 불로 연단하여도 없어질 금보다 더 귀하다." 8절에 "예수를 너희가 보지 못하였으나 사랑하는도다." 내가 파키스탄 크리스천들을 보면서 '그렇구나!' 라고 동의가 되는 거예요. "이제도 보지 못하나 믿고 말할 수 없는 영광스러운 즐거움으로 기뻐하니 믿음의 결국 곧 영혼의 구원을 받음이라"(벧전 1:8-9). 극심한 핍박 가운데 있었던 초대 교회가 승리할 수 있었던 비결은 무엇인가? '영혼의 구원을 받았다' 는 이 위대한 사실 때문에 기뻐한다는 것입니다. 다른 것 다 놔두고 오직 그 예수님이라고 하는 그분 때문에 기뻐한다는 거예요. 그 당시에도 그 예수님을 보지 못한 성도들이 많이 있었지만 예수를 통해 구원을 얻었다는 사실로 인해 '말할 수 없는 영광스러운 즐거움으로 기뻐한다' 는 거예요.

사실, 이 표현은 이해하기 어려운 표현이에요. 아니 로마 정부와 유태인들이 그토록 심각하게 탄압하고 핍박하여 자신들의 가족들이 사자 밥이 되고 십자가 처형을 당하고 있는데 이렇게 기뻐한다는 것은 인간적으로 이해하기 어렵다는 말입니다. 내가 '기쁨' 에 대한 헬라어를 다시 보았는데 놀라운 헬라어 표현이었어요. '넘치는 기쁨' 을 표현하는 단어였어요. 내가 선교사로 살면서 내가 이 기쁨을 잊었구나! 내가 무엇 때문에 선교하는가? 누구를 위해 선교 하는가? 주님을 내가 직접 보지는 못했지만, 내가 예수님을 처음 믿었을 때 그 즐거움과 그 기쁨이 이 형제자매들을 통해서 다시 회복이 되는 것을 제가 느꼈습니다. 부활 직후 두려움에 떨고 있는 제자들을 예수님이 찾아오시고, 손과 옆구리를 보이시니 제자들이 주를 보고 기뻐하더라

(요 20:20), 영어 번역으로는 Overjoyed라고 번역했어요, '너무 기뻤다'는 표현이지요.

예수님은 이 기쁨을 제자들에게 주길 원하셨어요. 요한복음 15장에 포도나무 비유를 말씀하시면서 "내가 너희에게 이것을 이름은 내 기쁨이 너희 안에 있어 너희 기쁨을 충만하게 하려 함이라"(요 15:11)고 하셨어요. 바울도 "슬픔을 당해도 늘 기뻐한다"(고후 6:10)고 했어요. "환난 중에도 즐거워한다"고 했어요(롬 5:3). 이것이 성도의 역설이지요. 저와 아내는 이런 현실을 이 온성도 교회 성도들 안에서 보았어요. 예수님 한 분만으로 만족하는 기쁨!

그러면 어떻게 이런 일이 일어 날 수 있는가요? 극심한 고통과 슬픔 속에서 남을 용서하고 평강과 기쁨을 갖게 되는 비결은 무엇인가요? 오직 성령님의 능력으로만 가능한 일이지요. 예수님께서 본문에 이렇게 말씀하십니다. "이 말씀을 하시고 저희를 향하여 숨을 내쉬며 가라사대, 성령을 받으라"(요 20:22).

가정을 파괴해 버린 원수를 용서한다는 것은 매우 어려운 일이 아니라 불가능한 일입니다. 극심한 고통 속에서 평강을 갖는 일이나, 슬픈 상황에 기쁨을 갖는 일은 인간적으로 불가능한 일입니다. 원수를 갚기 위해 복수하고, 분노에 가득 차고, 슬픔에 잠기는 일이 인간적으로 정상적이지요. 그러나 예수님께서는 '성령을 받으라' 하십니다. 이미 성령님을 보내신다고 몇 번이나 약속하셨는데 부활 후 다시 말씀하시되, 직접적으로 말씀하십니다. '성령을 받으라.' 제자들은 원수에 대한 용서, 평강, 기쁨 등에 대해 예수님으로부터 배웠어요. 예수님의 본도 보았어요. 자신들의 발을 씻으신 것도 체험했어요. 그러나 배우고 눈으로 본 것만으로 그들은 원수들을 용서할 수 없음을 알았어요. 예수님으로부터 배운 머리 지식으로 좌절과 분노로 가득 찬 그들의 마음에 하늘의 평강과 기쁨이 채워지지 않음을 알았어요. 그들은 실패와 낙망 속에서 큰 좌절을 겪고 있었어요. 이때 예수님이 찾아오셨어요(요 20:19). 나 같으면 나를 배신한 제자들을 찾아가지 않을 것입니다. 제자들이 나를 찾아와서 '미안합니다' 라고 해야지 내가 무엇 때문에게 나를 배신하고 저주까지 한 그들을 찾아갑니까? '즈그들이 찾아와야지!'

그러나 예수님은 두려워 떠는 그들을 직접 찾아가셨어요. 그리고 '평강이 있을지어다' 라고 본문에 두 번이나 위로합니다. 나는 혹시 이런 제자들을 찾아가도 첫 마디가 이렇게 나올 수 없을 것입니다. 어떻게 배신한 제자들에게 '평강이 있을지어다' 라고 말합니까? '회개하라' 든지, '이 그냥' 하며 쌍시옷이 나오며 호통을 치던지 해야지요. 그러나 예수님께서는 그러지 않으시고, 끝까지 이들을 사랑하시고 당신이 평소에 가르치신 그것을 실천하시고 본을 보여 주셨어요. 그리고 능력이 전혀 없는 그들에게 성령을 주셔서 남을 용서하고 그들에게 하늘의 평강과 기쁨을 주시려는 거예요. 이것이 예수님의 마지막 수업시간이에요. 예수님이 승천하시기 전에 용서와 평강과 기쁨을 가진 제자 공동체가 있어서 증오와 분노와 슬픔이 가득한 세상에 예수님처럼 용서와 평강과 기쁨을 주는 일을 해야 하거든요. 이것이 샬롬 공동체인 교회이지요. 이것이 교회의 선교이지요.

빈 깡통처럼 능력 없는 제자들에게 성령을 주셔서 불가능을 가능하게 하시는 것입니다. 마치 엄마가 배에 품은 태아를 탯줄을 통하여 영양을 공급하듯이, 예수님께서 성령의 탯줄을 주셔서 보이지 않는 하나님 아버지의 품속에서 용서의 능력과 하늘의 평강과 기쁨을 제자들의 심령에 공급하시려는 것이에요. 하나님 아버지와 예수님은 이 시간을 고대하고 고대하신 거예요. 이 마지막 수업이 예수님에게 매우 중요한 시간이었습니다. 제자들에게는 매우 충격이었겠죠. 이때까지도 제자들은 예수님의 말씀의 뜻이 무엇인지 이해하지 못했다고 저는 생각합니다. 성령님이 오순절에 임하고 나서야 이들이 깨닫고, 성령님의 능력을 받아 남을 용서하고 평강과 기쁨이 넘치는 제자들로 변한 것입니다. 그리고 이들이 세상을 변화시켰어요.

누가 남을 온전히 용서할 수 있습니까? 성령님을 모신 자들만 온전히 용서할 수 있습니다. 누가 고통 속에서 하늘의 평강을 가질 수 있습니까? 성령님을 모신 자들뿐입니다. 누가 극심한 환난 속에서 하늘나라의 기쁨을 가질 수 있습니까? 성령님을 모신 성도들뿐입니다.

이 성도들에게 이웃 무슬림들과 관계가 어떤가 물어봤어요. 70퍼센트는 탁월하대요. 26퍼센트는 좋은 사이래요. 4퍼센트 정도는 그럭저럭한 사이래요. 테러는 탈레반들의 아주 과격한 그룹이 민간인들을 테러하는 것입니다. 이 성도들은 그들의 이웃인 무슬림들하고는 사이가 좋아요. 심지어 '온성도 교회'가 테러를 당했을 때 이웃 무슬림들이 차와 음식을 날라다주었습니다. 왜냐면 한 성도 가족 안에도 많은 이가 죽거나 부상당하거나 해서 자신들을 돌볼 수 있는 여지가 전혀 없었으니까요. 성도들의 가정 가정마다 이런 상태였습니다. 파키스탄의 장례는 일일장이어서 그 많은 무덤을 동시에 준비하기 위해 새벽까지 무덤을 파며 여러 어려운 일들을 무슬림 이웃들이 다 함께 했어요. 그러니 그리스도인들이 말했습니다. '우리 무슬림 이웃들의 이런 귀한 수고에 대해 상을 줘야 합니다' 라구요. 그 지역의 크리스천 공동체는 이곳에 산 지 평균 83년이 되었습니다. 우리가 유교신자, 불교신자 이웃을 두고 사는 것과 같이 평화롭게 무슬림들과 함께 사는 사람들이에요. 그러나 이 과격한 탈레반 집단, 존돌라 그룹이라고 하는 과격 무슬림들이 있어 가지고 골치 아프게 된 겁니다. 아주 과격한 이슬람의 사상이 주입되어 가지고, 이들이 난리를 치고 돌아다는 것이 문제지요.

여러분 이런 말 들으면 갑자기 많이 헷갈리죠. 테러를 당했으니까 분명히 핍박은 핍박이에요. 그 크리스천들이 무슬림들과 사이가 좋다고 어려움이 없느냐? 그렇지 않습니다. 사회 불평등, 차별대우, 승진도 못하지, 무시당하는 일이 얼마나 많은지 몰라요. 그러나 연약한 이 백성들이 예수 그리스도의 증인으로서 이렇게 신자가 된 이 사실 자체를 자랑으로 생각하면서 '우리가 그리스도인이라는 이름을 버리지 않을 것입니다' 라고 저희들에게 답변했어요. 자신들이 어려운 환경 속에서 살고 있음에도 불구하고 자신들이 그리스도인임을 매우 자랑스럽게 생각하고 있었어요. 그리고 무슬림 이웃들과 매우 좋은 관계를 유지하며 살아가고 있어요. 초대교회 성도들이 주변 이웃들과 이런 관계를 유지하며 살았다고 생각합니다.

제가 이번 학기에 가르치기 위해 파키스탄을 떠나기 직전에 페샤와르의 교회에서 이렇게 설교하고 왔습니다. "몇 년 전에 내가 파키스탄에 왔을 때는 선생으로 왔습니다. 그러나 지금은 여러분이 나의 선생입니다. 여러분들이 정치한다고 손가락질하고 너무 비판했던 것을 용서해주십시오. 우리 한국 교회는 정치와 여러 문제로 인해 매우 좋지 않습니다. 여러분보다 더 좋지 않은 상황입니다. 나의 교만을 용서해 주시고 한국 교회를 위하여 기도해 주세요."

저는 이 가난하고 힘없는 파키스탄 성도들 속에서 예수님의 모습을 봤어요. 로마와 유대인들이 크리스천들을 때리고 짓밟았을 때, 맞고 터지는 것이 그들의 일이었어요. 정말 힘없었어요. 우리 잘 알잖아요. 파키스탄 교회도 마찬가지에요. 때리면 맞고 터지는 것이 이들의 일이예요! 그러나 놀라운 것은 이들은 용서할 줄을 아는 거예요. 놀라운 영적 실력입니다. 사실, 이들의 고난은 이들의 매일의 양식입니다.

3. 다시 세상으로 보내시는 주님

마지막으로 주님은 우리를 다시 세상으로 보내십니다. "예수께서 또 가라사대 너희에게 평강이 있을지어다. 아버지께서 나를 보내신 것 같이 나도 너희를 보내노라"(요 20:21). 주님은 오늘 본문 말씀을 통해서 당신께서 직접 죽음에서 살아나셔서 아무 소망이 없는 이 세상에 소망을 주시는 거예요. '아버지께서 나를 참 빛으로 세상에 보냈다. 그리고 내가 죽음을 통과하여 다시 살아났다. 그리고 너희들을 원수로 여기지 않는다. 너희를 사랑한다. 너희에게는 분노와 근심과 슬픔밖에 없는데 자! 이제 너희들에게 용서할 힘과 평강과 기쁨을 준다. 그리고 분노와 근심과 슬픔이 가득한 세상으로 너희들을 보낸다.' 예수님은 당신이 가르치시고 본을 보이신 대로 부활 직후에 그 제자들을 직접 찾아오셔서(요 20:19) 자신의 약속을 이루시고 시범을 보이셨어요. 그리고 용서해 주고 평강과 기쁨을 가질 수 있도록 성령님을 주시려 하십니다(요 20:22). 그래서 예수님께서 사셨듯이 제자들도 그렇게 하라는 것입니다. 드디어 제자들은 예수님의 이 사랑에 만진 바 되었습니다. 접촉이 되었습니다.

요한이 이것을 체험하고 요한일서 1장 1절에 이런 말씀을 하지요. "태초부터 있는 생명의 말씀에 관하여는 우리가 들은 바요" 네 맞아요. 우리도 듣기는 많이 들었어요. 그런데 이제 "눈으로 본 바요 주목하고 우리의 손으로 만진 바라." 어떻게 하나님의 말씀을 보고 만집니까? 나는 이 파키스탄 형제자매들을 통해서 초대 교회에 있었던 이 놀라운 사실을 다시 한 번 생각하게 되었어요. 아! 맞다. 그리고 어떻게 됐느냐? 로마는 300년이 지나서 없어져 버렸어요. 지도상에서도 완전히 없어져 버렸습니다. 그리고 지하에 숨겨져 있던 하나님의 교회가 승리의 교회로 지상으로 드러났어요.

저는 파키스탄과 어려움 가운데 있는 이 하나님의 교회들이 이러한 하나님의 순전한 사랑을 지켜 나간다면 탈레반도 없어질 것이라고 확신합니다. 주님께서 친히 용서와 사랑의 본을 보여 주시므로 원수들도 용서하고 사랑하는 그런 샬롬의 공동체, 하나님의 교회가 나타났습니다. 그리고 그 공동체의 사랑의 능력으로 로마가 없어졌듯이 탈레반도 없어질 겁니다. 탈레반 중에서 이 일을 통해서 회개한 사람이 있고, 세례 받은 사람들도 있어요. 주님께서 세우시고자 하는 이 몇 명 안 되는 샬롬 공동체를 통하여 놀라운 역사를 하시는 것을 역사적으로 봅니다. 숫자가 중요한 것이 아닙니다. 저는 그러한 소망을 합신에 있는 우리 사랑하는 형제자매들 속에서 보는 것입니다. 빛의 사자들, 어두움 가운데 어둠을 물리칠 수 있는 사람은 이 예수 그리스도의 이해할 길 없는 사랑을 아는 사람만 할 수 있습니다. 최소한 하나님의 사랑을 아는 사람들이 무슬림 가운데 존재하므로, 무슬림들이 예수님께로 돌아옵니다. 그리고 돌아오고 있어요. 이게 저의 강한 확신이에요. 무슬림들은 예수님을 매우 존경합니다. 그리고 예수님처럼 살아가려는 크리스천들을 매우 존경합니다. 이런 사역자들, 크리스천들을 통하여 많은 무슬림들이 예수님을 믿습니다. 지난 20년간 무슬림 선교 역사에 없는 전무후무한 성령님의 역사가 무슬림 세계에서 일어나고 있어요. 최소한 5-7백만 명의 무슬림들이 지난 20년간 예수님을 믿게 되었어요. 사하라에서 인도네시아에 이르기까지 다양한 무슬림들이 예수님을 믿게 되었습니다. 할렐루야!

한국에 귀국하기 전에 순교한 성도들 중에서 남아 있는 젊은이들 40명을 뽑아서 파키스탄의 머리(Murree)라는 산에서 훈련 캠프로 일주일간 그들을 훈련했습니다. 그들은 '바알에게 무릎 꿇지 않은 7,000명'과 같은 살아남은 현지 크리스천들이지요. 그들은 선교사가 들어갈 수 없는 곳에 남아 있는 평신도 현지 선교사들과 같아요. 그들이 캠프 중에 이런 말을 했어요. "탈레반이 죽어 가는데 이들을 위해서 누가 울어줘야 되는가? 우리 하나님께서는 악인이 죽는 것, 탈레반들이 죽는 것을 기뻐하지 않고 '악인이 그 길에서 돌이켜 떠나 사는 것을 기뻐하시는데'(겔 33:11) 지금 정부가 탈레반들을 몰살시키고 있어요. 그동안 정부는 탈레반을 좀 봐 주었어요. 그러나 지금은 달라요. 그들이 첫째는 온성도 교회를 테러했고, 둘째는 카라치 (Karachi) 공항을 공격한 이 두 가지를 명분으로 2014년 6월 15일 이후부터 파키스탄 정부는 탈레반을 대항하여 공개적 군사 작전에 들어갔어요. 그래서 그 일로 40-50만 명 무슬림 난민이 생기고 있어요. 그러나 우리는 하나님께서 이들을 불쌍히 여겨 달라고, 그들이 속히 회개하고 돌아올 수 있도록 간구합니다." 이렇게 눈물 흘리며 기도하는 현지 성도들이 있기에 소망이 있어요. 또 일본의 압제와 6.25의 고난을 겪으며 순교의 역사를 경험한 우리 한국 교회가 있어서 소망이 있어요. 또 여기 계신 우리 합신의 식구들이 샬롬 공동체로서 전 세계에 퍼져서 샬롬의 공동체를 세우니 소망이 있어요. 깨어진 세계를 세우고 치유하는 그런 역사가 일어날 것을 믿게 되니 소망이 있어요. 이 모든 분들은 성령님을 모신 분들입니다. 샬롬 공동체의 사람들입니다.

엘리야가 '나 혼자밖에 없으니 난 죽겠습니다' 했을 때 하나님께서는 바알에게 무릎 꿇지 않은 7,000명이 있다고 했죠. 그리고 엘리사를 임명하라고 했습니다(왕상 19:9-18). 저는 엘리야의 제자 엘리사가 그 7,000명을 잘 가르쳤다고 믿어요. 이와 같이 잘 준비된 현지 파키스탄 성도나 여러 무슬림 나라들에서 핍박 받는 교회의 성도들을 양육할 사람들이 절실합니다. 그들을 세워 주고 도와줄 수 있는 일꾼들이 필요합니다. 무슬림 땅에도 교회들이 많이 있어요. 이집트에도 레바논에도 요르단에도 말레이시아에도 인도네시아 등 여러 나라에 현지 교회가 많습니다. 그러나 여러 면에서 현지 교회가 매우 연약해진 것도 분명해요. 특히 성경 본문 말씀을 잘 해석하고 이해하는 일을 현지교회가 잘 못해요. 강해 설교, 제자 양육, 지도자 양성 등의 영역에서 우리 합신의 식구들이 이런 현지 교회에 가서 현지인들을 격려하고 힘을 실어 주는 역할을 해야 한다고 믿어요. 슬픔이 있는 곳에 기쁨을, 전쟁이 있는 곳에 평강을, 증오가 있는 곳에 용서를 베풀기 위해서 그리스도의 증인의 역할을 감당해야 합니다. 그곳에 샬롬의 공동체, 즉 하나님의 공동체를 세우기 위해서 하나님께서 우리 모두를 세상으로 보내신다고 믿습니다.

저희들은 이제 학기가 끝나면 파키스탄에 고아들과 또 큰 고난을 지고 가는 이 가족들을 위해서 크리스마스 선물을 준비해서 들어갈 것입니다. 그리고 내년에 또 올텐데 그동안에 우리 모두 어두운 곳에 빛을 비추는 빛의 일꾼들로 우리가 살아갑시다. 또 핍박 가운데 있는 현지 크리스천 공동체에 여러분이 힘을 실어 주시고 기도해주시면 감사하겠습니다.

하나님 아버지께서 예수님을 보내셨듯이 예수님께서 우리 모두를 세상에 보내십니다. 왜요? 예수님의 죄 용서, 평강, 기쁨을 세상에 주기 위하여! 우리에게는 이런 힘이 없기 때문에 성령님을 주셔서 성령님의 능력으로 하나님의 평강과 기쁨을 가지고 용서가 가능하게 하십니다.

●

내 은혜가 족하도다

고린도후서 12:5-10

●

조병수 (신약학·총장)

1. 바울의 부족함

오늘 우리가 읽고 있는 고린도후서를 보면 사도 바울이 어떤 치명적인 타격을 입고 있는 것처럼 보입니다. 이 타격이 얼마나 크고 또 어려운 것인지 이것을 가리켜 육체의 가시가 주어졌다고 표현합니다. 7절 말씀입니다. 그런데 이 육체의 가시는 그냥 조그마한 밤송이 가시나 아니면 손톱 끝에 들어있는 나무 가시 정도가 아니라, 육체 전체를 괴롭히는 가시라고 말합니다. 그리고 이것이 얼마나 심각하고 어려운 것인지 또 다른 말로 표현하기를 사단의 사자라 그렇게 말합니다. 사도 바울이 여러 성경을 썼지만 이렇게 심각한 표현을 쓴 경우는 고린도후서를 제외하고는 다시 발견하기가 어렵습니다. 이 말은 사도 바울이 얼마나 심각한 어려움에 시달리고 있었는가를 우리에게 보여 줍니다.

물론 우리는 이 가시가 무엇이었는지 정확하게 알지 못합니다. 많은 주석가들이 여러 가지 가능성을 추측합니다. 가장 많은 의견은 아마도 바울이 육체에 큰 질병이 들었고 그것을 가리켜 육체의 가시 또는 사단의 사자라 부른 것이 아닌가 생각을 합니다. 그렇게 추정하는 까닭은 본문에 여러 차례 약한 것들이라는 표현이 나오고, 또 영혼의 가시나 또는 마음의 가시라고 하지 않고 육체의 가시라고 말하고 있으며, 또 7절에 보면 "나를 쳐서" 이런 표현이 사용되기 때문입니다. 이런 모든 표현은 아마도 육체와 관련된 심각한 질병을 가리키는 것으로 생각하는 것입니다.

그러나 본문을 읽다 보면, 특히 마지막 부분인 10절 말씀을 보면 이 가시는 육체에 주어진 질병 이상의 더 심각한 무엇이라고 짐작하게 만드는 표현들이 나옵니다. 거기에는 약한 것들, 능욕, 궁핍, 박해, 곤고, 이런 표현들이 있는데, 사도 바울의 몸에 질병이 생겼다는 것과 함께, 어떤 물리적인 압박과 물리적인 고난을 가리키는 것으로 볼 수가 있습니다. 약한 것들과 함께 능욕이나 궁핍이나 박해나 곤고는 외부에서부터 주어지는 것이기 때문입니다. 따라서 육체의 가시 또는 사단의 사자라는 표현은 한편으로는 몸에 생긴 질병을 암시할 수도 있고 또 다르게 보면 밖에서부터 주어진 박해라는 심각한 타격이라고도 볼 수가 있겠습니다.

육체의 가시 또는 사단의 사자가 무엇이든지 간에 사도 바울이 바로 이런 현장에서 이해할 수가 없었던 것은 주님을 위해서 최선을 다

하고 있는 상황에서 건강하고 평안하고 일이 잘 되어도 여의치 않을 터인데, 왜 하필이면 이런 육체의 가시와 사단의 사자가 주어져서 어려움을 당해야 하느냐 하는 점입니다. 몸이 건강하고 마음이 평안하고 주위에 돕는 사람이 많고 모든 것이 잘 되어도 주님의 일 하기가 어렵죠. 그런데 그게 아니라 도리어 육체에는 질병이 찾아오고 주위에는 심각한 핍박이 있다면 주님의 일을 하기에 얼마나 힘들겠느냐 그런 말입니다. 그래서 사도 바울은 이 육체의 가시가 자신에게서 떠나가기를 원했고 이 때문에 하나님께 간청을 했습니다. 8절에 나오는 말씀입니다. 주님께 세 번 간청을 했다고 합니다.

간청했다는 이 표현은 헬라어로는 '파라칼레오'라는 말인데 신약 성경에 수도 없이 많이 나오는 단어입니다. 이것은 특별히 누구를 위해서 조언을 하거나 아니면 위로의 말을 주거나 또는 믿음에 잘 서야 한다고 권면할 때 사용되는 단어입니다. 그런데 아주 특이하게 몇 번 이 단어가 조언이나 권면이나 위로나 이런 뜻으로 사용되지 않고 기도한다는 뜻으로 사용됐습니다. 파라칼레오라는 단어가 조언이나 권면이나 위로가 아닌 기도라는 문맥에서 사용될 때는 소리를 내어 외치고 마음속에 들어 있는 것을 외치는 그냥 단순한 기도가 아닙니다. 그것은 그냥 발성을 해서 속에 들어 있는 원망이나 불만 혹은 그 감정을 폭발시키듯이 말하는 그런 기도가 아니라, 하나님을 적극적으로 설득하려고 할 때 드리는 기도를 뜻합니다. 말하자면, 어떤 항목을 내놓고 조곤조곤 따지면서 '하나님 이게 이렇지 않습니까, 선은 이렇고 후는 이런데 이렇게 돼야 이게 논리적이고 합리적이지 않습니까' 하며 조리 있게 따지면서 기도할 때 사용하는 그런 용례입니다.

그러니까 사도 바울이 본문에서 하나님 앞에 세 번 파라칼레오, 기도를 했다는 말은 논리적으로 하나님의 마음을 돌이키도록 설득하는 기도를 했다는 뜻입니다. 자신이 병약하고 그리고 핍박을 받고 이런 상태에 처하게 되면 당연히 사역에 제한이 오지 않겠습니까? 내가 사역에 제한을 받으면 하나님의 복음을 전하는 일에 손해가 주어지지 않겠습니까? 하나님께 손해가 되면 교회는 당연히 유익이 없지 않겠습니까? 교회만 유익이 없을 뿐만 아니라 더 나아가서는 이방인들에게 복음이 전하는 속도가 떨어지지 않겠습니까? 이런 식으로 논리적으로 하나님 앞에서 이 육체의 가시가 떠나가야 할 그 이유를, 아니면 사단의 사자가 떠나가야 할 이유를 하나씩 둘씩 내놓고 하나님이 감당할 수 없을 정도로 이야기를 했다는 말입니다. 그리고 이렇게 해서 육체의 가시와 사단의 사자가 떠나가면 바울에게는 은혜가 충만할 것이고, 은혜가 충만하면 당당하게 일할 것이고 당당하게 일하면 하나님의 복음이 힘차게 전파될 것이다 하는 그런 설득력을 가진 기도입니다.

2. 주님의 풍족함

바로 이런 사도 바울의 기도에 대하여 하나님께서 주신 대답은 이것입니다. "내 은혜가 네게 족하도다"(9절). 내 은혜가 네게 족하도다. 하나님 앞에서 자신의 질병 혹은 박해의 문제가 떠나기를 바라는 마음으로 건강해지고 평안해지면 하나님의 일을 잘하겠다는 뜻으로 논리적으로 조리 있게 말하는 바울에게 하나님이 주신 대답은 내 은혜가 네게 족하다는 것이었습니다. 무슨 말씀일까요? 이런 말씀이겠죠. 그만하면 됐다. 그만해라. 더 이상의 은혜가 네게 필요하지 않다. 그 밖에 내가 너한테 무슨 은혜를 더 주겠느냐? 내가 이미 너에게 은혜를 주었고 그 은혜가 충만한데 내가 또 무슨 은혜를 너한테 주겠느냐? 너에게 또 다른 은혜를 주어야 할 필요를 나는 느끼지 않는다, 그런 말입니다. 내 은혜가 네게 족하도다. 주님은 사도 바울의 기대와 완전히 다른 답을 주고 있는 것입니다. 그리고는 이렇게 말씀하시는 거예요. 내 은혜는 네가 생각하는 것과 다른 거다. 옛날 이사야 선지자에게 하나님께서 말씀을 주시면서 하늘이 땅에서 높음 같이 내 생각과 네 생각은 다르다 말씀하셨던 것처럼(사 55:8-9), 네가 바라는 은혜와 내가 말하는 은혜는 다르다 그런 뜻입니다. 주님의 은혜는 사도 바울이 생각한 것과 다릅니다.

모든 사람이 부족하다고 말합니다. 시대를 잘못 만나서 내가 이 꼴에 처해있고, 환경이 좋지 않은 데 처해 있어서 내가 이 모양으로 살고 있고, 도와주는 사람이나 관심을 갖는 사람이나 후원하고 지지하는 사람들이 없어서 내 사역이 이렇게 안 된다고 말합니다. 목회자들도 그래요. 목회자들도 대부분 다 뭔가 불만 가운데서 안 된다, 안 된다, 안 된다, 하며 살아요. 모두 부족함 가운데 살아갑니다. 나도 마찬가지죠. 나도 늘 안 되는 사람 중에 하나입니다. 시간은 늘 부족하고 능력도 부족하고 아는 것 같은데 모릅니다. 그게 우리의 현실이에요. 나에게 가장 큰 문제는 늘 병약하다 하는 것입니다. 나는 만일 내가 조선시대에 태어났더라면 벌써 죽었을 것이라는 생각을 합니다. 다행히도 섭생의 조건이 좋아져서 영양소가 듬뿍 들은 음식들이 주위에 많고, 위생이 좋고 의술이 좋은 시대에 태어나서 지금까지 이렇게 살아 있는데, 아마 1900년대 초에만 태어났어도 일찍 죽었을 것이라고 생각을 합니다. 정말 그렇게 생각해요. 자주 그런 생각을 합니다. 시대를 잘못 만났으면 일찍 죽었을 터인데 주님이 이 시대에 태어나게 하셔서 이렇게 아직 살아가고 있다고 그렇게 생각합니다. 나는 건강이 늘 부족한 사람입니다. 그래서 말합니다. 시간이 조금만 더 많으면 주님의 일을 잘할 텐데. 조금만 더 지식이 많으면 성경을 더 잘 가르칠 텐데. 물질이 조금만 더 풍성하면 많은 사람을 도울 텐데. 조금만 더 건강하면 주님에 일에 효과를 낼 텐데. 이렇게 많은 생각을 하면서 주님이 나에게 은혜를 주셔서 건강을 얻고 물질을 얻고 시간을 얻고 지식을 얻으면 좋겠다며 주님의 은혜를 구합니다. 그러나 주님은 우리에게 거꾸로 말씀하세요. 내 은혜가 네게 족하다. 주님은 우리의 사정과 우리의 형편을 전혀 고려하지 않는 것 같은 대답을 주시고 계시는 것입니다. 내 은혜가 네게 족하다.

왜냐하면 주님의 생각이 우리의 생각과 다르기 때문입니다. 바울이 주님 앞에 세 번이나 조리 있게 논리적으로 따지듯이 기도했음에도 불구하고 고린도후서를 쓰고 있는 바로 이 시점에도 바울에게는 달라진 게 하나도 없어요. 달라진 게 하나도 없습니다. 약한 그대로 여전히 약하고, 고난은 여전히 그대로 지속되고, 반대하는 사람들은 여전히 반대하고 있고, 다 그대로입니다. 하나님을 설득하겠다고 덤벼들었던 기도는 응답이 안 됩니다. 본래 기도는 잘 응답이 안돼요. 그래서 기도인 것입니다. 자꾸 기도하라 그거지요. 다 응답되면 왜 기도하겠어요? 건강이 필요하다고 기도하니, 건강을 주시면 더 이상 기도할 필요가 뭐 있어요? 돈이 필요하다고 기도하니, 돈을 주시면 더 이상 기도할 필요가 뭐 있어요? 모든 목회 전략과 모든 선교 전략이 잘 되면 기도 안 해요. 그래서 기도는 응답이 안돼야 해요.

바울에게도 그랬습니다. 바울이 보통 사람입니까? 바로 앞에 바울이 뭐라고 말합니까? 자신을 암묵적으로 가리켜 셋째 하늘에 올라갔다고 합니다. 바울은 셋째 하늘에 올라가서 사람들이 가히 알아들을 수 없는 말을 들어본 적이 있는 신비한 영적 체험을 한 사람이에요. 그 정도면 하나님 앞에 반 마디 말도 내기 전에 기도가 응답돼야 할 것 같은데 안 그렇다 그 말이죠. 바울에게는 기도 전이나 기도 후나 변한 게 없어요. 약한 대로 그냥 약합니다. 핍박 받는 대로 그냥 핍박을 받고 있습니다. 기도가 응답되지 않았습니다. 대신에 하나님께서 사도 바울에게 내 은혜가 네게 족하다고 말씀하셨습니다. 이렇게 말씀하실 때 그 말이 갖고 있는 의미는 다음과 같습니다.

첫째는 네게 육체의 가시 또는 사단의 사자가 있어도 내 은혜가 족하다 그 말입니다. 변화가 없어도 내 은혜가 족하다 그 말입니다. 질병이란 것은 귀찮고 불편한 거예요. 아파보지 않은 사람은 몰라요. 저는 늘 아프기 때문에 알아요. 늘 귀찮고 불편하고 뭐 좀 하려다 보면 제동 걸리고 그래요. 그런데도 주님은 말씀하시기를 육체의 가시, 그것이 고통을 주는 것이라도 그 중에서도 주님의 은혜가 족하다고 하십니다. 둘째로 네가 고난 가운데 있을지라도 내 은혜가 족하다 그 말입니다. 누가 핍박을 좋아하겠어요? 박해를 좋아하는 사람이 어디 있고, 고난당하는 것을 기뻐하는 사람이 누구겠어요? 누구나 다 핍박을 벗어나고 고난에서 벗어나고 싶어 하겠지요. 그런데도 주님은 견디기 어려운 핍박을 당할 그 때도 내 은혜가 족하다고 말씀하셔요. 셋째는 기도의 응답이 거절돼도 은혜가 족하다는 거예요. 기도가 응답되고 기도가 받아들여지고 그래서 하나님께서 살아 계심을 나타낼 때 그게 은혜가 족한 것처럼 보이지만 사실은 꼭 그렇지만은 않다는 거예요. 아무리 기도해도 응답이 없어요. 그런데 주님이 뭐라고 말씀하시냐면 그때도 내 은혜가 네게 족하다는 것입니다.

하나님은 사도 바울의 모든 부정적인 상황에서도 은혜가 족하다고 말씀하십니다. 이 말씀을 들었을 때 사도 바울의 눈이 갑자기 확 밝아 졌어요. 아, 주님의 은혜는 내가 생각하는 것과 다르구나. 아, 주님의 은혜는 내가 기대하는 것과 다르구나. 나는 지금 내 육체의 가시 또 는 사탄의 사자가 떠나가서 사역의 문이 활짝 열리고 하나님의 복음 이 강하게 전파되고 교회가 일어나고 많은 이방인들이 회심하고 돌아 오고 하나님의 영광이 드러나는 것을 은혜라고 생각하고 있는데, 주 님은 모든 문을 닫아놓고 응답도 안 주시고 그대로 그 연약함과 고난 가운데 두고 있는데 그때도 은혜가 족하다고 하시는 것입니다. 이때 사도 바울의 눈이 갑자기 열렸어요. 그 답답하던 마음이 한순간에 뻥 하고 뚫리는 것처럼 뚫렸어요. 그리고 그 영혼이 땅에서 하늘로 수직 상승하는 것처럼 상승했어요. 바로 앞에서 셋째 하늘에 올라가는 것 보다 더 큰 하나님의 뜻을 알게 됐어요. 주님께서 지금 나에게 요구하 는 것이 무엇인지 확실하게 인식하는 신앙의 새로운 국면으로 돌입하 게 된 것입니다.

그래서 바울에게 역설이 시작된 거예요. 9절 말씀입니다. 주님께 서 내 은혜가 네게 족하다고 말씀하실 때 사도 바울은 드디어 이렇게 말할 수 있게 됐습니다. "도리어 크게 기뻐함으로 나의 여러 약한 것들에 대하여 자랑하리라"(9절). 8절과 9절에 사이에 역전을 일으키는 한 단어가 들어있는데, 뭐냐면 "도리어"라는 단어입니다. 바울 자신에게 변화가 없어요. 하나도 변화가 없어요. 그런데도 불구하고 주님이 "내 은혜가 네게 족하다"고 말씀하실 때 눈이 열리면서 바울에게 신앙의 새로운 국면으로 역설이 시작이 됐습니다. 아무런 변화가 없는데, 그런데도 기뻐할 수 있구나. 새로운 것이 하나도 없는데, 그런데도 자랑할 수 있구나. 질병과 능욕과 궁핍과 박해와 곤고가 그냥 진행되는데도 불구하고 기뻐할 수 있구나. 바울에게 역설이 시작되면서 은혜라는 것이 도대체 무엇인가 하는 것에 대한 새로운 생각이 열리기 시작했어요. 바울은 은혜의 사람이 되었습니다. 바울은 하나님의 은혜가 무엇인가 인식하게 되었고 그래서 은혜의 사람의 시작점을 맞이하게 되었습니다.

3. 은혜 충만의 의미

그러면 하나님께서 "내 은혜가 네게 족하다"고 말씀했을 때, 은혜가 족하다는 은혜 충만 그게 도대체 무엇입니까? 변화가 있기 때문에 은혜가 충만한 것이 아닙니다. 사도 바울에게는 은혜의 충만이란 것이 질병에서 벗어나서 건강해지는 것 그게 은혜의 충만이 아니었어요. 핍박에서 벗어나서 평안을 얻는 것 그것이 은혜의 충만이 아니었어요. 무엇인가가 채워졌기 때문에 은혜가 충만한 것도 아니에요. 사도 바울에게 은혜의 충만은 물질이나 지식이나 능력이 채워지기 때문에 은혜의 충만이 아니더란 말이에요. 아무런 변화도 없고 아무런 채워짐이 없어도 주님은 사도 바울에게 은혜가 충만하다고 말씀하십니다. 왜 그럴까요? 은혜가 충만하다는 것이 무슨 뜻일까요?

은혜가 충만하다는 말은 주님께서 약하고 핍박 받는 사도 바울과 계속해서 함께 있다는 말입니다. 주님께서 계속해서 함께 있는 것이 은혜입니다. 바울이 어떤 상황에 있든지 하나님께서 계속해서 함께 있습니다. 주님께서 사도 바울과 변함없이 관계를 맺고 있다 그 말이에요. 사도 바울은 이것을 다음과 같이 표현을 했어요. 놀라운 말로 표현해요. 9절 말씀에 보면 "그리스도의 능력이 내게 머물게 하려 함이다" 이렇게 말했어요. 주님이 관계를 계속하고 주님께서 함께해 주시는 그것을 정확하게 바꿔 말하면 그리스도의 능력이 머물게 하려 함이라고 말했습니다.

여기에 사용된 "머물다"는 표현은 어떤 50명 100명이 타고 있는 지하철이라는 공간에 그냥 들어 있다는 표현이 아닙니다. 이 표현은 조금 독특한 표현입니다. 구약의 표현대로 하자면 하나님께서 날개를 펴서 덮어줬다는 말이에요. 또 다르게 말하면 주님께서 구름 기둥을 세워서 내리쬐는 태양을 막아 주셨다는 말입니다. 하나님이 그 큰 은혜의 손을 펼쳐서 위에서 가려 주셨다는 뜻이지요. 성경에 여러 차례 나오는 말대로 하면 하나님께서 목자가 되시어서 우리를 그늘 가운데 들어가게 하신 것을 가리킵니다. 하나님께서 은혜의 그늘, 은혜의 날개, 은혜의 장중에 우리를 두셔서 우리를 덮었다는 말이에요. 주님이 은혜가 족하다고 말할 때 그 말은 무엇인가 변화가 있고 약한 사람이 강해지고 뭔가 충만해져서 없던 것이 생기기 때문에 은혜가 족한 것이 아니라 주님이 나를 덮고 있기 때문에 은혜가 족하다는 거예요.

그런데 이제 비로소 주님이 나를 덮고 있는 것이 아니라 주님의 사람이 된 그 이후로부터 지금까지 한 번도 나에게서 그 덮개를 벗겨 본적이 없습니다. 한 번도 그 덮개를 열어서 빗물을 맞게 하고 햇빛을 쏘이게 하면서 길을 가게 한 적이 없다는 것입니다. 항상 덮어 주셨다 그 말이에요. 그래서 주님의 은혜가 충만하다는 말은 나에게 변화가 있기 때문에 충만한 것이 아니라 주님이 불변하기 때문에 은혜가 충만하다는 거예요. 주님의 은혜가 족한 까닭은 나한테 무슨 변화가 일어났기 때문이 아니라 주님이 나에 대하여 가지고 있는 그 관계가 변하지 않기 때문에 은혜가 족하다 그 말이에요. 내가 여전히 핍박을 당하고 여전히 병약하고 여전히 부족하지만, 나를 덮고 계신 주님은 여전히 강력하고 여전히 평안하시고 여전히 충만하십니다. 그래서 은혜가 족한 까닭은 나에게 원인이 있는 것이 아니라 오직 주님에게 원인이 있다는 말입니다. 나를 계속 붙잡으시고 계속 관계를 지속하시고 나에게 계속 말씀하시고 나를 계속 행동으로 밀어 넣으시는 그것이 은혜입니다.

4. 약함과 강함의 역설

바로 여기에서 역설이 일어났습니다. 두 가지 역설이 일어났어요. 첫째는 주님과의 관계에서 역설이 일어났습니다. 주님이 말씀하십니다. "내 능력이 약한 데서 온전하여짐이라"(9절). 이 말은 주님의 능력이 사람이 약한 바로 그 상태에서, 우리가 약한 바로 그 상황에서 일어난다는 말이에요. 사도 바울은 자신의 약함 가운데서 주님의 강하심이 드러난 것을 알았습니다. 한가위나 대보름을 맞으면 나도 달을 구경하러 나가요. 지난 추석 때도 그랬습니다. 달을 보러 집 근처의 공원을 걸었어요. 그런데 밤늦게 나갔는데도 달이 보이질 않았어요. 분명히 날이 맑은데 달이 도대체 어디 있는지 알 수가 없었어요. 달이 안 보이는 이유는 공원을 비추고 있는 가로등들이 너무 밝기 때문이었어요. 가로등이 너무 밝아서 하늘까지 밝히고 말았어요. 달보다 가로등이 더 밝으니 달이 보이겠어요? 그때 나는 깨달았어요. 가로등이 밝으면 달이 안 보이는구나. 주님이 우리를 약하게 만드시는 까닭은, 그대로 병약한 가운데, 그대로 부족한 가운데, 그대로 약한 가운데 두시는 까닭은 우리가 강해지면 주님이 안 보이기 때문입니다. 우리가 강해지면 주님이 사라져요. 우리가 강해지면 그때부터는 주님을 의지하지 않아요. 우리가 강해지고 부해지고 높아지면 그때 주님은 슬그머니 물러나세요. 그러나 우리가 약하면 그때 주님이 보입니다. 우리가 낮아지고 가난해지면 그때 주님이 나타납니다. 그게 약함의 유익이고, 가난함의 유익이고, 낮아짐의 유익인 거예요.

나는 음악을 잘 모르지만 좋아해요. 제자 목사님이 내 방에 좋은 앰프을 설치해주어 시간 날 때마다 음악을 듣습니다. 때로는 LP를 들어요. 나는 LP를 가동시킬 때마다 참 희한하다는 생각이 들어요. 어떤 때는 깜빡 잊어버리고 앰프를 켜지 않은 채 턴테이블 위에 그냥 LP를 올려놓고 카트리지를 올려놔요. 턴테이블이 돌면, LP도 돌고, 카트리지가 판 위에서 판을 긁습니다. 앰프를 안 켰는데 소리가 날까요, 안 날까요? 소리가 납니다. 마치 개미가 움직이는 것 같은 앵앵 소리가 나요. 거기에도 음정과 박자가 있고 멜로디와 하모니도 있습니다. 귀를 바짝 대고 들으면 거기에서 모차르트와 베토벤이 나오고 가곡과 가요도 나옵니다. 신기해요. 앵앵 거리긴 하지만 음악은 음악이에요. 그러다가 갑자기 정신이 번뜩 들어 '아 이게 뭐야 앰프를 안 켰네' 깨닫고는 앰프를 세게 틀면 갑자기 방안을 떠나가게 만들 정도로 큰 소리로 음악이 울려 퍼집니다. LP는 앰프를 통해서 소리가 확성되는데, LP가 미쳐서 제가 혼자 큰 소리 내보자고 발악을 하면 망치는 거예요. LP가 아니라 옆에서 성능 좋은 앰프가 소리를 내야 하는 것입니다.

오늘날 많은 목회자들과 신자들에게 나타나는 문제는 주님이 소리를 내야 하는데 자신들이 소리를 낸다는 데 있습니다. 우리 주님이 사자와 같은 소리와 벼락과 같은 호령으로 교회를 통치하시고 하나님의 백성을 이끌어 가야 하는데 도리어 사람의 소리가 커져서 사람이 왕이 되고 사람이 자기의 목소리를 내려고 하니까 영적 음악이 다 망가지는 것입니다. 그래서 주님이 바울에게 말씀하시는 겁니다. 바울아 네가 강해져야 할 이유가 없다, 네가 능력을 얻어야 할 이유가 없다, 네가 건강해져야 할 것도 없고 핍박을 벗어날 것도 없다, 중요한 것은 네가 그렇게 약하게 있을 때 그 때 내가 강하다는 사실이다. 그게 역설입니다. 그렇습니다. 주님은 우리에게 말씀하십니다. '내가 강하면 된다. 네가 강할 필요가 없다.'

둘째로 바울은 자신에 대한 관계에서 역설이 일어난 것을 알았습니다. 주님이 강하시기 때문에 바울이 약해도 그것이 바울의 강함입니다. 바울은 '주님이 강하시면 내가 약해도 그게 내 강함이구나'를 깨달았습니다. 그래서 바울이 이렇게 결론을 내리는 거예요. "이는 내가 약한 그 때에 강함이라"(10절). 약한 그 때 강하다는 것이 말이 됩니까? 약한 그 때 어떻게 강할 수가 있어요? 이것을 가능하게 만드는 전제가 있어요. 주님이 강하시기 때문입니다. 주님의 그 능력이 나를 덮고 있고, 주님의 그 능력이 나를 가리고 있고, 주님의 강함이 장막처럼 구름기둥처럼 나를 보호하고 있기 때문에 내가 강하다 그 말이에요.

나는 독일에서 유학을 하는 동안에도 여러 해 목회를 했어요. 한 번은 250km 떨어진 교회를 목회했고, 한 번은 120km 떨어진 교회를 목회했습니다. 어쩔 수 없이 고속도로(아우토반)을 많이 탔는데, 여러분 아시다시피 아우토반은 대체로 속도 제한이 없어요. 나도 보통은 시속 130-150km 정도를 가요. 애들이 어렸기 때문에 교회에 갈 때 늘 애들을 데리고 갑니다. 어느 날은 아이들이 심하게 독감에 걸린 상황에서 교회를 가게 되었습니다. 그런데 고속도로를 운전하고 있는 나에게 콜록콜록 기침을 하는 아이들이 좀 더 빨리 달리라고 재촉을 합니다. 150km, 170km... 속도가 시속 200km에 육박하면 길거리 옆에 있는 사물들이 좍좍 지나가요. 그때 이런 생각을 했어요. 이렇게 어린애가 감기에 걸려서 코를 훌쩍 거리고 기침을 콜록거리는 정말 꼴불견인 상태에 있음에도 불구하고 자동차가 시속 200km로 달리는 속도를 즐기고 있어요. 그 약한 중에도 말입니다. 그 아픈 중에도 말입니다. 우리가 약한 중에도 강하다는 말은 우리가 약한데 강하다는 말이 아닙니다. 그런 역설이 아니에요. 우리가 약한 건 약한 것이고, 부족한 건 부족한 거예요. 그러면 우리가 약한데 왜 강하냐면 우리가 주님의 은혜 마차를 타고 있기 때문입니다. 우주를 섭리하시는 주님의 능력의 승용차를 우리가 타고 있기 때문에 비록 우리는 약하지만 주님이 강하시니까 우리가 주님의 강함을 누리는 거예요. 우리가 강해진 게 아닙니다. 우리는 여전히 약하고, 별 볼 일 없고, 여전히 부족하고, 여전히 모자라지만, 그러나 주님과 주님의 능력이 나를 덮고 있다는 사실 때문에 우리가 강하다는 그 말이에요.

그러므로 주님은 사도 바울을 그대로 두시는 것입니다. 주님은 바울에게 "네가 강해질 필요가 없다"고 말씀하십니다. 바울이 몸이 약하면 계속 그대로 약하게 두시고, 바울이 몸이 불편하면 계속 그대로 불편하게 두십니다. 바울이 고난을 당하면 그대로 계속 고난을 당하게 하시고, 바울이 우겨 쌈을 당하면 계속 그대로 우겨 쌈을 당하게 하십니다. 주님은 매우 냉정하십니다. 고난이 오면 고난을 받게 하시고, 죽음이 오면 죽음에 처하게 하십니다. 주님께서 바울에게 요구하는 것은 바울이 강해야 할 이유가 없다는 것입니다. 한마디로 말해서, 바울이 강해야 될 이유가 없습니다. 왜냐하면 주님이 강하기 때문입니다. 그러므로 주님은 바울의 기도에 응답을 하지 않습니다. 그리고 이렇게 말씀하시는 거예요. 단지 너는 내 품 안에, 내 그늘 아래 머물기만 하면 된다. 너는 내 강함 아래 있기만 하면 된다. 그러면 은혜가 족한 것이다.

우리는 이렇게 살다가 이렇게 일하면서 이렇게 죽는 거예요. 그래도 거기에 역사가 일어나요. 나는 약하고 쓸모없고 무의미하고 아무것도 달라진 게 없이 그대로 있는 것처럼 보이지만, 주님이 나를 덮고 있으면 거기에 역사가 나타나요. 주님이 바울을 그렇게 썼어요. 바울을 육체가 강한 훌륭한 전사로 만들거나 핍박을 다 제거한 평화의 도구로 쓰신 게 아니라, 바울을 그대로 낮게 두시고 가난하게 두시고 병약하게 두시고 환난 가운데 두신 채 사용하셨습니다. 누가 일을 했습니까? 바울이 아니라 주님이 하셨습니다.

여러분들도 마찬가지에요. 여러분이 강해지려 하실 필요가 없어요. 강하신 주님에게 그냥 달라붙기만 하시면 돼요. 중요한 것은 약한 우리가 강하게 되는 것이 아니라 강하신 주님께 달라붙는 것입니다. 주님이 그걸 요구하세요. 우리는 주님께서 사도 바울에게 "내 은혜가 네게 족하다" 말씀하셨던 그 뜻을 살펴보면서 일생 동안 주님을 위한 사역자로 살아야 할 자세를 배웁니다. 우리가 강해지고 평안하기보다는 비록 여전히 연약하고 고난이 있어도 강하신 주님에게 달라붙고 주님의 그늘 아래 머무는 것이 은혜임을 배웁니다.